高等院校精品课程系列教材

《统计学 第3版》
学习指导及
能力提升训练

STUDENT SOLUTIONS MANUAL FOR STATISTICS

向蓉美 王青华 马丹 主编
苏远琳 黎春 雷敏 夏怡凡 参编

本书是与《统计学 第3版》配套的学习辅导书。统计学是一门实践性很强、应用范围很广的方法论学科，只有勤思多练，通过对各种类型习题和实际资料做富于思考性的练习与分析，才能真正领会统计思想，深刻理解和掌握统计学的基本原理、基本技能与基本方法。

为了帮助大家更好地学习和把握这门课程，我们针对统计学教材，根据多年的教学实践，编写了这本学习辅导书。本书包含"本章学习目的要求""基本知识梳理""重点难点点拨""范例解析"和"练习与实践"五个方面内容，旨在引导学生思考、贴近实际，并设计了Excel计算结果输出分析题，有利于提升统计知识的应用与实践能力。

本书可作为经济类和管理类非统计专业本科生的统计学课程教材，也可作为统计学专业本科生的统计学入门教材，还可作为广大经济管理人员学习统计学的参考书。

图书在版编目（CIP）数据

《统计学 第3版》学习指导及能力提升训练 / 向蓉美，王青华，马丹主编 . —北京：机械工业出版社，2023.9（2025.1重印）
高等院校精品课程系列教材
ISBN 978-7-111-73575-5

Ⅰ.①统… Ⅱ.①向…②王…③马… Ⅲ.①统计学 - 高等学校 - 教学参考资料 Ⅳ.① C8

中国国家版本馆 CIP 数据核字（2023）第 135652 号

机械工业出版社（北京市百万庄大街22号 邮政编码100037）
策划编辑：王洪波　　　　　责任编辑：王洪波
责任校对：龚思文　梁　静　责任印制：常天培
北京机工印刷厂有限公司印刷
2025年1月第1版第3次印刷
185mm×260mm・13.25 印张・263 千字
标准书号：ISBN 978-7-111-73575-5
定价：39.00元

电话服务　　　　　　　　　网络服务
客服电话：010-88361066　　机　工　官　网：www.cmpbook.com
　　　　　010-88379833　　机　工　官　博：weibo.com/cmp1952
　　　　　010-68326294　　金　书　网：www.golden-book.com
封底无防伪标均为盗版　　　机工教育服务网：www.cmpedu.com

本书是与我们编写的《统计学(第3版)》配套的学习辅导书。统计学是经济学类和管理学类各专业必修的核心课程之一。由于该课程内容多且有较大难度,仅依靠教材和课堂讲授,学生们很难学好这门课程。要深刻理解和掌握统计学的基本原理、基本方法和基本技能,学生们必须反复思考、及时练习。

参加本书编写的教师都是西南财经大学具有多年统计学及相关课程教学经验的教授和副教授。本书是我们经过多年的教学改革探索,不断总结教学经验,围绕统计学学习中重点难点和容易误解的问题编写而成的。它是统计学课堂教学的进一步拓展和延伸,不仅有助于学生消化和巩固统计基础知识,检测学习效果,而且可深化教学内容,加强统计理论与实际的联系,有利于学生深刻领会统计基本思想,灵活运用统计方法,提升分析和解决实际问题的能力。

本书与配套教材一样包括9章内容,每章包括5个方面的内容——本章学习目的要求、基本知识梳理、重点难点点拨、范例解析以及练习与实践,最后附有两套综合测试题和每章练习题的部分参考答案或答案要点。

"本章学习目的要求"对每一章的内容明确提出了若干不同层次的要求,有利于正确把握各章重点,合理安排学习计划。

"基本知识梳理"清晰简要地梳理了各章基本概念、基本公式、相互关系等知识点,有利于系统地复习巩固基本知识。

"重点难点点拨"深入浅出地阐释了各章的重点和疑难问题,有助于学生加强辨识能力,正确理解和运用统计知识。

"范例解析"对每章各种类型的练习题都精选了例子进行详细解析,有助于学生了解规范的解答要求,正确把握解题思路。

"练习与实践"根据每章的学习目的要求，本着"少而精"和"学以致用"的原则，精心设计了类型多样、灵活全面的练习题，有助于学生检测和巩固学习效果，提升实践能力。我们反对生搬硬套，不主张题海战术，希望读者通过练习可以举一反三。

"练习与实践"包括单项选择题、多项选择题、判断分析题、简答题、计算题和案例思考。单项选择题的4个备选答案中只有1个是正确答案。多项选择题的5个备选答案中有2个或2个以上是正确答案。选择题主要考查对某个或某些知识点的记忆、理解或简单的计算和应用。判断分析题不仅要求指出题干的内容是否正确，还必须简要说明其理由。若判断为正确，只要说明其遵循了哪个知识点或符合哪个公式即可；若判断为错误，可以指出其错误所在，或说出正确结论。简答题往往要求进行较为灵活的思考和系统的分析比较，要点要回答全面，但不需要长篇大论。计算题要求写出所用的计算公式、主要计算过程和计算结果。对于烦琐复杂的计算，要求能够借助计算机熟练完成计算，所以部分计算题是关于Excel输出结果的解读运用。案例思考要求根据数据的背景和特征，选择适当的方法进行分析，具有较强的灵活性和综合性，是提升统计能力不可缺少的训练。

本书由向蓉美、王青华、马丹主编，参加编写的人员有：向蓉美，编写第1章和第4章；苏远琳，编写第2章；黎春，编写第3章；雷敏，编写第5章；夏怡凡，编写第6章；马丹，编写第7章；王青华，编写第8章和第9章。

书中错漏和不妥之处在所难免，恳请专家和读者批评指正。随着统计理论的不断发展和社会需要的变化，统计学的教学也会不断推陈出新。我们将适时根据发展需要修订本书，恳请专家和读者将使用本书的意见和建议反馈给我们，对此我们表示衷心的感谢！

编　者

2023年9月于西南财经大学

前言

第1章 总论 ……………………………… 1
1.1 本章学习目的要求 ……………………… 1
1.2 基本知识梳理 …………………………… 2
1.3 重点难点点拨 …………………………… 2
1.4 范例解析 ………………………………… 5
1.5 练习与实践 ……………………………… 6

第2章 统计数据的收集、整理与显示 …………………………… 11
2.1 本章学习目的要求 ……………………… 11
2.2 基本知识梳理 …………………………… 12
2.3 重点难点点拨 …………………………… 12
2.4 范例解析 ………………………………… 14
2.5 练习与实践 ……………………………… 15

第3章 数据特征的描述 ……………… 24
3.1 本章学习目的要求 ……………………… 24
3.2 基本知识梳理 …………………………… 25
3.3 重点难点点拨 …………………………… 25
3.4 范例解析 ………………………………… 29

3.5 练习与实践 ……………………………… 31

第4章 时间序列分析 ………………… 41
4.1 本章学习目的要求 ……………………… 41
4.2 基本知识梳理 …………………………… 42
4.3 重点难点点拨 …………………………… 43
4.4 范例解析 ………………………………… 45
4.5 练习与实践 ……………………………… 47

第5章 统计指数与综合评价 ……… 56
5.1 本章学习目的要求 ……………………… 56
5.2 基本知识梳理 …………………………… 57
5.3 重点难点点拨 …………………………… 58
5.4 范例解析 ………………………………… 61
5.5 练习与实践 ……………………………… 64

第6章 统计量与抽样分布 …………… 74
6.1 本章学习目的要求 ……………………… 74
6.2 基本知识梳理 …………………………… 75
6.3 重点难点点拨 …………………………… 76
6.4 范例解析 ………………………………… 78
6.5 练习与实践 ……………………………… 81

第 7 章　参数估计 …… 89

7.1　本章学习目的要求 …… 89
7.2　基本知识梳理 …… 90
7.3　重点难点点拨 …… 91
7.4　范例解析 …… 98
7.5　练习与实践 …… 101

第 8 章　假设检验与方差分析 …… 109

8.1　本章学习目的要求 …… 109
8.2　基本知识梳理 …… 110
8.3　重点难点点拨 …… 112
8.4　范例解析 …… 119
8.5　练习与实践 …… 122

第 9 章　相关与回归分析 …… 134

9.1　本章学习目的要求 …… 134
9.2　基本知识梳理 …… 135
9.3　重点难点点拨 …… 136
9.4　范例解析 …… 142
9.5　练习与实践 …… 145

综合测试题（一） …… 157

综合测试题（二） …… 164

部分参考答案 …… 171

总　论

1.1　本章学习目的要求

本章介绍了统计学最基本的问题，通过本章的学习，了解什么是统计，统计学能做什么。

1. 理解"统计"的三种含义及其关系，统计学研究对象的特点和研究方法。
2. 理解大数据的含义和应用，大数据与统计学的关系。
3. 了解统计学产生与发展过程中的主要学派及其在统计学发展中的作用。
4. 理解总体、总体单位、样本等术语，总体的特点，总体和样本的关系。
5. 理解统计数据的计量尺度。
6. 了解统计学的应用领域。

1.2 基本知识梳理

基本知识点	内 容
统计学	是一门研究收集数据、表现数据、分析数据、解释数据,从而认识总体数量特征及其规律的方法论科学
大数据	伴随网络行为而产生、以多元形式、多来源搜集的非传统结构和意义的庞大数据组,凡是可以被数据化的信息载体都是数据,具有 4V[①] 特点
描述统计学	研究如何客观、科学地对总体的数量特征进行计量、观测、概括和表达的方法,是推断统计学的基础
推断统计学	研究如何用样本资料去推断总体数量特征的方法
统计的数量性	统计总是在质的规定性下用数据作为语言来表述事实
统计的总体性	统计研究大量个别事物构成的现象整体的数量特征
统计总体	在一定的研究目的下所要研究事物的全体,它是由客观存在的、具有某种共同性质的众多个别事物构成的整体
总体单位(个体)	构成总体的个别事物
样本	从总体中抽出的部分单位所构成的整体
定类尺度	按现象的某种属性对现象进行平行分组
定序尺度	按现象的某种属性对现象进行有等级差异或顺序差异分组
定距尺度	对现象类别或顺序之间的间距进行测度
定比尺度	对现象进行观测计数或计算

① Volume(规模)、Variety(多样)、Velocity(高速)、Value(价值)。

1.3 重点难点点拨

1.3.1 统计的含义

"统计"作为社会经济生活中经常使用的名词,一般具有三种含义:统计工作、统计资料和统计科学。

统计工作即统计实践活动,是人们为了说明所研究对象的某种数量特征和数量规律性,而对该现象的数据进行收集、整理与分析的活动。例如,为了获得全国人口的数量和构成等而进行的人口普查活动。

统计资料即统计数据,是通过统计工作所获得的能够说明现象总体某种特征的数据,是统计实践活动的成果。例如,2016 年我国国内生产总值为 744 127 亿元,比上年增长 6.7% 等,就是说明我国经济发展水平的统计资料。

统计科学即统计学,是一门研究收集数据、表现数据、分析数据、解释数据,从而认识总体数量特征及其规律的方法论科学。

统计学源于统计实践活动，是对统计实践活动的理论概括和总结，又用于指导统计实践活动。

1.3.2 描述统计学与推断统计学

描述统计学是研究如何客观、科学地对现象的数量特征进行计量、观测、概括和表达的方法论科学，是推断统计学的基础。

推断统计学是研究在一定的概率下，如何用样本资料去推断总体数量特征的方法论科学。社会经济现象复杂多变，很多时候都需要对不确定的事物做出科学的决策，这就需要在不完全观察资料的基础上对所关心问题做出可靠的推断。推断统计学是现代统计学的核心。

1.3.3 统计的特点

统计具有数量性和总体性两个鲜明的特点。

统计的数量性特点是指统计总是用数字作为语言来表述事实。统计运用科学的方法收集、表现、分析和解释数据，并用统计指标表明所研究现象的规模、水平、比率、依存度、发展变化趋势和规律等。

但是统计不研究抽象的数量，它是在质的规定性下研究数量。例如，要统计国内生产总值，什么是国内生产总值？国内生产总值包括哪些内容？只有给予其明确的概念和范围，才能得到国内生产总值的数据。

统计的总体性特点是指统计不是研究个别事物的数据，而是研究大量个别事物构成的现象整体的数据，只有这样才能达到认识现象的数量规律的目的。

但是，统计是从认识个别事物入手来认识现象整体的数量特征的。例如，要了解劳动力资源的整体情况，例如总数及其构成、就业总数及其分布等，必须从每一个劳动力开始，对其性别、年龄、文化程度、职业等进行调查登记，然后经过分类汇总计算，才能了解劳动力资源的整体情况。

1.3.4 总体和总体单位

总体是在一定的研究目的下，所要研究事物的全体。它是由客观存在的、具有某种共同性质的众多个别事物构成的整体。构成总体的个别事物是总体单位。总体单位是所要研究具体问题的承担者。在统计调查中，常常称总体为调查对象，称总体单位为调查单位。

例如，若要研究某市的工业生产情况，工业生产情况具体体现在工业企业中，所该市每一个工业企业是总体单位，所有的工业企业是总体；若要研究某市的工业生产设备情况，工业生产设备情况具体体现在设备上，所以每一台工业生产设备是总体单位，该市所有的工业生产设备是总体。这里，研究目的分别是"工业生产情况""工业生产设备情况"；进行工业生产、用于工业生产的设备分别是这些工业企业、工业生产设备的"共同性质"；成千上万的工业企业、很多的工业生产设备是"众多个别事物"。总体单位可以是一个人、一个单位或一个物。

把总体和总体单位结合起来可知，总体具有同质性、大量性和差异性的特点。所谓同质性，是指构成总体的总体单位在某一方面或某一点上性质是相同的；所谓大量性，指构成总体的总体单位必须足够多；所谓差异性，指构成总体的总体单位在某一方面或某一点上性质是相同的，而在其他方面都是不尽相同的。差异性是统计研究的前提，因为如果每一个总体单位的情况都一样，就无须总体了，只要了解一个总体单位就知道总体的情况了。

1.3.5 样本

样本有随机样本与非随机样本之分，在统计学中主要指随机样本。随机样本是按随机原则从总体中抽出的部分单位构成的整体。所谓随机原则，是指样本单位的抽取不受任何主观因素及其他系统性因素的影响，每个总体单位都有相等的被抽中的机会。

一个样本单位必定是一个总体单位；样本是总体的代表，带来了总体的信息，与总体有同质的数量特征；样本具有随机性，而研究目的一经确定，总体就是唯一的。

很多情况下，统计通过对样本的研究达到对现象总体数量特征的认识。由样本的数量特征去推断总体的数量特征是推断统计的主要内容。在参数估计和假设检验中，我们将会学习推断统计的基本知识。

其他非全面调查，如重点调查、随意调查、典型调查、个案调查等得到的样本为非随机样本。

1.3.6 统计数据的四个计量尺度

统计数据计量尺度由低级到高级、由粗略到精确分别是：定类尺度、定序尺度、定距尺度和定比尺度。

定类尺度和定序尺度都是对现象的某种属性进行分组，计量结果都是定性数据，其区别在于：定类尺度是对现象进行平行分组，分组后没有优劣、大小、顺序之分，是计量层次最低的尺度；定序尺度是有顺序的分组，但是不能具体测定类别之间的差异。

定距尺度和定比尺度得到的数据都是定量数据。定距尺度只能计算差距，不能计算比率；定比尺度是最高级的计量层次，具有加或减或乘或除运算功能。

表 1-1 是依计量层次由低到高的各尺度的含义、特征和示例。高层次计量尺度的数据包含了低层次计量尺度的数据的全部信息和数学特性。

表 1-1 各种计量尺度的含义、特征和示例

尺度	含义	特征	示例
定类尺度	按某种属性对现象进行平行分组。各类各组之间的关系是并列、平等而且互相排斥的	①最粗略、计量层次最低 ②作为代码的数值并不反映各类的优劣或逻辑顺序 ③不能进行加、减、乘、除等数学运算	人口按性别分为男、女 态度分为应该、不应该、无所谓
定序尺度	按某种属性对现象进行有等级差异或顺序差异的分组	①计量层次比定类尺度高一些 ②不仅可以分为不同的类别，而且可以反映各类的优劣或顺序 ③不能进行加、减、乘、除等数学运算	满意度分为非常满意、满意、一般、不满意、非常不满意 成绩分为优、良、及格和不及格
定距尺度	对现象类别或顺序之间间距的测度	①可以用固定数字表示现象各类别的差异 ②没有通常的零点，即 0 并不表示没有 ③只能进行加、减，不能进行乘、除等数学运算	服装号码、鞋码、温度
定比尺度	对现象进行观测计数或计算	①对事物的精确度量 ②有真正的零值 ③可以进行加、减、乘、除等数学运算	学生人数、国内生产总值、工资总额

1.4 范例解析

1.4.1 单项选择题解析

例： 同质性、大量性、差异性（　　）。

　　A. 只有有限总体具有

　　B. 只有无限总体具有

　　C. 有限总体和无限总体都具有

　　D. 视有限总体和无限总体的情况而定是否具有

解析： 任何一个概念，如果它具有某种或某些性质、特点，那么它所属的部分也具有这些性质、特点。同质性、大量性、差异性是总体的主要特征，无论是有限总体还是无限总体都具有这几个特征。所以正确选项是 C。

1.4.2 多项选择题解析

例： 欲了解某地企业设备情况（　　）。

　　A. 总体是该地企业拥有的设备情况

　　B. 总体是该地所有的企业

C. 总体是该地企业的所有设备

D. 总体单位是该地企业的每一台设备

E. 样本是从该地企业中随机抽出的部分设备

解析：了解某地企业设备情况是统计研究的目的，企业设备是所要了解情况的承担者，该地企业的每一台设备是总体单位，该地企业所拥有的所有设备是总体，从总体中随机抽出的部分单位是样本。所以正确选项是 C、D、E。

1.4.3 判断分析题解析

例：统计研究现象总体的数量特征的，是从定性认识、从个体开始研究的。

解析：正确。

统计虽然是研究现象总体的数量特征的，但是必须在质的规定性下才能得到正确的数量特征；总体是由个体（总体单位）构成的，只有从个体数量特征观测入手，才能获得表现总体特征的综合数量。

1.4.4 简答题解析

例：什么是大量观察法？为什么说大量观察法是统计研究最基本的方法之一？

解析：大量观察法是指为了认识现象整体的数量特征和数量规律性，必须对所研究现象的全部和足够多的个体进行调查或观察。大量观察法实际上不是指一种收集数据的具体调查方法，而是指一种基本统计思想，强调观察的总体单位要充分多，而不能只调查个别单位或极少数单位。因为总体是大量的、具有差异性的单位构成的集合体。只有采用大量观察的方法，才能将总体中的个别偶然差异充分抵消，从而准确地揭示出所研究现象总体的数量特征和规律性；否则，就可能以偏概全，得到片面的或错误的结论。

1.5 练习与实践

1.5.1 单项选择题

1. "统计"的基本含义是（　　）。

    A. 统计调查、统计整理、统计分析　　B. 统计分组、统计推断、统计描述

    C. 统计工作、统计资料、统计科学　　D. 统计分组、统计指标、统计分析

2. 统计总体的特点是（　　）。

    A. 同质性、大量性、可比性　　B. 同质性、大量性、差异性

C. 数量性、总体性、差异性　　　　D. 数量性、综合性、同质性

3. 理论统计学可以分为（　　）。

　　A. 描述统计学和应用统计学　　　　B. 描述统计学和推断统计学

　　C. 推断统计学和数理统计学　　　　D. 推断统计学和应用统计学

4. 统计研究中的大量观察法是指（　　）。

　　A. 一种具体的调查研究方法

　　B. 对总体中的所有个体进行观察和研究的方法

　　C. 搜集大量总体单位资料的具体方法

　　D. 要认识总体的数量特征就必须对全部或足够多个体进行观察和研究的方法

5. 硕士专业目录中，201 为英语、202 为俄语、203 为日语。这里的专业属于（　　）。

　　A. 定类数据　　　　　　　　　　　B. 定序数据

　　C. 定距数据　　　　　　　　　　　D. 定比数据

6. 电视观众对收费频道是否应该插入广告的态度为不应该、应该、无所谓。这里的"不应该、应该、无所谓"是（　　）。

　　A. 定类数据　　　　　　　　　　　B. 定序数据

　　C. 定距数据　　　　　　　　　　　D. 定比数据

7. 学生的智商等级是（　　）。

　　A. 定类数据　　　　　　　　　　　B. 定序数据

　　C. 定距数据　　　　　　　　　　　D. 定比数据

8. 居民住房状况调查中，属于定序尺度测量的是（　　）。

　　A. 居住区域　　　　　　　　　　　B. 居住面积数大小

　　C. 居住环境满意度等级　　　　　　D. 有几套住房

9. 下列表述正确的是（　　）。

　　A. 定序数据包含了定类数据和定距数据的全部信息

　　B. 定类数据包含了定序数据的全部信息

　　C. 定序数据与定类数据是平行的

　　D. 定比数据包含了定类数据、定序数据和定距数据的全部信息

10. 为了了解某地区工业企业的基本情况，下列标志中不属于数量标志的是（　　）。

　　A. 技工人数　　　　　　　　　　　B. 固定资产净值

　　C. 经济类型　　　　　　　　　　　D. 年盈利额

11. 为了调查各品牌电视机的质量和市场占有份额，下列标志中属于定性变量的是（　　）。

　　A. 经营方式　　　　　　　　　　　B. 使用寿命

C. 销售价格　　　　　　　　　　D. 销售量

12. 用部分数据去估计总体数据的理论和方法，属于（　　）。
    A. 理论统计学　　　　　　　　B. 应用统计学
    C. 描述统计学　　　　　　　　D. 推断统计学

13. 为了了解某地区商业企业的基本情况，下列标志中属于数量标志的是（　　）。
    A. 经济类型　　　　　　　　　B. 经营方式
    C. 销售收入　　　　　　　　　D. 年盈利额是否超过100万元

14. 统计的数量性特点表现在它（　　）。
    A. 是一种纯数量的研究
    B. 利用大量的数字资料建立数学模型
    C. 在质与量的联系中来研究现象总体的数量特征
    D. 是以数学公式为基础的定量研究

15. 统计的总体性特点是指统计（　　）。
    A. 研究各个现象个体的数量特征
    B. 研究由大量个别事物构成的现象整体的数量特征
    C. 从认识总体入手开始研究现象的数量特征
    D. 从现象量的研究开始认识现象的性质和规律

16. 5名同学的某课程考试成绩分别为60分、75分、80分、90分、93分，这5名同学的平均成绩为79.6分，（　　）。
    A. 这是5个变量值的平均数　　B. 这是5个指标的平均数
    C. 这是5个变量的平均数　　　D. 这是5个指标值的平均数

17. 对全市工业企业职工的生活状况进行调查，总体是（　　）。
    A. 该市全部工业企业　　　　　B. 该市全部工业企业的职工
    C. 该市每一个工业企业　　　　D. 该市工业企业的每一个职工

18. 历年全国汽车总产量（万辆）是（　　）。
    A. 随机变量　　　　　　　　　B. 连续变量
    C. 离散变量　　　　　　　　　D. 任意变量

19. 要反映我国工业企业的整体业绩水平，总体单位是（　　）。
    A. 我国每一家工业企业　　　　B. 我国所有工业企业
    C. 我国工业企业总数　　　　　D. 我国工业企业的利润总额

20. 对走出校园书店的同学进行调查，其中属于定性变量的是（　　）。
    A. 在书店购书花费的时间　　　B. 购买书的数量
    C. 购买书的金额　　　　　　　D. 购买书的专业类别

1.5.2 多项选择题

1. 根据大数据概念，属于数据的有（ ）。
   A. 统计数据
   B. 文本资料
   C. 图片资料
   D. 视频资料
   E. 音频资料

2. 推断统计学研究的主要问题是（ ）。
   A. 如何科学地确定总体
   B. 如何科学地从总体中抽取样本
   C. 怎样控制样本对总体的代表性误差
   D. 怎样消除样本对总体的代表性误差
   E. 如何由所抽取样本去推断总体特征

3. 下面属于定序尺度的有（ ）。
   A. 学生的智商等级
   B. 学生宿舍到教室的距离
   C. 学生按考试成绩的位次
   D. 学生按出生地的分组
   E. 学生统计学考试的分数

4. 为了确定失业率，美国劳工部调查了 60 000 个家庭，（ ）。
   A. 总体是美国的全部劳动力人口
   B. 样本是 60 000 个家庭中的全部劳动力人口
   C. 总体是美国全部人口
   D. 样本是 60 000 个家庭中的全部人口
   E. 样本是 60 000 个家庭

5. 下表是《财富》杂志提供的按销售额和利润额排列的 500 强公司中 10 家公司的数据。

公司名称	销售额/百万美元	利润额/百万美元	行业代码
Banc One	10 272	1 427.0	8
CPC Intl.	9 844	580.0	19
Tyson Foods	6 454	87.0	19
Hewlett-Packard	38 420	2 586.0	12
Intel	20 847	5 157.0	15
Northrup	8 071	234.0	2
Seagate Tech	8 588	213.3	11
Unisys	6 371	49.7	10
Westvaco	3 075	212.2	22
Woolworth	8 092	168.7	48

在这个例子中（ ）。
   A. 总体是 500 强公司，总体单位是表中所列的公司

B. 总体是 500 强公司，总体单位是其中每一家公司

C. 总体是 500 强公司，样本是表中所列的公司

D. 样本是表中所列的公司，样本单位是表中所列行业代码

E. 样本是表中所列的公司，样本单位是表中每一家公司

6. 下列属于无限总体的是（　　）。

A. 某州某次所有登记的选民

B. 某工厂生产线上所有的电视机零件

C. 某一邮购业务公司处理的所有订单

D. 所有打入某一地方警察局的紧急电话

E. 某有限公司在 5 月 17 日第二个轮班中制造的所有部件

1.5.3 判断分析题

1. 差异性是统计研究的前提。
2. 统计研究的基本方法可通用于自然现象、社会经济现象和科学实验等领域的分析研究。
3. 在统计中，人们运用大量观察法时必须对所有的总体单位进行观察。
4. 我国硕士专业目录中，020203 代表财政学、020204 代表金融学、020205 代表产业经济学、020208 代表统计学等。这意味着各个专业属于定序数据。

1.5.4 简答题

1. 举例说明总体、总体单位、样本的关系。
2. 报纸上报道一项民意调查的结果说："43% 的美国人对总统的整体表现感到满意。"报道最后写道："这份调查是根据电话访问 1 210 位成人所得的，访问对象遍布美国各地。"这个调查中度量的变量是什么？总体是什么？总体单位是什么？样本是什么？
3. 既然统计学具有数量性特点，为什么说统计学不是研究"纯数量"的学科？
4. 一家大型超市在所在地进行调查，以了解一个月内职业女性在超市购买食品所用的时间。这个调查中你认为可能调查的变量有哪些？指出这些变量的类型。
5. 把给出的变量填入下表中。

性别、收入、销售额、温度、鞋码、满意度、考试成绩、奖学金等级、生源所在地、职工人数、机器台数、对手机颜色的偏好。

定类变量	定序变量	定距变量		定比变量	
		离散变量	连续变量	离散变量	连续变量

6. 试举若干你在日常生活中所接触到的统计问题的例子。

第 2 章

统计数据的收集、整理与显示

2.1 本章学习目的要求

本章介绍统计数据收集和整理的基本理论与方法。通过本章的学习，要求：

1. 了解统计数据收集的意义、统计调查方案的编制；理解统计数据收集的组织形式和方法，能够正确选择调查组织形式进行数据收集；理解统计误差的含义。
2. 理解统计分组的意义、作用和原则，了解统计分组的种类。
3. 理解分布数列的概念、种类；掌握变量数列的编制，理解组距、组中值、组限、累计次数的含义。
4. 了解次数分布的类型，理解次数分布图。
5. 了解统计表的构成和编制，理解列联表的概念和作用，掌握各种常用统计图的应用。
6. 能够利用 Excel 软件对原始数据进行分组，计算频数、频率，绘制统计图表。

2.2 基本知识梳理

基本知识点	含义或公式
统计调查	是根据统计研究的目的要求，采用科学的调查形式和方法，有计划、有组织地收集所研究现象数据的过程。常用的调查形式有普查、统计报表、重点调查、抽样调查
统计调查方案	调查方案一般包括：确定调查目的和任务；确定调查对象、调查单位和报告单位；确定调查项目和调查表；确定调查组织形式和方法；确定调查时间；确定调查的其他事项
统计误差	统计误差是统计数据与客观现象真实数值之间的差异。统计误差可以分为登记性误差和代表性误差。代表性误差又可分为抽样误差和系统性误差
统计分组	是根据统计研究的目的和要求，将总体中的所有单位按照一定的标志分为若干部分或组别的方法。统计分组的关键是分组标志的选择和组限的划分。统计分组要遵守科学性、完备性、互斥性的原则
分布数列	将总体各单位按某个标志分成若干组，列出各组的总体单位数或各组单位数在总体单位数中所占的比重，这样形成的数列称为分布数列。分布数列有品质数列和变量数列之分。任何一个分布数列由两个要素构成
次数累计	向上（下）次数累计是由变量值小的（或大的）组向变量值大的（或小的）组累加各组的次数（频数或频率）。各组的累计次数表明小于（或大于）该组上限（或下限）的次数或百分数共有多少
次数分布的类型	次数分布主要有钟形分布、U形分布、J形分布
次数分布图	表示数据次数分布特征的图。常用的反映定量变量次数分布特征的有直方图、折线图、曲线图、茎叶图；常用的反映定性变量次数分布特征的有饼图、柱形图、环形图
统计表	把经过调查整理、汇总计算而得到的统计数据按一定的结构和顺序，系统地排列在一定的表格内，就形成了统计表
列联表	是按两个或多个变量进行交叉分组所形成的频数分布表，主要用于包含定性变量时研究变量之间的相关性

2.3 重点难点点拨

2.3.1 普查

普查是专门组织的一次性的全面调查。普查具有信息全面、完整的特点。普查既可用于收集时点现象在一定时点上的数据，也可以用于收集时期现象在某一段时期内的总量。普查的目的是详尽地了解某项重要国情、国力，为政府制定规划、方针政策提供依据。

2.3.2 重点调查

重点调查是在调查对象中选择一部分重点单位进行调查的一种非全面调查。所谓重点单位，是指所调查标志的标志值在其标志总量中所占比重大的少数单位。重点调查的目的是从数量上反映整个总体的基本情况。

2.3.3 抽样调查

抽样调查是以概率论和数理统计理论为基础，按照随机原则从调查对象中抽出一部分单位作为样本进行调查，再用部分单位资料推算总体数值的一种非全面调查方式。在市场经济条件下，调查对象复杂多变，抽样调查具有十分显著的优越性，已成为世界上大多数国家普遍采用的方法，也是我们国家的主要调查方式。

抽样调查与其他非全面调查相比有以下特点：第一，按随机原则抽取样本单位；第二，目的是对总体数量特征进行推断；第三，抽样误差可以事先加以控制和计算。

2.3.4 统计分组

统计分组既是统计整理的基本方法，又是统计调查和统计分析研究的基本方法。通过分组突出了组与组之间的差异，而抽象了组内各单位之间的差异，从而使大量无序的、混沌的、分散的数据成为有序的、层次分明的、反映总体特征的数据。

一般来说，可以按一个标志进行简单分组，也可以按两个或两个以上标志进行复合（层叠）分组。

2.3.5 分布数列

将总体各单位按某个标志分成若干组，列出各组的总体单位数或各组单位数在总体单位数中所占的比重，这样形成的数列称为分布数列或分配数列。按品质标志分组形成的分布数列称为品质数列，按数量标志分组形成的分布数列称为变量数列。变量数列有单项式变量数列和组距式变量数列两种。

2.3.6 不等距数列的直方图

对于等距数列，各组频数可以直接作为直方形的高度。但对于异距数列，需要根据频数密度来绘制直方图，以准确反映各组数据分布的特征。其方法是：确定标准组距，计算各组频数密度（频数密度＝频数/组距），将标准组距乘以各组频数密度得到标准组距频数，按等距数列的程序绘制直方图。

如学生成绩分组如表 2-1 所示。我们确定标准组距为 10 分，频数密度及标准组距频数如表 2-1 第（3）栏和第（4）栏所示，据此绘制出图 2-1。

表 2-1 某班学生统计学成绩及标准组距频数表

成 绩	学生人数/人	频 数 密 度	标准组距频数
（1）	（2）	（3）	（4）
60 以下	2	0.133	1.3
60～75	21	1.400	14.0
75～90	29	1.933	19.3
90～100	4	0.400	4.0
合 计	56	—	—

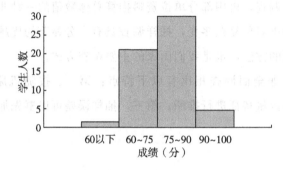

图 2-1 根据表 2-1 中的资料绘制的直方图

2.4 范例解析

2.4.1 单项选择题解析

例： 要了解居民的消费支出水平，应该采用（　　）。

　　A. 普查　　B. 重点调查　　C. 统计报表　　D. 抽样调查

解析： 了解居民的消费支出，不可能要求每个居民填报报表，所以不能采用统计报表的形式。采用普查的成本很高，并且调查误差大，也没有必要。而居民总体中不存在明显的重点单位，因此应该采用抽样调查，按照随机原则抽取部分居民进行调查，以此推断全部居民的消费支出水平。这样既可以节约成本，又能减少调查误差，而抽样误差可以计算和控制。所以正确选项是 D。

2.4.2 多项选择题解析

例： 我国第七次人口普查的标准时点是 2020 年 11 月 1 日零点。以下应该计算在人口总数内的是（　　）。

　　A. 2020 年 10 月 31 日 22 点出生的婴儿

B. 2020 年 10 月 31 日 20 点死亡的人口

C. 2020 年 11 月 1 日 2 点出生的婴儿

D. 2020 年 10 月 31 日 20 点出生，24 小时后死亡的婴儿

E. 2020 年 11 月 1 日 2 点死亡的人口

解析：普查的标准时点是调查资料所属的特定时点。将 2020 年 11 月 1 日零点作为标准时点，那么此次普查的人口总数在这一时点的数据，应该能反映我国人口在这一时刻的状态，只要在这个时刻存活的人口都应该进行统计。因此正确的选项应该是 A、D、E。

2.4.3 判断分析题解析

例：统计调查的基本要求是准确、及时。

解析：正确。统计调查是收集反映客观实际数据的过程，是统计工作的基础环节。要得到说明总体特征的综合数据，实现统计的目的，就应该做到准确、及时。故此命题正确。

2.4.4 简答题解析

例：准确性是统计调查最基本的要求，统计资料是否必须 100％准确才能有效发挥其作用？

解析：准确性是统计工作的生命。只有准确的统计数据，才能如实反映客观实际，才能为决策提供科学的依据。但是，强调准确性并不要求绝对求准，由于各种原因（包括时间和费用的制约），统计数据不可避免地会出现误差。但只要误差在允许范围内，即达到一定的准确性要求，统计资料就能够满足需要，发挥其应有的作用。

2.5 练习与实践

2.5.1 单项选择题

1. 为掌握商品销售情况，对占该地区商品销售额 60％的十家大型商场进行调查，这种调查方式属于（　　）。

   A. 普查　　　　　　　　　　　　B. 抽样调查

   C. 重点调查　　　　　　　　　　D. 统计报表

2. 人口普查规定标准时间是为了（　　）。

   A. 确定调查对象和调查单位　　　B. 避免资料的重复和遗漏

C. 使不同时间的资料具有可比性　　D. 便于登记资料
3. 下列调查中，调查单位与填报单位一致的是（　　）。
   A. 企业设备调查　　B. 人口普查
   C. 农产量调查　　D. 经济普查
4. 对一批灯泡的使用寿命进行调查，应该采用（　　）。
   A. 普查　　B. 重点调查
   C. 典型调查　　D. 抽样调查
5. 分布数列反映（　　）。
   A. 总体单位标志值在各组的分布状况　　B. 总体单位在各组的分布状况
   C. 总体单位标志值的差异情况　　D. 总体单位的差异情况
6. 对某总体按一种数量标志分组，则（　　）。
   A. 只能编制一种变量数列　　B. 可以进行复合分组
   C. 可能编制多种变量数列　　D. 可能编制品质数列
7. 在累计次数分布中，某组的向上累计次数表明（　　）。
   A. 大于该组上限的次数是多少　　B. 大于该组下限的次数是多少
   C. 小于该组上限的次数是多少　　D. 小于该组下限的次数是多少
8. 划分全面调查与非全面调查的依据是（　　）。
   A. 资料是否齐全　　B. 调查项目是否全面
   C. 调查登记的时间是否连续　　D. 调查单位是不是全部总体单位
9. 对某连续变量编制组距数列，第一组为开口组，其上限为 500，第二组组中值是 750，则第一组组中值为（　　）。
   A. 200　　B. 250
   C. 500　　D. 300
10. 下列几种统计图形中最适合描述一组定量数据次数分布的是（　　）。
    A. 条形图　　B. 直方图
    C. 线图　　D. 饼图
11. 下列几种统计图形中最适合描述定性变量结构状况的是（　　）。
    A. 条形图　　B. 雷达图
    C. 饼图　　D. 直方图
12. 一位质检员从一批广柑中随机抽取了一部分进行称重。重量直方图如下：重量大于 225 克的广柑的百分数为（　　）。
    A. 20%　　B. 24%
    C. 12%　　D. 23%

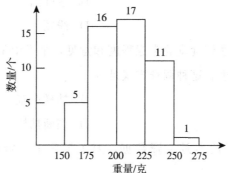

13. 若有某企业最近10年营业收入的年度数据，不宜用于描述这些数据的图是（　　）。

   A. 条形图　　　　　　　　　　　　B. 线图

   C. 柱形图　　　　　　　　　　　　D. 雷达图

14. 与直方图比较，茎叶图（　　）。

   A. 没有保留原始数据的信息　　　　B. 保留了原始数据的信息

   C. 更适合描述分类数据　　　　　　D. 不能很好地反映数据的分布特征

15. 学校有关部门想了解大一学生在教辅资料上的花费，为此观察了300名大一学生在教辅资料上的花费，发现他们每个学期在教辅资料上的平均花费是270元。该研究中的调查对象是（　　）。

   A. 该校大一的全部学生　　　　　　B. 该校大一的每一个学生

   C. 该校大一学生的教辅资料的花费　D. 调查的300名大一学生

16. 在累计次数分布中，某组的向下累计次数表明（　　）。

   A. 大于该组上限的次数是多少　　　B. 大于该组下限的次数是多少

   C. 小于该组上限的次数是多少　　　D. 小于该组下限的次数是多少

17. 对200名学生某个月的通信费支出额进行分组，末组为开口组，下限为80元，其相邻组下限为70元，则末组组中值为（　　）。

   A. 80　　　　　　　　　　　　　　B. 95

   C. 85　　　　　　　　　　　　　　D. 100

18. 某行业中的甲、乙、丙、丁4个企业去年的利润总额分别为5.7亿元、26.8亿元、52.2亿元、132.0亿元。若要反映这4个企业利润总额的差异，最适宜的图形是（　　）。

   A. 饼图　　　　　　　　　　　　　B. 茎叶图

   C. 柱形图　　　　　　　　　　　　D. 直方图

19. 对于某个数码商城最近一年每天的计算机销售量数据，要反映计算机销售量的变化特征，最适宜的图形是（　　）。

A. 饼图 B. 茎叶图
C. 条形图 D. 线图

20. 学校为了了解学生对学校食堂的满意程度和意见，某天中午趁学生们到食堂吃饭的时间调查了100名学生。这种调查方式是（　　）。

    A. 重点调查 B. 抽样调查
    C. 方便抽样 D. 判断抽样

21. 已知某企业每个职工的本月工资数据，要了解职工工资的分布状况，应该编制（　　）。

    A. 品质数列 B. 变量数列
    C. 单项数列 D. 组距数列

22. 对某年某地区居民家庭的人均收入进行分组，共分为6组。第5组组距为4 000元，第6组为开口组，其下限为20 000元，则第6组组中值为（　　）。

    A. 16 000元 B. 18 000元
    C. 22 000元 D. 24 000元

23. 根据某班25位学生上月的通信费（单位：元）做出的茎叶图如下所示，

    ```
    3|29
    4|03899
    5|2556889999
    6|34678
    7|259
    ```

    则关于该班25位学生上月的通信费，下列说法中正确的是（　　）。

    A. 最小值是29元 B. 最大值与最小值相差40元
    C. 中位数是58元 D. 通信费呈J形分布

24. 对某个地区居民进行的一项调查显示，家庭人均月收入在3 000元以下的占10%，3 000~5 000元的占25%，5 000~8 000元的占50%，8 000~10 000元的占10%，10 000元以上的占5%，则人均月收入在8 000元以上的家庭的比重是（　　）。

    A. 10% B. 15%
    C. 85% D. 65%

25. 产品质量控制人员要在流水线上对产品质量进行监控，最适合采用的调查方式是（　　）。

    A. 抽样调查 B. 重点调查
    C. 全面调查 D. 普查

26. 某班学生某课程期末考试成绩分组统计结果为：60分以下2人，60~70分有8人，70~80分有15人，80~90分有36人，90~100分有14人。该班学生成绩的分布是（　　）。

A. 对称分布 B. 左偏分布
C. 右偏分布 D. 正态分布

27. 从全校学生中抽取 200 人来调查学生的生活费支出状况。将生活费支出分为 3 组，要分析学生性别与其生活费支出额有无关系，应对调查数据进行分组整理，最适合采用（　　）。

    A. 简单分组表 B. 一览表
    C. 2×3 列联表 D. 三维分组表

28. 对某个地区城镇职工进行的一项调查显示，月收入在 4 000 元以下的占 10%，4 000~6 000 元的占 25%，6 000~8 000 元的占 50%，8 000~10 000 元的占 10%，10 000 元以上的占 5%。显示这一结果最适合的图形是（　　）。

    A. 茎叶图 B. 直方图
    C. 条形图 D. 饼图

29. 对居民消费支出进行调查时，张某漏填了一笔网购食品支出，这样导致的统计数据的误差属于（　　）。

    A. 登记性误差 B. 代表性误差
    C. 系统性误差 D. 随机误差

2.5.2 多项选择题

1. 对统计调查资料的基本要求有（　　）。

    A. 准确性 B. 及时性
    C. 随机性 D. 多样性
    E. 数量性

2. 统计调查方案的内容包括（　　）。

    A. 确定调查目的和任务
    B. 确定调查对象、调查单位和报告单位
    C. 确定调查项目和调查表
    D. 确定调查方法和调查时间
    E. 确定调查人员、经费等

3. 适合编制组距式分配数列的变量是（　　）。

    A. 所有连续变量 B. 所有离散变量
    C. 变异范围大的连续变量 D. 变异范围大的离散变量
    E. 变异范围小的离散变量

4. 重点调查的"重点单位"是指（　　）。

A. 在国民经济中起重要作用的单位

B. 标志值在总体标志总量中所占比重大的单位

C. 全部单位中的一小部分单位

D. 在国民经济中地位显赫的单位

E. 能反映总体基本情况的单位

5. 下面的数列属于（　　）。

身高/厘米	人数/人	比重/%
150~155	40	20
155~160	100	50
160~165	60	30
合计	200	100

A. 变量数列

B. 品质数列

C. 等距数列

D. 异距数列

E. 闭口数列

6. 我国第七次人口普查的标准时点是 2020 年 11 月 1 日零点。以下不应该计算在人口总数内的有（　　）。

A. 2020 年 10 月 31 日零点出生的婴儿

B. 2020 年 10 月 31 日 23 点死亡的人口

C. 2020 年 11 月 1 日 2 点出生的婴儿

D. 2020 年 10 月 31 日 22 点出生，24 小时后死亡的婴儿

E. 2020 年 11 月 1 日 1 点死亡的人口

7. 要对某个企业生产设备的实际生产能力进行调查，则下列说法中正确的是（　　）。

A. 该企业的生产设备是调查项目

B. 该企业的全部生产设备是调查对象

C. 该企业的每台生产设备是调查单位

D. 该企业的每台生产设备是报告单位

E. 该企业的全部生产设备是调查单位

8. 下列现象中适宜采用非全面调查的是（　　）。

A. 某型号灯泡的耐用时间

B. 某地区居民的储蓄存款

C. 全国民营企业经营中出现的新问题

D. 某地区粮食生产量

E. 某地区居民对社区环境整治的满意度

9. 某地区对 200 户居民的一项调查显示，人均收入在 3 000 元以下的家庭占 14%，3 000～6 000 元的家庭占 41%，6 000～10 000 元的家庭占 35%，10 000～15 000 元的家庭占 7%，15 000 元以上的家庭占 3%。下列说法中正确的是(   )。

    A. 该数列是等距数列
    B. 该数列是异距数列
    C. 最高组组中值是 17 500 元
    D. 110 户居民人均收入在 6 000 元以下
    E. 人均收入在 10 000 元以上的家庭占 10%

10. 以下原因引起的误差中，属于登记性误差的是（   ）。

    A. 被调查者隐瞒了工资外收入，将月收入填报为 6 520 元
    B. 调查员将数值 1 560 误填报为 1 650
    C. 入户调查时被调查者不在家，调查员根据估计将户主收入填报为 5 500 元
    D. 从全班随机抽查 10 个学生推断全班平均成绩为 83.5 分，而全班真实平均成绩只有 79 分
    E. 企业挑选样品去检验，得知合格率为 100%，而真实合格率不足 80%

2.5.3 判断分析题

1. 由于抽样调查中既有登记性误差，又有抽样误差，因此抽样调查的结果不如普查准确。
2. 在组距数列中，组中值是各组的代表值，它等于组内各变量值的平均数。
3. 进行统计分组时，组数并不是越多越好。
4. 直方图和条形图适用的数据类型是相同的。
5. 直方图用于表现定量数据，茎叶图既可以用于表现定量数据，也可以用于表现定性数据。
6. 对于异距数列要绘制直方图时，矩形高度不能直接取各组次数，应取各组的频数密度或标准组距频数。
7. 调查的标准时间就是指调查登记工作的起止时间。
8. 列联表是一种频数分布表。

2.5.4 简答题

1. 对于产品质量调查和市场占有率调查，你认为采用什么调查方法最合适？简要说明理由。
2. 下表是某电器商场 4 个月期间每天的销售量分组资料：

按销售量分组/台	频数/天	频率/%
100 以下	4	3.33
100~110	9	7.50
110~120	16	13.33
120~130	27	22.50
130~140	20	16.67
140~150	17	14.17
150~160	10	8.33
160~170	8	6.67
170~180	4	3.33
180~190	5	4.17
合计	120	100.00

你认为表现以上分组结果用什么图形最合适？为什么？

3. 某城市为了了解市民对当前公共交通的满意程度，随机抽取了90名成年人构成一个样本进行调查。满意程度分别表示为：A. 很满意；B. 比较满意；C. 一般；D. 不满意；E. 很不满意。调查结果如下：

A	D	C	B	A	E	E	C	C
E	A	B	D	A	C	B	A	C
E	A	B	B	D	C	B	A	A
D	B	C	C	B	C	C	B	A
D	B	C	C	B	C	C	B	C
C	B	E	C	E	E	D	A	C
C	A	A	D	C	B	A	D	B
C	D	E	C	E	B	D	A	C
C	A	E	D	C	B	A	D	B
A	D	C	B	A	E	B	E	B

要求：

(1) 指出上面的数据属于什么类型。

(2) 制作一张频数分布表。

(3) 绘制条形图，反映评价等级的分布。

4. 为了了解一批灯泡的质量，从这批灯泡中随机抽取100只测试其耐用时间，得到如下结果（单位：小时）：

831	854	851	821	864	775	718	789	815	858
835	890	798	729	849	769	801	846	862	821
851	760	853	746	756	866	865	829	794	785
878	880	815	842	836	768	838	820	791	809
845	887	715	844	854	698	890	858	836	810
762	752	724	823	859	876	727	841	783	841
817	863	829	834	742	883	762	781	806	858
810	820	812	746	850	835	792	782	764	820
815	836	815	761	826	767	791	815	825	800
830	821	865	787	744	808	829	785	784	807

要求：

(1) 以组距为 20 进行等距分组，编制变量数列。

(2) 根据分组资料绘制直方图，说明数据的分布特点。

5. 甲、乙两个班各有 50 名学生，期末英语考试成绩的分布如下：

考试成绩	人数/人	
	甲班	乙班
不及格	4	3
及格	11	10
中	20	13
良	10	18
优	5	6
合计	50	50

要求：

(1) 根据上表数据，绘制两个班考试成绩对比的条形图和环形图。

(2) 比较两个班考试成绩分布的特点。

6. 某个商场某年 4 月份每天的销售额（单位：万元）资料如下：

82　54　88　25　53　28　32　78　63　64
74　43　41　78　43　54　47　56　75　36
61　64　21　51　39　53　52　86　69　45

根据以上资料进行适当的分组，编制频数分布表，绘制直方图，分析数据的分布特征。

2.5.5 案例思考

某社区拟订了一项体育设施升级管理的新方案。为了征求意见，随机抽取了 123 位社区成年居民进行调查，记录了他们的性别、收入及其对新方案的态度等信息。下表是根据调查数据分组整理的一个三维列联表（单位：人）。

	赞成				反对				合计
	低收入	中收入	高收入	小计	低收入	中收入	高收入	小计	
男	5	8	10	23	20	10	5	35	58
女	2	7	9	18	25	15	7	47	65
合计	7	15	19	41	45	25	12	82	123

试根据上表数据，分析说明被调查居民的性别、收入与其态度之间有无关系。

第 3 章

数据特征的描述

3.1 本章学习目的要求

本章介绍统计指标的基本理论。通过本章的学习，能够计算和应用基本的统计指标。

1. 理解总量指标的概念和种类，理解国内生产总值指标体系。
2. 掌握相对指标的概念、计算方法和在经济分析中的意义，理解计算和应用相对数应注意的问题。
3. 掌握平均指标的种类及其计算方法，能够正确地运用平均指标来分析问题。
4. 掌握变异指标的概念、作用、计算方法及其应用。
5. 能够在计算机上利用 Excel 软件对原始数据进行分组，计算平均数、标准差、方差、偏度和峰度等描述统计指标，绘制箱线图。

3.2 基本知识梳理

基本知识点	含义或公式
统计指标	说明总体特征的概念与具体数字。统计指标由指标名称（概念）、指标数值构成，是有计量单位或形式的数字
总量指标	反映社会经济现象总体规模或总体水平的指标。总量指标主要是通过计数、度量得到的，一定有计量单位
流量和存量	即时期指标和时点指标。流量有时间维度，具有可加性，指标数值大小与时间长短有关；存量不具有时间维度和可加性，指标数值大小与时间间隔没有直接关系
国内生产总值（GDP）	是指一个国家或地区所有常住单位在一定时期内生产活动的最终成果，它等于所有常住单位创造的增加值之和
相对指标	两个有联系的统计数值对比的比率
平均指标	反映总体各单位数据在一定时间、地点、条件下一般水平的综合指标。它是将总体单位间数据差异抽象化后得到的一个代表值
算术平均数	未加权，$\bar{x}=\dfrac{\sum x}{n}$；加权，$\bar{x}=\dfrac{\sum xf}{\sum f}$；变形，$\bar{x}=\dfrac{\sum xf}{\sum \dfrac{1}{x}xf}$
几何平均数	$\bar{x}_G = \sqrt[n]{x_1 x_1 \cdots x_n}$
变异指标	反映统计数据差异程度的综合指标，又称标志变动度。最常用的变异指标是标准差和方差，它们也是推断统计中描述误差和选择统计量的基本指标
平均差	未加权，$AD=\dfrac{\sum |x-\bar{x}|}{n}$；加权，$AD=\dfrac{\sum |x-\bar{x}|f}{\sum f}$
标准差	未加权，$\sigma=\sqrt{\dfrac{\sum(x-\bar{x})^2}{n}}$；加权，$\sigma=\sqrt{\dfrac{\sum(x-\bar{x})^2 f}{\sum f}}$
方差	未加权，$\sigma^2=\dfrac{\sum(x-\bar{x})^2}{n}$；加权，$\sigma^2=\dfrac{\sum(x-\bar{x})^2 f}{\sum f}$
标准差系数	$V_\sigma=\dfrac{\sigma}{\bar{x}}$
偏态和峰态	是数据分布的重要特征，主要用于判断数据的分布与正态分布的接近程度。偏态是指变量值围绕其均值的非对称方向和程度。峰态是指数据分布曲线的凸起或平坦程度
Z-分数（Z-score）	是对数据分布的相对位置的测度，也称作数据的标准化。$Z=\dfrac{x-\bar{x}}{\sigma}$
箱线图	是用最小值、第一个四分位数、中位数、第三个四分位数与最大值5个统计量来描述数据分布的一种常用方法，可以粗略地反映数据是否具有对称性，分布的分散程度等信息

3.3 重点难点点拨

3.3.1 总量指标

总量指标是反映社会经济现象总体规模或总体水平的指标，其数值主要通过计数、度量得到。它一定是有计量单位的数。总量指标数值大小与总体范围的大小有直接关系，同一时间不同总体范围的同一总量指标的数值相加有意义，其和仍然是总量指标。

按反映的总体内容不同，总量指标可以分为总体单位总量和总体标志总量。理解这种分类对计算算术平均数很重要，因为算术平均数就等于总体标志总量除以总体单位总量。按反映的时间状况不同，总量指标可以分为时期指标和时点指标。理解这种分类对计算动态平均数（平均发展水平）很重要，因为对时期指标数列和时点指标数列计算平均发展水平的方法是不同的。

3.3.2　GDP 与 GNI 的异同

衡量一个国家或地区经济状况和发展水平时，常用 GDP（国内生产总值）和 GNI（国民总收入）两个总量指标。

GDP 是一个国家或地区所有常住单位在一定时期内生产的、提供给社会最终使用的货物和服务的价值，它等于所有常住单位创造的增加值之和。GNI 曾经称为 GNP（国民生产总值），是一个国家或地区所有常住单位在一定时期内收入初次分配的最终结果，等于所有常住单位的初次分配收入之和。

GDP 是个生产概念，它从生产角度衡量一个国家或地区的经济总量，只要是本国领土范围内生产活动创造的增加值，无论是由内资企业还是由外资企业创造的，均应计入本国的 GDP。GNI 是个收入概念，它从收入分配的角度衡量一个国家或地区的经济总量，或者说是一个总收入⊖。这个总收入的基础是 GDP，GDP 既是一个总生产成果，又是总收入的起点。

本国常住单位在国外进行投资或创办企业获得了一部分生产要素收入（资本和劳务收入），如果资本收益进行了再投资，或利润和劳务收入直接汇回国内了，就要加到本国的 GDP 上，形成 GNI，否则就不能加到本国 GDP 上，不计入 GNI。反之，如果外资企业和相关个人从本国获得了资本与劳务收入，且将收益再投资或将利润和劳务收入汇回所在国，则在计算 GNI 时要从本国的 GDP 中扣除，否则就不需要扣减。这种计算方法是国际上通行的。

在分析各国的经济增长时，一般更关注 GDP，在分析各国贫富差异程度时，一般更关注 GNI 或者人均 GNI。国际货币基金组织通常根据黄金与外汇储备、进口额、出口额占 GDP 的比例等因素来决定一个成员在基金中的份额，进而决定一个成员在基金组织中的投票权、特别提款权及向基金借款的份额。而联合国则根据一个成员连续六年的 GNI 和人均 GNI 来决定该成员的联合国会费，从而决定该成员承担的国际义务和享

⊖　因为 GNI 是个收入指标，称其为国民生产总值（GNP）显得名称与内容不太相符，所以联合国 1993 年版《国民核算体系》（*System of National Account*）中将其改为国民总收入。

受的优惠待遇等。

3.3.3 相对指标

相对指标既是一种统计指标，又是一种最常用的对比分析方法。根据研究目的不同和对比基础的指标（分母指标）不同，相对指标有不同的种类：实际完成数与计划任务数之比为计划完成相对指标，反映计划完成情况和工作进度；在分组的基础上，总体某一部分数据与总体的全部数据之比为结构相对指标，反映总体的内部结构和分布；在分组的基础上，总体某一部分数据与总体的另一部分数据之比为比例相对指标，反映总体的内部比例关系；不同空间的同类现象数据之比为比较相对指标，反映不同空间的经济实力、水平和工作优劣等；不同时间的同类现象数据之比为动态相对指标（即发展速度），反映事物的相对发展程度；两个性质不同但有联系的数值之比为强度相对指标，反映现象的普遍程度、密度等。

由于相对指标是两个指标数值对比的比率，所以计算和应用相对指标时一定要注意正确选择对比基础、对比指标的可比性、与总量指标结合运用、多种相对指标结合运用。

3.3.4 平均指标

平均指标是反映总体各单位数据在一定时间、地点、条件下一般水平的综合指标。它是将总体单位间数据差异抽象化，反映一组数据的集中趋势，是这组数据的代表值。

平均指标按其计算方法不同可分为

$$
\text{平均数}\begin{cases} \text{数值平均数}\begin{cases} \text{算术平均数}\begin{cases} \text{简单算术平均数} \\ \text{加权算术平均数} \end{cases} \\ \text{几何平均数} \end{cases} \\ \text{位置平均数}\begin{cases} \text{中位数} \\ \text{众数} \end{cases} \end{cases}
$$

平均数的计算要符合基本公式、数据特征等的要求。算术平均数有两个数学性质：各个变量值与其算术平均数的离差之和为零；各个变量值与其算术平均数的离差平方之和为最小。

3.3.5 关于同一指标的可加性和可减性

对总量指标而言，所有的时期指标数值具有可加性，无论是不同时间还是同一时间的指标。比如，4个季度的工资总额相加是1年的工资总额，某地区同一时间不同工业企业的产值相加是该地区的工业总产值。不同范围的同一时点指标数值可以相加，比如，31个省（自治区、直辖市）本年末人口总数相加是全国本年末的人口总数；但是不同时间的同一时点指标数值不能相加，如上年末的人口总数与本年末的人口总数相加无意义，且大部分重复。

所有的相对指标和平均指标数值都不具有可加性，如某课程男同学的平均成绩为 80 分，女同学的平均成绩为 78 分，绝对不能说全班同学的平均成绩是 158 分；男同学的英语过级率是 78%，女同学的英语过级率是 80%，绝对不能说全班同学的英语过级率是 158%。

但是，所有同一指标的数值都可以相减。同学们可以试着自己举例。

3.3.6　加权

加权的本来意义是指在计算平均数时，次数出现多的统计数值对平均数的影响大一些，次数出现少的统计数值对平均数的影响小一些，对各个统计数值不能等同看待。计算平均数时，必须以统计数值乘以其出现的次数，以权衡其轻重。

"加权"的思想是非常重要的，在社会经济生活中，当我们进行不同空间、不同时间的经济效益、发展战略实现程度、生活质量等的评价比较时，常常需对多个指标进行综合。而综合过程中，往往要根据各个指标的重要程度赋予其一定的权数，进行加权综合。

3.3.7　变异指标

变异指标是衡量平均指标代表性和现象均衡与稳定的尺度。通常使用的变异指标有全距、平均差、标准差和方差。其中标准差和方差是测度数据变异程度的最重要、最常用的指标，不仅在社会经济现象中广泛应用，而且是推断统计不可或缺的指标。离散系数是相对变异指标。

方差与标准差用于测度数据的离散程度时，其作用实质上是一致的，但标准差的计量单位与所测度数据的计量单位相同，计算结果的实际意义要比方差更容易理解。因此，在社会经济现象的统计分析中，标准差比方差的应用更为普遍，经常被用作测度数据与均值差距的标准尺度。

数据分布越分散，变异指标越大，平均数的代表性越小，现象越不均衡、不稳定；数据分布越集中，变异指标越小，平均数的代表性越大，现象越均衡、越稳定。

方差和标准差具有以下数学性质：若每一个变量值加上一个常数，方差和标准差不变；若每一个变量值均扩大一个常数倍，方差扩大常数的平方倍和标准差扩大常数的绝对值倍；分组条件下，总方差等于组内方差的平均数和组间方差之和。

3.3.8　用 Excel 实现描述统计系列指标的计算

根据原始数据计算平均指标、标准差、方差以及偏度和峰度可以通过 Excel 实现。把数据输入 Excel 的工作表后，单击菜单栏的"数据"→"数据分析"→"描述统计"，在其对话框的"输入区域"文本框中输入待分析数据所在的单元格区域,在"分组方式"下指定输入区域中的数据是按行还是按列排列,如果输入区域的第一行(或列)中包含标志项(变量名),则勾选"标志位于第一行(列)"复选框,否则不勾选它。在对话框下半部分的输出选项中指定显示和存放计算结果的位置与输出内容。勾选"汇总统计"复选框,输出表则会包括样本的平均值、标准误差(是指抽样平均误差,见第 7 章)、中位数、众数、标准差、方差、峰度值、偏度值、极差、最小值、最大值和观测数等统计指标。若指定"平均数置信度"(默认 95%,可修改),则输出结果会包括该置信度下估计总体平均数的抽样极限误差(见第 7 章)。勾选"第 K 大(小)值"复选框,并在文本框中指定 K 的数值,则输出表中会包含数据的第 K 大(小)值。

使用 Excel 中的有关函数可逐一计算有关的统计指标,如:用"AVERAGE"(算术平均数函数),"MEDIAN"(中位数函数),"MODE"(众数函数),"AVEDEV"(平均差函数),"STDEV"(样本标准差函数),"STDEVP"(总体标准差函数),"VAR"(样本方差函数),"VARP"(总体方差函数),"SKEW"(样本偏度函数),"KURT"(样本峰度函数)。

3.4 范例解析

3.4.1 单项选择题解析

例: 为了综合反映全国农产品总量,应采用( )。
A. 实物量指标   B. 价值量指标
C. 劳动量指标   D. 标准实物量指标

解析: 农业是指包括种植业、林业、畜牧业、渔业、副业五种产业形式。全国农产品多种多样。种植业很多用重量单位如"吨""千克"为计量单位,而其他领域可能用面积、体积单位计量,或者用自然属性如"头"计量,所以对全国农产品总量无法用实物量或标准实物量计量。劳动量指标一般只适合在企业内部使用。所以应该选择 B。本题的思考采用了排除法。

3.4.2 多项选择题解析

例: 以下表述中不正确的有( )。
A. 所有不同时间的同一指标都具有可加性
B. 只能就同质总体计算相对指标
C. 所有不同时间的同一总量指标都具有可加性
D. 平均指标必须就同质总体计算

E. 计算相对指标的两个指标计量单位必须相同

解析： 只有总量指标中的时期指标的不同时间指标数值具有可加性，其余都不具有可加性；平均指标要求就同质总体计算，强度相对数是根据有联系又不同质总体的指标数值计算得到的，因此，其分子、分母指标的计量单位可以不同。本题应选择 A、B、C、E。

3.4.3 判断分析题解析

例： 并不是任意一个变量数列都可以计算其众数。

解析： 正确。当总体单位数比较少、数列没有明显的集中趋势时，众数就不存在。

3.4.4 简答题解析

例： 在近期的辩论中，一位政治家声称，由于美国人的平均收入在过去的 4 年中增加了，因此情况正在好转。她的政敌却说，由于在富人和穷人的平均收入之间存在着越来越大的差异，情况正在恶化。这两种说法对吗？简述你的理由。

解析： 这两种说法都有一定的道理，只是该政治家用平均收入来强调经济发展（提高），但她的政敌却强调收入的差距扩大使社会分配不公的问题恶化，他们各自强调了问题的一个方面。而在分析中，这两个方面都要考虑。

3.4.5 计算题解析

例： 某地区报告年生产总值①为 1 080 亿元，超额 10% 完成计划，报告年计划生产总值比上一年增长 8%，则报告年生产总值比上一年增长百分之多少？

解析： 本题有超额完成计划的百分数、计划增长的百分数，时间点有两个，要求计算实际生产总值的增长速度。我们不妨用一些自己习惯的符号或记号来梳理题目所给的条件：

（1）实际$_{报告年}$＝1 080；（2）$\dfrac{实际_{报告年}}{计划_{报告年}}$＝110%；（3）$\dfrac{计划_{报告年}}{实际_{上一年}}$＝108%

求：$\dfrac{实际_{报告年}}{实际_{上一年}}$＝？

显然只需要把上一年实际生产总值求出来，就可以求得最终结果。为了求上一年实际生产总值，需要求出报告年计划生产总值，通过第（2）个条件可以求出报告年计划生产总值，即

---

① 地区生产总值即地区 GDP。

$$\text{计划}_{\text{报告年}} = \frac{\text{实际}_{\text{报告年}}}{110\%} = \frac{1\,080}{110\%} = 981.818$$

$$\text{实际}_{\text{上一年}} = \frac{\text{计划}_{\text{报告年}}}{108\%} = \frac{981.818}{108\%} = 909.091$$

$$\frac{\text{实际}_{\text{报告年}}}{\text{实际}_{\text{上一年}}} = \frac{1\,080}{909.091} = 118.8\%$$

实际上，报告年生产总值比上一年增长 18.8%。上边的中间步骤可以不计算出来，因此可以这样分析：

$$\text{实际}_{\text{报告年}} = \text{计划}_{\text{报告年}} \times 110\% \qquad \text{实际}_{\text{上一年}} = \frac{\text{计划}_{\text{报告年}}}{108\%}$$

所以，可得

$$\frac{\text{实际}_{\text{报告年}}}{\text{实际}_{\text{上一年}}} = 110\% \times 108\% = 118.8\%$$

3.5 练习与实践

3.5.1 单项选择题

1. 作为认识现象的起点、提供反映现象总体特征的基础数据的是（　　）。
   A. 总量指标　　　　　　　　　　B. 平均指标
   C. 相对指标　　　　　　　　　　D. 实物量指标

2. 反映总体内部构成状况的相对指标的对比基础是（　　）。
   A. 总体数值　　　　　　　　　　B. 总体中有关部分的数值
   C. 计划数　　　　　　　　　　　D. 基期数值

3. 某校的在校生人数为 20 000 人，当年的毕业生人数为 1 500 人，这两个总量指标（　　）。
   A. 是时期指标　　　　　　　　　B. 前者是时期指标，后者是时点指标
   C. 是时点指标　　　　　　　　　D. 前者是时点指标，后者是时期指标

4. 四分位差排除了数列两端各（　　）数据标志值的影响。
   A. 10%　　　　　　　　　　　　B. 15%
   C. 25%　　　　　　　　　　　　D. 35%

5. 已知某集团企业下属 5 个子公司的职工人数和平均工资水平，计算该集团全部职工的平均工资应采用（　　）。
   A. 简单算术平均　　　　　　　　B. 加权算术平均
   C. 加权调和平均　　　　　　　　D. 几何平均

6. 有三批产品，废品率分别为 1.5%、2%、1%，相应的废品数量为 25 件、30 件、45 件，则这三批产品平均废品率的计算式应为（　　）。

   A. $\dfrac{1.5\%+2\%+1\%}{3}$　　　　　　B. $\sqrt[3]{1.5\%\times 2\%\times 1\%}$

   C. $\dfrac{1.5\%+2\%+1\%}{25+30+45}$　　　D. $\dfrac{25+30+45}{\dfrac{25}{1.5\%}+\dfrac{30}{2\%}+\dfrac{45}{1\%}}$

7. 下列各项中，没有完成计划的是（　　）。

   A. 产值计划完成百分数 105%　　　　B. 利润计划完成百分数 105%

   C. 流通费用率完成百分数 105%　　　D. 劳动生产率计划完成百分数 105%

8. 某企业计划要使本月产品的单位成本比上月降低 6%，实际降低了 3.5%，则该项计划的计划完成程度为（　　）。

   A. 58.3%　　　　　　　　　　　　B. 97.4%

   C. 102.7%　　　　　　　　　　　D. 171.4%

9. 某厂某种产品生产量 1 月刚好完成计划，2 月超额完成 2%，3 月超额完成 4%，则该厂该年一季度各月平均超额完成计划百分比的计算方法是（　　）。

   A. 2%+4%＝6%

   B. (2%+4%)/2＝3%

   C. (2%+4%)/3＝2%

   D. （各月实际数之和/各月计划数之和）－1

10. 甲、乙两组工人的平均日产量分别为 30 件和 45 件。若甲、乙两组工人的平均日产量不变，但是甲组工人数占两组工人总数的比重下降，则两组工人总平均日产量（　　）。

    A. 上升　　　　　　　　　　　　B. 下降

    C. 不变　　　　　　　　　　　　D. 可能上升，也可能下降

11. 根据变量数列计算平均数时，权数对平均数的影响取决于（　　）。

    A. 各组标志值的大小

    B. 各组单位数的多少

    C. 各组单位数在总体单位总量中的比重

    D. 总体单位总量

12. 当各个变量值的频数相等时，该变量的（　　）。

    A. 众数不存在　　　　　　　　　B. 众数等于均值

    C. 众数等于中位数　　　　　　　D. 众数等于最大的数据值

13. 如果你需要提供当前农贸市场中的大米售价，以下哪一种平均指标更实用？（　　）

A. 算术平均数　　　　　　　　　　B. 几何平均数
　　C. 中位数　　　　　　　　　　　　D. 众数

14. 下面的统计指标中，属于质量指标的是（　　）。
　　A. GDP　　　　　　　　　　　　　B. 企业增加值
　　C. 人均销售收入　　　　　　　　　D. 社会消费品零售总额

15. 一组数据的偏态系数为2，表明该组数据的分布是（　　）。
　　A. 正态分布　　　　　　　　　　　B. 平顶分布
　　C. 左偏分布　　　　　　　　　　　D. 右偏分布

16. A公司和B公司的员工人数分别为250人和400人，两家公司员工的月均收入都是6 600元，标准差分别为700元和900元，则员工收入的差异程度是（　　）。
　　A. A公司大　　　　　　　　　　　B. B公司大
　　C. A公司和B公司一样　　　　　　 D. 无法比较

17. 绘制箱线图需要（　　）。
　　A. 第一个四分位数、中位数、第三个四分位数、偏态和峰态
　　B. 最小值、第一个四分位数、中位数、第三个四分位数和最大值
　　C. 最小值、中位数、算术平均数、众数和最大值
　　D. 第一个四分位数、中位数、第三个四分位数、算术平均数和标准差

18. 下列数列的平均数都是50，在平均数附近散布程度最小的数列是（　　）。
　　A. 0　20　40　50　60　80　100
　　B. 0　48　49　50　51　52　100
　　C. 0　1　2　50　98　99　100
　　D. 0　47　49　50　51　53　100

19. 几名研究生的年龄分别为21岁、24岁、28岁、22岁、26岁、24岁、22岁、20岁,他们的年龄中位数为（　　）岁。
　　A. 21　　　　　　　　　　　　　　B. 22
　　C. 23　　　　　　　　　　　　　　D. 24

20. 假定某人最近6个月的月收入分别是5 500元，5 750元，6 400元，5 600元，12 000元，5 500元，反映其收入一般水平应该采用（　　）。
　　A. 算术平均数　　　　　　　　　　B. 几何平均数
　　C. 众数　　　　　　　　　　　　　D. 中位数

21. 下列指标中，属于经济存量指标的是（　　）。
　　A. 企业营业收入　　　　　　　　　B. 商品购进成本
　　C. 企业资产总额　　　　　　　　　D. 商品流通费用额

22. 根据算术平均数的性质，下列表达式正确的是（　　）。

　　A. $\sum(x-\bar{x})f=0$　　　　　　　　B. $\sum|x-\bar{x}|f=0$

　　C. $\sum(x-\bar{x})^2f=0$　　　　　　　D. $\sum(x-\bar{x})f=\min$

23. 如果各组变量值都保持不变而各组的频数都增加为原来的10倍，那么这一变量数列的算术平均数（　　）。

　　A. 不能预测其变化　　　　　　　　B. 扩大到原来的10倍

　　C. 减少为原来的1/10　　　　　　　D. 不变

24. 某金融机构发行了一款三年期的单利理财产品，第一年收益率为4.4%，第二年收益率为3.2%，第三年收益率为8%，请问这款理财产品年均收益率是（　　）。

　　A. 2.50%　　　　　　　　　　　　 B. 5.18%

　　C. 5.20%　　　　　　　　　　　　 D. 无法计算

25. 某人购买了一只股票，持有的第一个月股票价格上涨了20%，第二个月股票价格下跌了20%，则此人持有这只股票两个月的收益状况是（　　）。

　　A. 盈利　　　　　　　　　　　　　B. 亏损

　　C. 没有盈亏　　　　　　　　　　　D. 无法判断

3.5.2　多项选择题

1. 应该用加权算术平均法计算平均数的有（　　）。

　　A. 已知各组职工工资水平和各组职工人数，求平均工资

　　B. 已知各组职工工资水平和各组工资总额，求平均工资

　　C. 已知各组计划完成百分数和各组计划产值，求平均计划完成百分数

　　D. 已知各组计划完成百分数和各组实际产值，求平均计划完成百分数

　　E. 已知各组职工的劳动生产率和各组职工人数，求平均劳动生产率

2. 在各类平均数中，不受极端值影响的是（　　）。

　　A. 算术平均数　　　　　　　　　　B. 几何平均数

　　C. 调和平均数　　　　　　　　　　D. 众数

　　E. 中位数

3. 下列表述是正确的有（　　）。

　　A. 对一个数列的每一项加6，那么平均数也加6

　　B. 对一个数列的每一项加6，那么标准差也加6

　　C. 对一个数列的每一项乘以任一个常数，那么平均数也乘以该常数

　　D. 对一个数列的每一项乘以任一个常数，那么标准差也乘以该常数

　　E. 对一个数列的每一项改变正负号，那么也改变了标准差的正负号

4. 下列应该采用几何平均法计算的有（　　）。

   A. 生产相同产品的三个企业的平均合格率

   B. 加工某产品的三道工序的平均合格率

   C. 某投资基金最近三年的年平均收益率

   D. 三个企业的平均劳动生产率

   E. 平均发展速度

5. 下列表述中不正确的是（　　）。

   A. 计算相对指标的两个指标计量单位必须相同

   B. 相对指标必须就同质总体计算

   C. 相对指标都是无名数

   D. 相对指标都可以相加

   E. 相对数的分析需要结合绝对数

6. 若来自国外净要素收入为正数，则以下总量指标的数量关系为（　　）。

   A. 国民总收入＞国内生产总值　　　　B. 国内生产总值＞国民总收入

   C. 国内生产净值＞国民净收入　　　　D. 国民净收入＞国内生产净值

   E. 国内生产总值＞国民净收入

7. 标志变异指标可以反映（　　）。

   A. 平均数的代表性大小

   B. 社会经济活动过程的节奏型和均匀性

   C. 一组数据的集中趋势

   D. 一组数据的离中趋势

   E. 一组数据的分布特征

8. 某企业在某 5 年计划期间，计划生产产品总值 2 000 万元，实际执行结果累计到第 4 年的上半年就已经达到 2 000 万元，第 4 年下半年又生产了总值 300 万元的产品，到第 5 年又生产了 520 万元的产品，则（　　）。

   A. 5 年累计计划完成程度为 126%　　B. 提前半年完成 5 年计划

   C. 超额 41% 完成了 5 年计划　　　　D. 计划完成程度为 141%

   E. 计划完成程度为 126%

9. 某小组 3 名工人的日工资人别为 220 元、260 元和 300 元，根据这一资料计算的各种标志变异指标的关系是（　　）。

   A. 极差大于标准差　　　　　　　　　B. 极差大于平均差

   C. 平均差小于标准差　　　　　　　　D. 平均差系数小于标准差系数

   E. 平均差系数大于标准差系数

10. 比较两个单位的资料发现，甲的标准差大于乙的标准差，甲的平均数小于乙的平均数，由此可推断（　　）。

　　A. 乙单位的平均数代表性大于甲单位　　B. 甲单位的平均数代表性大于乙单位
　　C. 甲单位的工作均衡性好于乙单位　　D. 乙单位的工作均衡性好于甲单位
　　E. 甲单位的标准差系数比乙单位大

3.5.3　判断分析题

1. 并非任意一个变量数列都可以计算其算术平均数、中位数和众数。
2. 某企业某年各季度销售额和利润率资料如下：

季度	1	2	3	4
销售额/百万元	150	180	200	210
利润率/%	30	32	35	36

则该年各季度平均利润率为（30%+32%+35%+36%）/4＝33.25%。

3. 某企业计划单位成本比上一年下降8%，实际下降了4%，表明成本降低计划只完成了一半。
4. 某班所有同学的统计学期末考试平均分为80分，则说明班上有一半同学的成绩等于或大于80分。
5. A、B、C三个企业利润计划完成百分数分别为95%、100%、105%，则这三个企业利润计划平均完成程度为100%。
6. 根据组距数据数列计算的均值通常只是近似值。

3.5.4　简答题

1. 统计数据的分布特征包括哪些方面？它们的测度值分别有哪些？
2. 总结算术平均数与几何平均数分别适用的范围，并举例。
3. 某企业在年终分析报告中写道："我厂今年计划实现增加值8 000万元，实际完成了9 000万元，超额完成计划12.5%；销售利润率计划达到12%，实际达到15%，超额完成计划3%；产品成本计划下降5%，实际降低了3%，差2%完成计划；劳动生产率计划较上一年增长8%，实际增长了10%，劳动生产率计划超额完成25%。"
指出上述报告中的错误之处，并将其更正。
4. 为研究6～12岁儿童成长发育情况，研究人员A在甲城市抽取了200名儿童作为样本；研究人员B在甲城市抽取了2 000名儿童作为样本。请回答下面的问题。
　　(1) 哪一组样本中得到的儿童的平均身高较大？或者两组样本的平均身高相同？

(2) 哪一组样本中得到的儿童的身高的标准差较大？或者两组样本的身高标准差相同？

5. 某银行三种理财产品的年化收益率和标准差数据如下：

类别	年化收益率/%	标准差/%
A	5	1.8
B	6	2.0
C	7	2.3

请问作为追求最低风险的稳健投资者应该购买哪一种理财产品？

3.5.5 计算题

1. 某企业去年某产品的单位成本为 450 元，今年计划降低 5%，实际降低 7%。请问今年的单位成本计划数和实际完成数分别为多少？今年单位成本计划完成百分数为多少？

2. 某企业 5 年生产计划的目标是年产量要达到 1 000 万吨。实际执行情况如下表所示：

第一年	第二年	第三年		第四年				第五年			
		上半年	下半年	1 季度	2 季度	3 季度	4 季度	1 季度	2 季度	3 季度	4 季度
775	825	440	450	235	240	245	250	250	260	265	275

计算该企业 5 年生产计划的：

(1) 计划完成百分数；

(2) 提前完成计划的时间。

3. 两地粮食生产情况如下表所示。

项目	甲地				乙地			
	播种面积		总产量/吨	单产/吨	播种面积		总产量/吨	单产/吨
	公顷①	比重/%			公顷①	比重/%		
山地	1 000		3 000				5 400	
丘陵			6 000		1 190		5 600	
平原	1 000		5 250		510			
合计	3 333				3 400		13 850	

① 1 公顷 = 10 000 平方米。

(1) 计算并填写表中空缺的数据。

(2) 哪个地区的粮食生产情况好些？分析其原因。

4. 某顾客到三家超市购买鸡蛋，三家超市鸡蛋的价格分别为 3.8 元/斤⊖，4.5 元/斤和

⊖ 1 斤 = 500 克。

4.8元/斤。该顾客第一次在每家超市各购买了4斤鸡蛋,第二次在每家超市各购买了20元的鸡蛋。求该顾客两次购买鸡蛋的平均价格。

5. 某学院有两个专业,甲专业学生35人,统计学平均成绩82分,标准差8分;乙专业学生45人,统计学平均成绩86分,标准差10分。求这两个专业80名学生统计学的平均成绩及标准差。

6. 上海证券交易所某周三家汽车行业上市公司的普通股股票的收盘价如下(单位:元):

时间	甲公司	乙公司	丙公司
周一	7.70	11.71	23.28
周二	7.46	11.62	23.27
周三	7.52	11.35	23.21
周四	7.62	11.84	22.96
周五	7.57	11.72	23.28

比较三只股票的风险程度(价格的波动程度)。

7. 某一牧场主每年饲养600头牛。现在有人向他推荐一种个头较小的改良品种牛,这种牛吃草量较少,这样在原来同样面积的牧场上可以多养150头牛。原品种牛和改良品种牛的利润如下:

净利润/(元/头)	原品种牛		改良品种牛
	频数	频率/%	频率/%
−200	36	6	1
0	12	2	2
200	186	31	57
400	366	61	40
合计	600	100	100

(1) 牧场主应该选择哪一种牛?为什么?

(2) 改良品种牛的利润和频率可能与上表的计算值有差异。当改良品种牛的利润有什么变化时,牧场主会改变他在(1)中所做的选择?

8. 某银行的投资理财产品近10年利率如下表所示:

年限	利率/%
第1年	4
第2年到第3年	6
第4年到第6年	8
第7年到第10年	5

试计算在复利条件下,其平均年利率分别是多少。

9. 对某电子元件使用寿命的实验中，50 只电子元件在连续 500 小时的寿命实验结果如下：

实验时间/小时	仍然工作的灯泡数量/个
0	50
100	46
200	34
300	17
400	7
500	0

计算这批电子元件使用寿命的算术平均数、中位数、众数，并指出这批电子元件使用寿命分布曲线的偏态情况。

10. 某种轮胎的平均寿命是 100 000 公里，标准差是 7 800 公里，那么根据切比雪夫定理，使用寿命在 92 200～107 800 公里的轮胎至少占多大比例？如果轮胎的使用寿命大致呈钟形分布，则可以判断大约 97.5% 的轮胎寿命至少是多少公里？

3.5.6 案例思考

1. 下表是 2019 年各月我国国内各类债券发行额的统计数据（单位：亿元）：

月份	政府债券	金融债券	公司信用债券	国际机构债券
1月	5 880	16 396	10 677	20
2月	5 242	15 715	3 525	0
3月	8 036	27 690	10 877	65
4月	6 926	19 950	10 175	25
5月	7 429	23 184	6 203	30
6月	12 838	20 035	6 992	40
7月	9 144	21 157	9 232	55
8月	9 939	24 165	9 959	70
9月	6 177	22 059	9 488	25
10月	4 687	18 533	8 862	43
11月	4 829	25 134	10 389	60
12月	4 062	25 443	10 680	35

请用多种统计图和统计指标对四类债券发行情况进行统计分析与比较。

2. 某市主要年份城市居民按人均可支配收入分组的家庭户占全部家庭户的比重资料如下：

单位:%

按人均可支配收入分组/元	$(t-5)$ 年	t 年	$(t+1)$ 年	$(t+2)$ 年
2 000 以下	51.0			
2 000～3 000	43.2	2.6	1.0	1.0
3 000～4 000	5.4	7.4	4.0	2.5
4 000～5 000	0.4	17.0	13.4	5.8
5 000～6 000		17.0	15.0	12.6
6 000～7 000		16.0	13.6	14.2
7 000～8 000		12.6	12.4	13.6
8 000～9 000		8.0	11.8	12.2
9 000～10 000		19.4	28.8	9.3
10 000 以上				28.8
合计	100.0	100.0	100.0	100.0

通过计算相关的统计指标并绘制统计图,说明该城市居民人均可支配收入发生了什么变化?表中分组是否有必要改进?如果有必要,应该如何改进?

第4章 时间序列分析

4.1 本章学习目的要求

通过本章的学习，能正确运用时间序列分析方法揭示现象的发展变化状况，把握现象随时间演变的趋势、规律。

1. 了解时间序列的概念和构成要素，能够准确判别时间序列的种类，理解时间序列的编制原则。
2. 熟练掌握时间序列的水平指标分析法，熟知各项水平分析指标的含义、计算和指标之间的关系；特别对相对数或平均数数列的平均，要正确理解其中权数的含义，能够进行正确的计算。
3. 熟练掌握时间序列的速度指标分析法，熟知各项速度分析指标的含义、计算和指标之间的关系，会利用指标之间的关系进行推算；掌握和熟练应用计算平均发展速度的几何平均法（水平法）；理解几何平均法（水平法）和方程式法（累计法）的不同特点与应用场合。
4. 理解时间序列的构成要素；掌握长期趋势的分析方法，能够用最小平方法对趋势方程的参数进行估计，能够正确解释方程中参数的意义；理解移动平均法和指数平滑法的特点；理解季节变动的含义，掌握同期平均法和趋势剔除法的原理、步骤和应用条件，能够正确解释并应用季节比率。
5. 能够利用 Excel 实现各种水平和速度指标的计算、移动平均的计算、季节比率的计算、趋势方程拟合，正确解释计算结果的实际意义。

4.2 基本知识梳理

基本知识点	含义或公式
发展水平	现象在不同时间上的规模或水平，也就是时间序列中的各项指标数值
平均发展水平（序时平均数）	不同时间上发展水平的平均，消除现象在不同时间上的数量差异，综合说明现象在一段时间的一般水平
平均发展水平的计算公式	时期序列和连续时点序列：$\bar{y}=\dfrac{\sum y}{n}$ 间隔相等的时点序列：$\bar{y}=\dfrac{\dfrac{y_0}{2}+y_1+\cdots+y_{n-1}+\dfrac{y_n}{2}}{n}$ 间隔不等的时点序列：$\bar{y}=\dfrac{\dfrac{y_0+y_1}{2}f_1+\dfrac{y_1+y_2}{2}f_2+\cdots+\dfrac{y_{n-1}+y_n}{2}f_n}{\sum\limits_{i=1}^{n}f_i}$ 相对数或平均数序列：$\bar{z}=\dfrac{\bar{y}}{\bar{x}}$
增减量	报告期和基期发展水平之差，分为逐期增减量（报告期水平与前一时期水平之差）和累计增减量（报告期水平与某一固定基期水平之差） 各逐期增减量的和等于相应时期的累计增减量；两相邻时期累计增减量之差等于相应时期的逐期增减量
平均增减量	各逐期增减量相加后除以其项数或累计增减量除以逐期增减量的个数
发展速度	报告期和基期水平之比，分为环比发展速度（报告期水平与前一时期水平之比）和定基发展速度（报告期水平与某一固定基期水平之比） 各环比发展速度的连乘积等于相应时期的定基发展速度；两相邻时期定基发展速度之商等于相应时期的环比发展速度
增减速度	环比增减速度＝环比发展速度－1；定基增减速度＝定基发展速度－1 注意：环比增减速度的连乘积不等于相应时期的定基增减速度；两相邻定基增减速度之商也不等于相应时期的环比增减速度
平均增减速度	平均发展速度－1
通过几何平均法计算平均发展速度的基本公式及派生公式	$\bar{x}_G=\sqrt[n]{x_1\cdot x_2\cdot x_3\cdots\cdot x_n}$ $\bar{x}_G=\sqrt[n]{R}$ $\bar{x}_G=\sqrt[n]{y_n/y_0}$ $R=\bar{x}_G^n$ $n=\dfrac{\log R}{\log \bar{x}_G}$ 或 $\dfrac{\log(y_n/y_0)}{\log \bar{x}_G}$ $y_n=y_0\bar{x}_G^n$
长期趋势	事物在一段相当长的时期内沿着某一方向持续发展变化的形态
季节变动	现象一年内一定时期为一周期的较有规律的变化
循环变动	现象若干年（通常不少于三年）为一周期的涨落相间的波动

（续）

基本知识点	含义或公式
不规则变动	现象受偶然性或突发性因素影响而呈现的无规律的变动
测定长期趋势的移动平均法、指数平滑法和趋势方程拟合法	移动平均法：按一定的平均项数逐项递移对原序列计算平均值，以消除或削弱原序列中的不规则和其他变动，揭示现象长期趋势 指数平滑法：通过计算一系列指数平滑值来消除不规则变动，以反映时间序列的长期趋势 趋势方程拟合法：利用数学中的某一种曲线形式对原序列中的趋势进行拟合，以消除其他变动，揭示序列长期趋势
直线趋势方程中参数 a、b 的意义和最小二乘估计	a 是直线截距，也即时间 t 为 0 时现象 y 的均值；b 为直线斜率，也即时间 t 每增加一个单位现象 y 的平均增量 $b=\dfrac{n\sum ty_t-\sum t\sum y_t}{n\sum t^2-(\sum t)^2}$；$a=\dfrac{\sum y}{n}-b\dfrac{\sum t}{n}$
季节比率	由于季节变动引起的相对变化程度，揭示季节变动的一般规律和生产、经营、消费的"淡季""旺季"。没有季节因素影响时，季节比率为 1（或 100%），其值越远离 1，季节因素影响越大；反之越小
测定季节变动的常用方法	同期平均法，适用于水平趋势季节数列； 趋势剔除法，适用于有增长（或下降）趋势但无循环的季节数列

4.3 重点难点点拨

4.3.1 时间序列分析的内容

时间序列分析包括指标分析和构成要素分析两大内容：

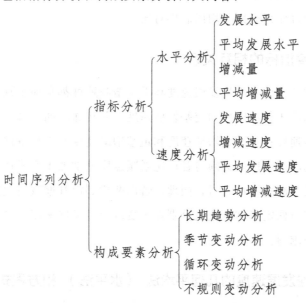

指标分析中，凡是有"发展"二字的指标，在文字表述中，要用"到""为""是"等。例如，我国 2016 年国内生产总值为 744 127.0 亿元、2015 年为 685 505.8 亿元，

我们可以说我国国内生产总值从 2015 年的 685 505.8 亿元增加到（增加为、发展到、发展为）2016 年的 744 127.0 亿元；凡是有"增减"二字的指标，在文字表述中，要用"了"或者什么都不用，如我们可以说我国 2016 年国内生产总值比 2015 年增加了 58 621.2（744 127.0－685 505.8）亿元。

4.3.2 时点数列的时间点的表示

时点指标是某个时刻或某个瞬间的总规模、总水平，时点数列一定要把时间点表示出来。针对不同情况，时点数列的时间点可以表示在标题中、时间栏中或者指标中。如教材表 4-2 中，因为有若干个时间序列，所以人口数的时间点表示在指标"年末人口"中；如果只有人口数序列，可以把标题写为"我国历年年末人口数"，或者标题为"我国历年人口数"把"年份"写成"年末"。

4.3.3 平均发展水平的计算

计算平均发展水平要特别注意理解"基本知识梳理"中所列示公式的含义。对于时期序列和具有每天数据的连续时点序列，计算时把各项数据相加求和除以其项数即可；对于不具有每天数据的间断时点序列（通常是月初、月末、季初、季末、年初、年末数据等），基本思想是以月（或季或年）初、月（或季或年）末数据的平均作为本月（或季或年）的代表值，再把各个代表值相加除以其项数，产生出"首末折半"和"间隔加权"两个公式；相对数、平均数序列求平均，必须符合该相对数、平均数本身的计算公式，对其分子、分母序列分别平均以后再对比。

4.3.4 各种速度指标的相互关系

发展速度和增减速度、平均发展速度和平均增减速度都是加 1 减 1 的关系；各环比发展速度的连乘积等于相应时期的定基发展速度，两相邻时期定基发展速度之商等于相应时期的环比发展速度；但环比增减速度和定基增减速度并不具备这种关系；若要以环比增减速度求定基增减速度，必须将各环比增减速度分别加 1 变成环比发展速度，连乘得到定基发展速度再减去 1 而求得；同理，若以两相邻定基增减速度推算相应时期的环比增减速度，也应将两定基增减速度分别加 1 变成定基发展速度，二者相比得到环比发展速度再减去 1 而求得。

4.3.5 计算平均发展速度的几何平均法（水平法）和方程式法（累计法）

"几何平均法"和"方程式法"称谓的不同，是由于求解平均发展速度的方法不同；而"水平法"和"累计法"称谓的不同，是由于各自的着眼点不同。几何平均法着眼于末期水平，要求最末一期的计算水平与最末一期的实际水平相等；而方程式法着眼于累计数，要求各期计算水平的总和等于各期实际水平的总和。如果侧重考察最末一年所达到的水平，并按水平法制订五年计划或长期计划，计算平均发展速度宜采用几何平均法（水平法）；如果侧重考察全期水平的总和，并按累计法制订五年计划或长期计划，计算平均发展速度宜采用方程式法（累计法）。

4.3.6 测定季节比率的同期平均法的基本步骤

测定季节比率的步骤实际上体现了其基本原理，所以不能单纯地认为是记忆一些步骤，而必须对每一个步骤所体现的含义加以理解。

（1）求各年同期（月或季）平均数，目的是消除不规则变动。

（2）求全部数据的总平均数，以此作为水平趋势值。

（3）以各年同期（月或季）平均数除以总平均数，得到季节比率，并注意小数保留位数，使其总和等于4或者12，平均为1（或100%）。

4.3.7 测定季节比率的趋势（或趋势-循环）剔除法的原理和步骤

（1）求出原数列中的趋势值或趋势-循环值。

（2）以原数列各项数值分别除以其对应的趋势值或趋势-循环值，目的是为了剔除数列中的趋势或趋势-循环因素。

（3）对于剔除趋势或趋势-循环因素的数据，求其各年同期（月或季）的平均数并使其平均为1（或100%）得到季节比率。

4.4 范例解析

4.4.1 单项选择题解析

例： 某地区基年生产总值为60亿元，至报告年达到240亿元，则报告年的生产总值在基年的基础上（　　）。

  A. 翻了四番   B. 翻了三番

  C. 增长了3倍   D. 增长了4倍

解析： 上边这道题涉及几个知识点：①报告年对于基年的发展速度：240/60＝4，报告年生产总值是基年的4倍；②发展速度－1＝增长速度：4－1＝3，报告年生产总值比基年增长了3倍；③翻番（2^m）是一个总速度即定基发展速度的概念，与增长速度的概念是完全不同的。该题的答案可叙述为：报告年在基年的基础上翻了两番（相当于基年的 4 倍），但不能说翻了四番（16 倍）或三番（8 倍）。因此，正确答案是 C。

4.4.2 多项选择题解析

例： 从数据特征上判断，可以拟合指数曲线的时间数列应满足（　　）。

A. 数列一次差大体相同　　　　　　B. 数列二次差大体相同

C. 数列对数一次差大体相同　　　　D. 数列中各环比增长率大体相同

E. 数列中各环比发展速度大体相同

解析： 回答对这道题对知识的理解要求比较高。应从以下方面进行考虑：①从数据特征上判断，指数曲线的环比发展速度恒为常数，即 $\frac{ab^t}{ab^{t-1}}=b$，由于环比增长率（环比增长速度）＝环比发展速度－1，因此，指数曲线的环比增长率也就恒为常数，即 $b-1$。反过来说，若数列的环比发展速度或环比增长率（环比增长速度）大致为常数（大体相同），该数列可以拟合指数曲线。因此，答案 D、E 是应当选择的。②K 次曲线的 K 次差恒为常数。就直线而言，其一次差即 $(a+bt)-[a+b(t-1)]=b$；指数曲线 $y=ab^t$ 两边取对数后即为对数直线 $\log y=\log a+(\log b)t$，因此，其对数一次差也就恒为常数 $\log b$。那么，数列对数一次差大体相同时当然就可以拟合指数曲线。因此，答案 C 也是应当选择的。综上，该题的正确答案是：C、D、E。

4.4.3 判断分析题解析

例： 对间隔相等和间隔不等的时点数列计算平均发展水平，分别采用了"首末折半"和"间隔加权"的公式，但这两个公式并没有本质上的不同。

解析： 正确。

"首末折半"和"间隔加权"的基本思想都是以期初数据、期末数据的平均作为本期的代表值，再把各个代表值相加除以其项数。当"间隔加权"公式中的间隔相等时，就成了"首末折半"公式。所以"首末折半"公式实际上是"间隔加权"公式的特例。

4.4.4 简答题解析

例： 甲企业近 4 年产品销售量分别增长 9％、7％、8％、6％，乙企业这 4 年产品的次品率也正好是 9％、7％、8％、6％，这两个企业这 4 年的平均增长率和平均次品率是否也一样？为什么？

解析： 这道题应主要回答以下两点：①甲企业近 4 年产品销售量分别增长 9％、7％、8％、6％，属于动态相对数，求其平均应按几何平均法，即 $\sqrt[4]{1.09\times1.07\times1.08\times1.06}-1$；②乙企业这 4 年产品的次品率为 9％、7％、8％、6％，属于静态相对数，求其 4 年的平均应按加权算术平均法，将 4 年的次品数相加除以 4 年的产品总数，即 $\frac{\sum(次品率 \times 产品数)}{\sum 产品数}$。

注：该题也可以只写出正确算式。

4.4.5 计算题解析

例：某地区社会商品零售额报告年为 68 亿元，比基年（10 年前）增长 52.8%，其中家电类商品零售额占社会商品零售额的比重由基年的 28.1% 上升为报告年的 32.2%。问：家电类商品零售额平均每年的增长速度是多少？

解析：这是一个把平均发展速度、平均增长速度的计算与结构相对数结合起来的计算题。首先要根据题意，确定本题要求的是平均增长速度，即平均发展速度减 1；而要求平均发展速度，必须知道总速度或报告年、基年的家电类商品零售额。具体求解过程如下：

基年社会商品零售额 = 68/1.528 = 44.502 6（亿元）

报告年家电类商品零售额 = 68 × 0.322 = 21.896（亿元）

基年家电类商品零售额 = 44.502 6 × 0.281 = 12.505 2（亿元）

家电类商品零售额年均增长速度 = $\bar{x} - 1 = \sqrt[10]{21.896/12.505\,2} - 1 = 5.76\%$

4.5 练习与实践

4.5.1 单项选择题

1. 时间数列的统计数值所属时间可比是指（　　）。

   A. 现象所属时期的长短必须一致

   B. 两时点间的间隔必须相等

   C. 为了特定的目的或特殊的历史时期，现象所属时期的长短有时可以不等

   D. 对现象所属时期的长短和两时点间的间隔完全不必考虑

2. 某企业某年各月月末库存额（单位：万元）资料如下：4.8，4.4，3.6，3.2，3.0，4.0，3.6，3.4，4.2，4.6，5.0，5.6，则可以求得（　　）。

   A. 1～12 月月平均库存额为：4.8+4.4+3.6+3.2+3.0+4.0+3.6+3.4+4.2+4.6+5.0+5.6)/12

   B. 1～12 月月平均库存额为：$\left(\frac{4.8}{2}+4.4+3.6+3.2+3.0+4.0+3.6+3.4+4.2+4.6+5.0+\frac{5.6}{2}\right)/12$

C. 1～11月月平均库存额为：$\left(\frac{4.8}{2}+4.4+3.6+3.2+3.0+4.0+3.6+3.4+4.2+4.6+5.0+\frac{5.6}{2}\right)/11$

D. 2～12月月平均库存额为：$\left(\frac{4.8}{2}+4.4+3.6+3.2+3.0+4.0+3.6+3.4+4.2+4.6+5.0+\frac{5.6}{2}\right)/11$

3. 下列指标中，不属于序时平均数的是（　　）。
   A. 某地区某年的人口自然增长率
   B. 某地区最近5年的年均人口递增率
   C. 某地区最近5年的年均人口增长量
   D. 某地区最近5年的年均人口死亡率

4. 某银行平均存款余额1月1日至1月8日为102万元，1月9日至1月21日为108万元，1月22日至1月31日为119万元，则1月平均存款余额为（　　）。
   A. (102/2+108+119/2)/2
   B. (102/2+108+119/2)/3
   C. (102×8+108×13+119×10)/31
   D. (102+108+119)/3

5. 对于固定资产投资额这种现象，求平均发展速度宜采用（　　）。
   A. 几何平均法
   B. 水平法
   C. 方程式法
   D. 以上方法均可

6. 某企业某年各月月末库存额（单位：万元）资料如下：48，44，36，32，30，40，36，34，42，46，50，56。又知上一年末库存额为52，则全年平均库存额为（　　）。
   A. 42.00
   B. 41.00
   C. 41.17
   D. 41.50

7. 为消除季节变动的影响而计算的速度指标为（　　）。
   A. 环比发展速度
   B. 定基发展速度
   C. 年均发展速度
   D. 平均发展速度

8. 某产品单位成本从基年到报告年的平均发展速度为98.5%，说明该产品单位成本（　　）。
   A. 平均每年增长1.5%
   B. 平均每年降低1.5%
   C. 报告年是基年的98.5%
   D. 报告年比基年降低98.5%

9. 某企业利税总额2020年比2015年增长1.5倍，2015年又比2012年增长1.1倍，则该企业利税总额这几年间共增长（　　）。
   A. (1.5+1.1)−1
   B. 2.5×2.1−1
   C. (1.5×1.1)−1
   D. $\sqrt[5]{2.5}\times\sqrt[3]{2.1}-1$

10. 已知某地粮食产量的环比发展速度2020年为103.5%，2021年为104%，2022年为

105%，2023年比2019年增长16.4%，则2023年的环比发展速度为（　　）。
    A. 113.02%　　　　　　　　　　B. 103.35%
    C. 104.05%　　　　　　　　　　D. 102.99%

11. 某地区连续5年的经济增长率分别为9%、7.8%、8.6%、9.4%和8.5%，则该地区的年平均经济增长率为（　　）。
    A. (9%+7.8%+8.6%+9.4%+8.5%)/5
    B. $\sqrt[5]{0.09 \times 0.078 \times 0.086 \times 0.094 \times 0.085}$
    C. $\sqrt[5]{1.09 \times 1.078 \times 1.086 \times 1.094 \times 1.085}$
    D. $\sqrt[5]{1.09 \times 1.078 \times 1.086 \times 1.094 \times 1.085} - 1$

12. 要通过移动平均消除季节变动，则移动平均项数 k（　　）。
    A. 应选择奇数　　　　　　　　B. 应选择偶数
    C. 应和季节周期长度一致　　　D. 可任意取值

13. 用最小平方法拟合直线趋势方程 $\hat{y}_t = a + bt$，若 b 为负数，则该现象的趋势为（　　）。
    A. 上升趋势　　　　　　　　　B. 下降趋势
    C. 水平趋势　　　　　　　　　D. 不定

14. 假设现象长期趋势模型为指数曲线 $\hat{y}_t = ab^t$，若其中 $b=1.2$，表示现象（　　）。
    A. 每期发展速度约为120%　　　B. 每期增长量约为1.2个单位
    C. 每期增长速度约为120%　　　D. 每期平均增加1.2个单位

15. 在乘法模型中，与原数列 Y 计量单位相同的是（　　）。
    A. 长期趋势 T　　　　　　　　B. 季节变动 S
    C. 循环变动 C　　　　　　　　D. 不规则变动 I

16. 某市近5年各年T恤衫销售量大体持平，年平均为1 200万件，7月份的季节比率为220%，8月份的月平均销售量比7月份低45%，那么，正常情况下8月份的销售量应该是（　　）。
    A. 1 452万件　　　　　　　　　B. 121万件
    C. 220万件　　　　　　　　　　D. 99万件

17. 用"同期平均法"测定季节变动，适合于（　　）。
    A. 有增长趋势的季节数列　　　B. 有下降趋势的季节数列
    C. 呈水平趋势的季节数列　　　D. 各种季节数列

18. 如果某月生产经营的季节比率为1.88，表明（　　）。
    A. 生产经营业绩比上一年同期增加88%
    B. 该月处于生产经营的旺季

C. 生产经营业绩比上月增加 88%

D. 该月处于生产经营的淡季

19. 在年度时间序列中，不可能存在（　　）。

　　A. 趋势因素　　　　　　　　　　B. 季节因素

　　C. 循环因素　　　　　　　　　　D. 不规则因素

20. 用同期平均法求季节比率，第一步要计算各年同期（月或季）平均数，是为了消除（　　）。

　　A. 长期趋势　　　　　　　　　　B. 季节变动

　　C. 不规则变动　　　　　　　　　D. 循环变动

4.5.2　多项选择题

1. 对于时间数列，下列说法正确的有（　　）。

　　A. 数列是按数值大小顺序排列的　　B. 数列是按时间顺序排列的

　　C. 数列中的数值都有可加性　　　　D. 数列是进行动态分析的基础

　　E. 编制时应注意数值间的可比性

2. 时点数列的特点有（　　）。

　　A. 数值大小与间隔长短有关　　　　B. 数值大小与间隔长短无关

　　C. 数值相加有实际意义　　　　　　D. 数值相加没有实际意义

　　E. 数值是连续登记得到的

3. 时期数列的特点有（　　）。

　　A. 数值大小与间隔长短有关　　　　B. 数值大小与间隔长短无关

　　C. 数值相加有实际意义　　　　　　D. 数值相加没有实际意义

　　E. 数值是连续登记得到的

4. 平均增减量（　　）。

　　A. 是各期累计增减量的平均

　　B. 是各期逐期增减量的平均

　　C. 等于累计增减量/逐期增减量个数

　　D. 等于各期累计增减量之和/逐期增减量个数

　　E. 累计增减量/(时间数列项数－1)

5. 利用相对数数列或平均数数列计算平均发展水平（　　）。

　　A. 应当依据该相对数或平均数本身的计算公式，分子、分母分别平均再对比

　　B. 应当直接将这些相对数或平均数加起来除以其项数

　　C. 如果对比的基础数值相同，可以用简单平均的方法

D. 即便权数相同，也不能用简单平均的方法

E. 只能用加权算术平均法

6. 研究长期趋势的目的是（　　）。

　　A. 分析趋势产生的原因　　　　　　B. 为趋势预测提供必要条件

　　C. 研究趋势变动的经济效果　　　　D. 认识现象随时间演变的趋势和规律

　　E. 剔除趋势影响以分析数列中的其他因素

7. 对于季度时间序列资料，季节指数必须满足的条件是（　　）。

　　A. 各季节指数之和为 1　　　　　　B. 各季节指数之和为 4

　　C. 各季节指数之和为 12　　　　　 D. 各季节指数平均为 0

　　E. 各季节指数平均为 1

8. 指数平滑法的特点是（　　）。

　　A. 包含最近 k 个时期的数据信息　　B. 包含全部数据信息

　　C. 对所有数据给予同样权数　　　　D. 对近期数据给予较大权数

　　E. 对远期数据给予较大权数

9. 某公司连续 5 年的利润资料如下。

时间	第 1 年	第 2 年	第 3 年	第 4 年	第 5 年
销售额/万元	1 000	1 100	1 300	1 350	1 400

根据上述资料计算的下列数据中，正确的有（　　）。

　　A. 第 2 年的环比增长速度＝定基增长速度＝10％

　　B. 第 3 年的累计增长量＝逐期增长量＝200 万元

　　C. 第 4 年的定基发展速度为 135％

　　D. 第 5 年增长 1％绝对值为 14 万元

　　E. 第 5 年增长 1％绝对值为 13.5 万元

10. 关于季节变动的测定，下列说法正确的是（　　）。

　　A. 目的是掌握事物变动的季节周期性

　　B. 使用的方法都是按月（季）平均法

　　C. 季节比率越小，说明季节影响越小

　　D. 季节比率越大，说明季节影响越大

　　E. 季节比率越接近 1，说明季节影响越小

4.5.3　判断分析题

1. 现有某地区最近 5 年各季度地区生产总值数据，采用移动平均法测定该地区经济发

展的长期趋势时，平均项数应为 4。
2. 移动平均不仅能消除季节变动，还能消除循环变动。
3. 季节比率大于 1 时，表明由于季节因素的影响实际值将高于趋势值。
4. 某企业 1 月份实际完成产值 500 万元，刚好完成计划；2 月份实际完成产值 612 万元，超额完成计划 2%；3 月份实际完成产值 832 万元，超额完成计划 4%，则第一季度超额完成计划 (0+2%+4%)/3=2%。
5. 某企业某产品从基年到报告年 5 年间的销售量无明显增长趋势，其月平均销售量为 187.84 万件，10 月份的季节比率为 116%，9 月份的月平均销售量为 10 月份月平均销售量的 122%，那么，9 月份的季节比率是 122%。
6. 某企业要求在未来 5 年时间内劳动生产率提高 35%。若第 1 年能保证提高 8%，则余下的 4 年平均每年应提高 (35%-8%)/4=6.75%，方能完成预定目标。

4.5.4 简答题

1. 简述指数平滑法用于水平趋势序列预测的基本思想。
2. 什么是季节变动？什么是循环变动？二者有何不同？
3. 对于有增长趋势的季节序列，从序列中分解出趋势，既可以用移动平均的方法，也可以用趋势方程拟合的方法，你认为哪一种方法更合理？为什么？
4. 如果你是一个公司的经理，对于公司历年的销售额时间序列资料，你认为可以进行哪些方面的分析以对公司的生产经营决策提供参考？
5. 举出自己身边或自己所学专业中季节变动的实际例子，并说明季节变动研究的重要性。

4.5.5 计算题

1. 某研究机构职工人数资料如下表所示。

项目	1月1日	4月30日	7月1日	10月31日	12月31日
职工总数/人	700	708	710	750	760
研究人员/人	500	510	512	520	530

求平均每月研究人员占全部职工的比重。

2. 某单位某年四季度各月职工人数及平均工资资料如下表所示。

项目	10月	11月	12月
月初人数/人	1 200	1 196	1 205
月平均工资/元	8 895	8 970	9 030

又知该年年末人数为 1 203 人，要求计算该单位该年四季度职工的月平均工资。

3. 某地区社会总产出增长速度资料如下表所示。

项目	第1年	第2年	第3年	第4年	第5年	第6年
定基增长速度/%	—	5	11.3			35.049
环比增长速度/%	—	5		7	8	

问：5 年间平均每年的增长速度是多少？超过平均增长速度的年份有哪些？

4. 某企业产量第 2 年比第 1 年增加 2%，第 3 年比第 2 年下降 5%，第 4 年是第 1 年的 1.2 倍，第 5 年的产量为 25 万吨，比第 4 年多 10%，第 6 年的产量为 30 万吨，第 7 年的产量预计达到 37 万吨。试计算：
(1) 各年环比发展速度； (2) 以第 1 年为基期的定基发展速度；
(3) 各年产量； (4) 这 7 年的年平均发展速度。

5. 填写下表空白栏的数据并计算平均发展水平、平均增减量及平均发展速度。

年份	产值/百万元	与上年比较			
		增长量/百万元	发展速度/%	增长速度/%	增长1%的绝对值/百万元
第1年	95.2	—	—	—	—
第2年		4.8			
第3年			104.0		
第4年				5.8	
第5年					
第6年		7.0			1.15

6. 我国 1980 年的国内生产总值为 4 587.6 亿元，欲在 2000 年翻两番。问年平均增长速度至少为多少才能达到此目标？我国 2020 年欲在 2010 年国内生产总值的基础上翻一番，年平均增长速度至少为多少？

7. 1980 年我国人口达到 10 亿人，年末人口数为 10.007 2 亿人，人口净增长率为 14.55‰，如果按此速度增长，2000 年末将有多少亿人？若 2000 年要将人口控制在 12 亿人以内，人口年均净增长率应控制在多少？事实上 1995 年我国就超过了 12 亿人，2000 年末为 12.674 3 亿人，那么，1980—2000 年，我国年均人口净增长率为多少？

8. 某采矿企业事故率 10 年间下降了 20%。事故率平均每年下降多少？

9. 我国 21 世纪前 15 年人口自然增长率如下表所示。

年份	2001	2002	2003	2004	2005	2006	2007	2008	2009	2010	2011	2012	2013	2014	2015
自然增长率/‰	6.95	6.45	6.01	5.87	5.89	5.28	5.17	5.08	4.87	4.79	4.79	4.95	4.92	5.21	4.96

要求：

（1）三个"五年规划"的年均人口自然增长率；

（2）三个"五年规划"期间总的年均人口自然增长率。

10. 某企业过去 4 年电视机的销售量资料如下表所示。

单位：万台

年	季	销售量	年	季	销售量	年	季	销售量	年	季	销售量
1	1	4.8	2	1	5.8	3	1	6.0	4	1	6.3
	2	4.1		2	5.2		2	5.6		2	5.9
	3	6.0		3	6.8		3	7.5		3	8.0
	4	6.5		4	7.4		4	7.8		4	8.4

要求：用移动平均趋势剔除法计算季节比率；若已知利用消除季节影响后的数列确定的趋势方程为 $T_t=5.101+0.148t(t=1,2,\cdots,16)$，要求对下一年度的销售量做出预测。

4.5.6 案例思考

销售额分析及预测

某公司在某旅游胜地开了一家饭店，已经经营了近 9 年。由于该公司经营有方，饭店办得非常成功，成为该旅游胜地营业额增长最快的饭店之一。

但是，该公司并不满足已取得的成绩，为了在激烈的竞争中获得更大的发展，必须依据科学的管理，确定饭店未来的增长计划。为此，该公司希望对饭店过去的销售额情况进行分析，并建立一个系统，可以提前一年预测今后每个月的销售额。希望你能就公司所关心的问题做出分析和解答。

饭店的月销售额数据　　　　　　　　　　　单位：万元

序号	月份											
	1月	2月	3月	4月	5月	6月	7月	8月	9月	10月	11月	12月
1	86.2	84.9	86.8	87.0	90.8	92.7	83.0	95.7	93.2	113.0	133.9	156.0
2	90.7	90.5	98.9	102.8	110.6	103.7	101.6	84.8	110.8	123.6	157.0	178.7
3	107.3	106.1	121.2	114.7	121.1	122.4	113.1	90.5	118.2	142.1	170.5	199.4
4	146.5	115.6	125.0	136.6	137.4	138.4	127.0	99.7	143.2	153.4	194.0	227.0
5	130.7	140.5	139.3	139.5	147.5	149.6	139.4	109.1	155.8	182.4	223.6	244.7
6	144.3	144.2	152.5	149.9	160.2	156.9	141.6	118.8	166.5	190.0	245.0	288.7
7	133.5	137.8	145.0	150.8	140.3	155.6	159.5	125.9	174.7	192.1	240.0	285.4
8	159.7	149.7	166.0	172.1	177.4	176.2	173.5	133.1	192.2	222.6	265.1	306.9
9	182.4	170.4	185.2	188.1	185.3	195.3	179.9	136.8				

分析思路的提示如下。

（1）利用 Excel 绘制时间序列折线图。

(2) 对销售额的趋势进行分析，指出销售额的增长是否存在一种基本规律？

(3) 对数据的季节性进行分析，计算季节比率，指出各月销售额是否受季节因素的影响？

(4) 根据你对销售额趋势和季节规律的揭示内容，对第 9 年前 8 个月的销售额做出预测，并与这 8 个月的实际数据进行比较，计算预测误差，判断你的模型是否可以应用？如果预测误差较大，你将如何消除大家对你的预测方法的疑虑？

(5) 当有了新的销售额数据时，你是否应该对建立的模型进行修改？

(6) 写出分析报告。

统计指数与综合评价

5.1 本章学习目的要求

本章介绍了指数编制的基本方法以及指数体系分析和综合评价方法。通过本章的学习，应深入理解统计指数的有关问题并能进行因素分析和综合评价。

1. 理解统计指数的概念和作用，了解指数的各种分类，准确把握各种指数的含义并能准确加以区分。
2. 掌握综合法指数的基本原理、同度量因素的概念与作用；理解拉氏指数与帕氏（派氏）指数的意义；熟练掌握综合法指数的计算和利用指数体系进行因素分析的方法。
3. 深刻理解平均法指数的含义，熟练掌握平均法指数的计算及其与综合法指数的关系；了解实际经济的几种重要指数，如居民消费价格指数、固定资产投资价格指数、工业生产者出厂价格指数等。
4. 熟练掌握总平均数对比分析中利用指数体系进行因素分析的原理。
5. 理解综合评价的意义、各种评价方法的特点；掌握综合评价的方法及其应用。

5.2　基本知识梳理

基本知识点	含　义　或　公　式
广义指数	凡是表明现象变动的相对指标都叫指数
狭义指数	反映复杂现象总体数量变动的特殊动态相对数，具有综合性、平均性的特点
复杂现象总体	由度量单位不同、数量上不能直接加总的多个个体构成的现象
个体指数	反映单个事物变动的相对数， 如物量个体指数 $I_q = \dfrac{q_1}{q_0}$，价格个体指数 $I_p = \dfrac{p_1}{p_0}$
总指数	反映由多个个体构成的复杂现象总体综合变动的相对数。例如，反映多种商品销售量变动的销售量总指数，反映多种商品价格变动的价格总指数
同度量因素	使不同度量、不能加总的现象转化为同度量、可以加总的现象的媒介因素；也称为权数。相互联系的数量指标和质量指标互为同度量因素
指数化指标	指数中所要测定其变动的指标。指数化指标是数量指标的指数称为数量指标指数，如产品产量指数、商品销售量指数等；指数化指标是质量指标的指数称为质量指标指数，如价格指数、单位产品成本指数等
综合法指数	通过两个时期的综合总量对比所求得的总指数 拉氏质量指标指数 $\bar{I}_p = \dfrac{\sum q_0 p_1}{\sum q_0 p_0}$，帕氏质量指标指数 $\bar{I}_p = \dfrac{\sum q_1 p_1}{\sum q_1 p_0}$ 拉氏数量指标指数 $\bar{I}_q = \dfrac{\sum q_1 p_0}{\sum q_0 p_0}$，帕氏数量指标指数 $\bar{I}_q = \dfrac{\sum q_1 p_1}{\sum q_0 p_1}$
平均法指数	通过个体指数加权平均而求得的总指数 数量指标的算术平均法指数　$\bar{I}_q = \dfrac{\sum I_q q_0 p_0}{\sum q_0 p_0} = \dfrac{\sum \dfrac{q_1}{q_0} q_0 p_0}{\sum q_0 p_0}$ 质量指标的调和平均法指数　$\bar{I}_p = \dfrac{\sum q_1 p_1}{\sum \dfrac{1}{I_p} q_1 p_1} = \dfrac{\sum q_1 p_1}{\sum \dfrac{p_0}{p_1} q_1 p_1}$
采用固定权数的平均法指数	基本形式：$\bar{I} = \dfrac{\sum I w}{\sum w}$（其中 $\sum w = 1$），如居民消费价格指数、工业生产者出厂价格指数等
指数体系	若干个有联系的指数形成的整体，其表现形式为：某一现象的指数等于它的各个影响因素指数的乘积，某一现象的绝对差额等于它的各个影响因素的绝对差额之和
用于总量变动两因素分析的综合法指数体系	$\dfrac{\sum q_1 p_1}{\sum q_0 p_0} = \dfrac{\sum q_1 p_0}{\sum q_0 p_0} \times \dfrac{\sum q_1 p_1}{\sum q_1 p_0}$ $(\sum q_1 p_1 - \sum q_0 p_0) = (\sum q_1 p_0 - \sum q_0 p_0) + (\sum q_1 p_1 - \sum q_1 p_0)$
用于总平均数变动因素分析的指数体系	总平均数指数＝组平均数指数（固定构成指数）×结构影响指数 $\dfrac{\dfrac{\sum x_1 f_1}{\sum f_1}}{\dfrac{\sum x_0 f_0}{\sum f_0}} = \dfrac{\dfrac{\sum x_1 f_1}{\sum f_1}}{\dfrac{\sum x_0 f_1}{\sum f_1}} \times \dfrac{\dfrac{\sum x_0 f_1}{\sum f_1}}{\dfrac{\sum x_0 f_0}{\sum f_0}}$ $\dfrac{\sum x_1 f_1}{\sum f_1} - \dfrac{\sum x_0 f_0}{\sum f_0} = \left(\dfrac{\sum x_1 f_1}{\sum f_1} - \dfrac{\sum x_0 f_1}{\sum f_1} \right) + \left(\dfrac{\sum x_0 f_1}{\sum f_1} - \dfrac{\sum x_0 f_0}{\sum f_0} \right)$

(续)

基本知识点	含义或公式
综合评价	在评价指标体系的基础上，利用一定的数学方法对多个指标进行同度量和同向化的处理，形成一个综合性指标，达到对现象总体状况进行整体评价的一种方法。关键是实现不同指标的同度量化和无量纲化

5.3 重点难点点拨

5.3.1 统计指数的概念和狭义指数的特点

广义而言，凡是相对数都可以称为指数，实践中应用最多的是反映社会经济现象变动方向和程度的动态相对数。狭义指数是指综合反映复杂现象总体数量变动程度的特殊动态相对数。所谓复杂现象总体是指这个总体中的个体度量单位不同、性质各异、数量上不能直接加总。利用狭义指数的关键就是要引进同度量因素并固定同度量因素的时期，从而反映复杂现象总体的综合变动。

狭义指数具有综合性和平均性的特点。因为狭义指数不是反映一种事物的变动，而是综合反映多个个体构成的复杂总体的变动，同时，这种变动是一种平均意义上的变动，即表示各个个体变动的一般（平均）程度。

5.3.2 总平均数指数与总指数中的平均法指数是两个不同的概念

总指数反映的是多种不能直接相加的复杂现象总体的综合变动，其计算形式包括综合法指数和平均法指数，其中平均法指数是指对个体指数加权平均求总指数的方法。而总平均数指数是两个时期总平均数的对比，反映不同时期总平均水平的变化，实质是综合法指数应用于平均数变动分析。

5.3.3 总平均数变动因素分析中，对影响总平均数变动的因素的理解

在分组条件下，总平均数的变动受两个因素的影响：一个是各组平均数变动的影响，另一个是各组结构（各组单位数在全部单位数中所占比重）变动的影响。因此，也可以应用指数法分析总平均数的变动及其原因。但在这种分析中，总平均数的两个影响因素通常不是称为数量指标因素和质量指标因素，而是称为组平均数（通常用 x 表示）和各组结构（通常用 $f/\sum f$ 表示），对应的指数也就称为组平均数指数（固定构成指数）和结构影响指数。应用前述指数体系中同度量因素的固定方法，将组平均数 x 视为质量指标，而将各组次数 f 视为数量指标。

5.3.4 排队计分法综合评价应用例题

我国 30 个省、自治区、直辖市（不含西藏，港澳台地区）"三资"工业企业主要经济效益指标如表 5-1 所示。若总资产贡献率、流动资产周转次数、工业成本费用利润率分别赋予 40%、30%、30% 的权数，试用排队计分法进行综合评价。

解析：北京市"三资"工业企业总资产贡献率、流动资产周转次数、工业成本费用利润率分别排在第 4 位、第 13 位和第 12 位，则北京市这 3 项指标的单项得分分别为

$$f(x_1,4) = 100 - \frac{4-1}{30-1} \times 100 = 89.66$$

$$f(x_2,13) = 100 - \frac{13-1}{30-1} \times 100 = 58.62$$

$$f(x_3,12) = 100 - \frac{12-1}{30-1} \times 100 = 62.07$$

$$\mathrm{DF} = 89.66 \times 0.4 + 58.62 \times 0.3 + 62.07 \times 0.3 = 72.07$$

各省、自治区、直辖市的单项指标得分、总得分及排序如表 5-1 第（3）（6）（9）（10）和（11）栏所示。

表 5-1 各省、自治区、直辖市（不含西藏，港澳台地区）排队计分法综合评价计算表

地区	总资产贡献率/%	排序	得分	流动资产周转次数/（次/年）	排序	得分	成本费用利润率/%	排序	得分	总分	排序
（甲）	(1)	(2)	(3)	(4)	(5)	(6)	(7)	(8)	(9)	(10)	(11)
北京	15.10	4	89.66	2.11	13	58.62	7.42	12	62.07	72.07	6
天津	16.55	3	93.10	2.41	5	86.21	8.81	8	75.86	85.86	2
河北	14.57	5	86.21	2.26	9	72.41	9.47	6	82.76	81.04	3
山西	11.14	19	37.93	1.88	18	41.38	7.15	13	58.62	45.17	19
内蒙古	10.52	20	34.48	1.49	23	24.14	9.06	7	79.31	44.83	20
辽宁	8.57	26	13.79	1.78	19	37.93	5.18	25	17.24	22.07	27
吉林	20.03	1	100.00	2.49	3	93.10	7.65	11	65.52	87.59	1
黑龙江	10.52	21	31.03	1.42	24	20.69	6.32	18	41.38	31.03	23
上海	12.25	13	58.62	2.11	11	65.52	6.96	17	44.83	56.55	13
江苏	10.39	22	27.59	2.49	4	89.66	5.20	24	20.69	44.14	21
浙江	11.69	16	48.28	2.11	14	55.17	6.21	19	37.93	47.24	18
安徽	12.58	12	62.07	2.06	17	44.83	7.14	14	55.17	54.83	15
福建	11.91	14	55.17	2.29	8	75.86	7.00	15	51.72	60.34	11
江西	13.80	9	72.41	2.37	7	79.31	5.63	22	27.59	61.03	10
山东	13.34	10	68.97	2.55	2	96.55	6.98	16	48.28	71.04	7
河南	8.92	7	17.24	1.55	21	31.03	5.31	23	24.14	23.45	26
湖北	8.38	27	10.34	2.12	12	62.07	4.13	28	6.90	24.83	25

(续)

地区	总资产贡献率/%	排序	得分	流动资产周转次数/(次/年)	排序	得分	成本费用利润率/%	排序	得分	总分	排序
湖南	14.04	7	79.31	2.24	10	68.97	9.71	4	89.66	79.31	5
广东	11.47	17	44.83	2.40	6	82.76	5.76	21	31.03	51.07	16
广西	14.41	6	82.76	2.11	15	51.72	7.96	10	68.97	69.31	8
海南	13.10	11	65.52	1.35	27	10.34	9.65	5	86.21	55.17	14
重庆	17.68	2	96.55	2.11	16	48.28	10.53	3	93.10	81.03	4
四川	9.58	24	20.69	1.54	22	27.59	6.00	20	34.48	26.90	24
贵州	7.54	28	6.90	1.20	29	3.45	4.72	27	10.34	6.90	28
云南	11.91	15	51.72	1.71	20	34.48	10.71	2	96.55	60.00	12
陕西	14.03	8	75.86	1.37	25	17.24	13.62	1	100.00	65.53	9
甘肃	6.48	29	3.45	1.28	28	6.90	1.60	30	0.00	3.45	29
青海	11.17	18	41.38	2.74	1	100.00	4.90	26	13.79	50.69	17
宁夏	6.15	30	0.00	1.16	30	0.00	3.34	29	3.45	1.04	30
新疆	9.89	23	24.14	1.37	26	13.79	8.17	9	72.41	35.52	22

5.3.5 加权指数法综合评价应用例题

依据表 5-2 的资料，计算甲、乙、丙三个地区的经济效益综合指数。

表 5-2 三个地区的有关经济效益指标

指标名称	计量单位	标准数	权数	报告期指标值		
				甲地区	乙地区	丙地区
（甲）	（乙）	（1）	（2）	（3）	（4）	（5）
社会总成本增加值率	元/百元	45	30	46	48	45
社会总成本利税率	元/百元	20	25	25	26	21
社会劳动生产率	万元/人	2	25	2.2	2.4	1.8
商品流通费用率	%	15	5	16	18	14
技术进步效果	元/百元	50	15	54	60	50
综合经济效益	—	—	—	110.31	116.67	99.11

解析： 表 5-2 中的 5 个指标中，商品流通费用率为逆指标，在计算单项指数时，应采用倒数法将其同向化为正指标。

甲地区的综合经济效益指数为

$$\bar{k}_{甲} = \frac{46}{45} \times 30 + \frac{25}{20} \times 25 + \frac{2.2}{2} \times 25 + \frac{\frac{1}{16}}{\frac{1}{15}} \times 5 + \frac{54}{50} \times 15$$

$$= 1.022\,2 \times 30 + 1.25 \times 25 + 1.1 \times 25 + 0.937\,5 \times 5 + 1.08 \times 15$$

$$= 30.67 + 31.25 + 27.50 + 4.69 + 16.20$$

$$= 110.31$$

其余两个地区的综合经济效益指数计算过程及计算结果见表 5-2。

5.3.6 改进的功效系数法综合评价应用例题

设有甲、乙两家企业的经济效益指标及其满意值、不允许值和权数如表 5-3 第（1）（2）（3）（5）和（7）栏所示，依功效系数法计算综合评价分。

表 5-3 甲、乙两企业经济效益计算表

指标	不允许值	满意值	甲企业		乙企业		权数	得分×权数	
			实际值	得分	实际值	得分		甲企业	乙企业
	(1)	(2)	(3)	(4)	(5)	(6)	(7)	(8)	(9)
总成本增加值率	45.0	65.0	51.0	72.0	55.0	80.0	25	18.0	20.0
总成本利税率	24.0	42.0	29.0	71.1	32.0	77.8	25	17.8	19.5
劳动生产率	1.50	3.10	2.10	75.0	2.20	77.5	15	11.3	11.6
中间投入率	45.0	12.0	16.0	95.2	14.0	97.9	15	14.3	14.6
销售率	20.0	75.0	62.0	90.6	67.0	94.2	20	18.1	18.8
综合经济效益	—	—					100	79.4	84.6

解析： 甲企业总成本增加值率得分为

$$y_1 = \frac{51-45}{65-45} \times 40 + 60 = 72$$

甲、乙两企业各个指标的功效系数如表 5-3 第（4）和第（6）栏所示，各个指标的得分如表第（8）和第（9）栏所示。计算结果表明，总的来讲，甲、乙两企业报告期的综合得分均小于 100，即均未达到满意水平，但经过综合考察，乙企业的综合功效系数分比甲企业高，乙企业的综合经济效益较甲企业好一些。

5.4 范例解析

5.4.1 单项选择题解析

例 1： 计算总指数的两种基本方法是（　　）。

  A. 动态指数与静态指数

  B. 质量指标指数和数量指标指数

  C. 综合法指数和平均法指数

  D. 加权算术平均法指数和调和平均法指数

解析： 该题的解题要点是区分清楚指数类别的不同层次和不同的分类方法。计算总指数的方法是在计算总指数时因掌握资料的不同而选用的不同方法（是对比两个综合总量求总指数还是个体指数加权平均求总指数），不同于因研究目的不同而编制不同种类的指数（质量指标指数或数量指标指数，个体指数或总指数），也不同于因平均方法和权数不同的平均法指数的种类（加权算术平均法指数或加权调和平均法指数）。因此，本题的正确答案是 C。

例 2： 价格上涨后，同样多的人民币报告期所购买商品的数量比基期少 5%，因此价格上涨了（　　）。

  A. 5%   B. 5.26%
  C. 95%   D. 105.26%

解析： 这道题涉及几个知识点：首先，这是一道利用指数体系表现的各指数之间的关系"总额指数=数量指标指数×质量指标指数"的互相进行推算的例题。人民币在这里是一个总额概念，对于商家，是卖出商品后所获得的销售额；对于消费者，是购买商品所支付的金额。同样多的人民币意味着总额指数为 1；购买商品的数量比基期少 5%，意味着销售量指数为 0.95，那么，可以根据(1/0.95)−1=5.26% 计算价格上涨幅度。其次，这里还涉及是求价格指数还是求价格上涨率的问题，如果直接计算 1/0.95=105.26%，得到的是价格指数，但题目所要求选择的是价格上涨率，因此还需要扣除基数 1。故正确答案是 B。

5.4.2 多项选择题解析

例： 下列属于狭义指数的是（　　）。

  A. 多种产品的总成本指数   B. 多种产品的单位成本指数
  C. 多种商品的销售量指数   D. 多种商品的销售额指数
  E. 多种商品的销售价格指数

解析： 分析该题时特别要注意狭义指数特指总指数，是反映不能直接加总的复杂现象总体综合变动的相对数，分为数量指标总指数与质量指标总指数。狭义指数的特点是必须引进同度量因素并且把同度量因素固定下来，只反映指数化指标的变动。而本题中的多种商品的总成本（即生产费用）和多种商品的销售额，都是可以直接加总的，不同时间上的总成本和销售额是可以直接对比的，不需要引进同度量因素，因而不属于狭义指数的范畴。所以本题的正确答案是 B、C、E。

5.4.3 判断分析题解析

例： 指数数列是一种时间数列，因此各环比指数连乘积等于定基指数。

解析： 错误。正确回答应是：个体指数数列中，环比指数连乘积等于定基指数；但在总指数数列中，只有以某一年的不变价格为同度量因素（不变权数）的数量指标指数数列满足这一关系。

分析这道题的关键，是要明确个体指数属于广义指数，不需要引进同度量因素，不会出现权数改变的问题，因而这个关系式是成立的。例如：

$$\frac{p_3}{p_2} \times \frac{p_2}{p_1} \times \frac{p_1}{p_0} = \frac{p_3}{p_0}$$

$$\frac{q_3}{q_2} \times \frac{q_2}{q_1} \times \frac{q_1}{q_0} = \frac{q_3}{q_0}$$

$$\frac{q_3 p_3}{q_2 p_2} \times \frac{q_2 p_2}{q_1 p_1} \times \frac{q_1 p_1}{q_0 p_0} = \frac{q_3 p_3}{q_0 p_0}$$

但在总指数中，由于引进了同度量因素并且把同度量因素固定在报告期或基期，因而每一期指数的权数都在发生变化，各环比指数连乘积不等于定基指数。例如：

$$\frac{\sum q_3 p_2}{\sum q_2 p_2} \times \frac{\sum q_2 p_1}{\sum q_1 p_1} \times \frac{\sum q_1 p_0}{\sum q_0 p_0} \neq \frac{\sum q_3 p_3}{\sum q_0 p_0}$$

$$\frac{\sum q_3 p_3}{\sum q_2 p_3} \times \frac{\sum q_2 p_2}{\sum q_1 p_2} \times \frac{\sum q_1 p_1}{\sum q_0 p_1} \neq \frac{\sum q_3 p_3}{\sum q_0 p_0}$$

对于质量指标指数，读者可进行类似证明。

只有当权数都固定不变时，指数数列中各环比指数的连乘积才等于相应的定基指数。例如，计算物量总指数时，采用不变价格（固定价格）为同度量因素，这一关系才能成立。如以 p_n 表示某一年的不变价格，则有（第 1、2、3 期的环比物量指数连乘积就等于第 3 期的定基物量指数）：

$$\frac{\sum q_3 p_n}{\sum q_2 p_n} \times \frac{\sum q_2 p_n}{\sum q_1 p_n} \times \frac{\sum q_1 p_n}{\sum q_0 p_n} = \frac{\sum q_3 p_n}{\sum q_0 p_n}$$

5.4.4 简答题解析

例： 简述综合法指数与平均法指数的联系和区别。

解析： 联系：二者均是总指数的计算方法；在一定条件下，二者存在变形关系。区别：依据的资料不同，综合法指数是根据两个综合总量对比求得的，而平均法指数是由个体指数加权平均求得的；分析问题的方面不全相同，综合法指数既可反映现象的相对变动，也可反映现象的绝对变动；但采用固定权数的平均法指数，就只能反映现象的相对变动。

5.4.5 计算题解析

例： 某公司生产三种产品的报告期与基期产量和价格如表 5-4 的资料栏所示。

表 5-4　某公司生产三种产品的报告期与基期产量和价格资料

产品名称	计量单位	产量		价格/万元		总产值/万元		
		q_0	q_1	p_0	p_1	$q_0 p_0$	$q_1 p_1$	$q_1 p_0$
甲	件	2 000	2 400	4	5	8 000	12 000	9 600
乙	台	1 100	1 250	50	45	55 000	56 250	62 500
丙	吨	520	600	12	10	6 240	6 000	7 200
合计	—	—	—	—	—	69 240	74 250	79 300

要求：试用指数体系分析法分析该公司总产值的变动及其原因。

解析：首先，我们要明确应采取哪一套指数体系进行分析。按照题上所给出的资料，三种不同产品的计量单位是不相同的，必须采用总指数的方法；而计算总指数的两种方法中，若已知条件是各种产品报告期和基期的数量指标 q（此例是产量）和质量指标 p（此例是价格），就应考虑采用综合法指数体系；而若已知条件是个体指数 I_p 或 I_q 以及作为权数的基期、报告期总额 $q_0 p_0$、$q_1 p_1$，就应考虑采用平均法指数体系。

其次，指数体系分析步骤通常是很规范的，往往是计算三个相对数、三个绝对数，并最后形成指数体系关系，适当做些文字说明。步骤如下：

(1) $I_{qp} = \sum q_1 p_1 / \sum q_0 p_0 = 74\ 250/69\ 240 = 107.24\%$

$\sum q_1 p_1 - \sum q_0 p_0 = 74\ 250 - 69\ 240 = 5\ 010$（万元）

(2) $\bar{I}_q = \sum q_1 p_0 / \sum q_0 p_0 = 79\ 300/69\ 240 = 114.53\%$

$\sum q_1 p_0 - \sum q_0 p_0 = 79\ 300 - 69\ 240 = 10\ 060$（万元）

(3) $\bar{I}_p = \sum q_1 p_1 / \sum q_1 p_0 = 74\ 250/79\ 300 = 93.63\%$

$\sum q_1 p_1 - \sum q_1 p_0 = 74\ 250 - 79\ 300 = -5\ 050$（万元）

(4) 三者关系：$107.24\% = 114.53\% \times 93.63\%$

$5\ 010$（万元）$= 10\ 060$（万元）$- 5\ 050$（万元）

说明：计算结果表明，该公司报告期与基期相比，总产值增长 7.24%，即多创造总产值 5 010 万元；其中，三种产品的产量平均增长 14.53%，使总产值增加 10 060 万元；三种产品的价格平均降低 6.37%，使总产值减少 5 050 万元。

5.5　练习与实践

5.5.1　单项选择题

1. 指数按反映现象范围不同分为（　　）。

　　A. 动态指数与静态指数　　　　　　B. 个体指数与总指数

　　C. 数量指标指数和质量指标指数　　D. 定基指数与环比指数

2. 从广义上理解，指数泛指（   ）。
   A. 平均数　　　　　　　　　　　B. 绝对数
   C. 相对数　　　　　　　　　　　D. 动态相对数

3. 某地今年用现价计算的总产值为去年用现价计算的总产值的 108%，这个指数是（   ）。
   A. 总产量指数　　　　　　　　　B. 总产值指数
   C. 静态指数　　　　　　　　　　D. 价格指数

4. 在编制多种产品的产量指数时（   ）。
   A. 若各种产品的计量单位都相同，则各种产品的产量可直接相加
   B. 只要将计量单位调整为相同单位，则产量可直接相加
   C. 折算为标准实物单位，产量就能相加
   D. 即使计量单位都相同，产量也不能直接相加

5. 若要在不破坏各品种产量计划的前提下，考察单位产品成本计划的执行情况，应采用的指数为（   ）。
   A. 拉氏成本指数　　　　　　　　B. 帕氏成本指数
   C. 拉氏产量指数　　　　　　　　D. 帕氏产量指数

6. 某地区某年的多种工业产品产量计划完成百分数是一种（   ）。
   A. 个体指数　　　　　　　　　　B. 静态指数
   C. 动态指数　　　　　　　　　　D. 质量指标总指数

7. 某企业职工人数与去年同期相比减少了 2%，企业劳动生产率与去年同期相比上升了 5%，则该企业总产值增长了（   ）。
   A. 7%　　　　　　　　　　　　　B. 2.9%
   C. 3%　　　　　　　　　　　　　D. 10%

8. 某企业集团下属三个公司生产同一产品，要计算该产品产量的发展速度，三个公司产品产量（   ）。
   A. 能够直接加总
   B. 必须用不变价格作为同度量因素才能加总
   C. 不能直接加总
   D. 必须用现行价格作为同度量因素才能加总

9. 在 $\bar{I}_p = \dfrac{\sum q_1 p_1}{\sum \dfrac{1}{I_p} q_1 p_1}$ 这一调和平均法指数的计算公式中，I_p 是（   ）。
   A. 数量指标个体指数　　　　　　B. 权数
   C. 总指数　　　　　　　　　　　D. 质量指标个体指数

10. 按照产量个体指数和基期总成本计算的产量总指数是（　　）。
    A. 综合指数　　　　　　　　　　　B. 加权调和平均法指数
    C. 总平均数指数　　　　　　　　　D. 加权算术平均法指数

11. 欲使数量指标的算术平均法指数的计算结果、经济内容与综合法数量指标指数相同，其权数必须是（　　）。
    A. $q_0 p_0$　　　　　　　　　　　　B. $q_1 p_1$
    C. $q_1 p_0$　　　　　　　　　　　　D. W

12. 欲使质量指标调和平均法指数的计算结果、经济内容与综合法质量指标指数相同，权数应是（　　）。
    A. $q_0 p_0$　　　　　　　　　　　　B. $q_1 p_1$
    C. $q_1 p_0$　　　　　　　　　　　　D. $q_0 p_1$

13. 已知销售量报告期比基期提高 4%，若以基期金额的 108% 计算，在报告期商品的价格将比基期（　　）。
    A. 上升 4%　　　　　　　　　　　　B. 下降 4%
    C. 上升 3.846%　　　　　　　　　　D. 下降 3.846%

14. 如果用 p 表示单位成本，用 q 表示产品产量，则公式 $\frac{\sum q_1 p_0}{\sum q_0 p_0}$（　　）。
    A. 综合反映多种产品产量的变动程度
    B. 综合反映产品单位成本和产品产量的变动
    C. 全面反映产品生产费用的变动
    D. 反映由于产品产量的变动对单位成本变动的影响程度

15. 如果用 p 表示商品价格，用 q 表示商品销售量，则公式 $\sum q_1 p_1 - \sum q_1 p_0$ 的意义是（　　）。
    A. 综合反映商品价格变动和销售量变动的绝对额
    B. 综合反映多种商品销售量的变动而增加或减少的销售额
    C. 综合反映多种商品价格变动的绝对额
    D. 综合反映由于价格的变动而使消费者增加或减少的货币支出额

16. 在物量总指数时间序列中，如果要使各环比指数的连乘积等于相应的定基指数，采用综合法指数公式时，权数必须是（　　）。
    A. 基期价格　　　　　　　　　　　B. 报告期价格
    C. 不变价格　　　　　　　　　　　D. 比重权数

17. 若同时采用拉氏指数和帕氏指数根据同一资料计算同一指标的总指数，二者的数量关系是（　　）。

A. 一般情况下，拉氏指数＝帕氏指数　　B. 一般情况下，拉氏指数＞帕氏指数

C. 一般情况下，拉氏指数＜帕氏指数　　D. 二者的差异没有规律性

18. 工业生产指数的指数化指标是工业产品的（　　）。

    A. 出厂价格　　　　　　　　　　　　B. 增加值

    C. 生产量　　　　　　　　　　　　　D. 总产值

19. 在发生通货膨胀的情况下，若要反映居民为了维持基期生活水平所需消费支出的增加幅度，应编制（　　）。

    A. 帕氏消费价格指数　　　　　　　　B. 拉氏消费价格指数

    C. 帕氏消费量指数　　　　　　　　　D. 拉氏消费量指数

20. 总平均数指数是（　　）。

    A. $\dfrac{\sum x_1 f_1}{\sum f_1} \Big/ \dfrac{\sum x_0 f_0}{\sum f_0}$　　　　B. $\dfrac{\sum x_1 f_1}{\sum f_1} \Big/ \dfrac{\sum x_0 f_0}{\sum f_1}$

    C. $\dfrac{\sum x_0 f_1}{\sum f_1} \Big/ \dfrac{\sum x_0 f_0}{\sum f_0}$　　　　D. $\dfrac{\sum x_1 f_1}{\sum x_0 f_0}$

21. 两个水果批发市场中某种水果的平均价格8月比7月上升了15%，由于结构的变动使平均价格降低了10%，则水果的实际平均价格上升了（　　）。

    A. 50%　　　　　　　　　　　　　　B. 3.5%

    C. 25%　　　　　　　　　　　　　　D. 27.8%

22. 某公司报告期新员工人数比重大幅度上升，为了准确反映公司真实的劳动生产率状况，需要编制的劳动生产率指数是劳动生产率的（　　）。

    A. 总平均数指数　　　　　　　　　　B. 组平均数指数

    C. 结构影响指数　　　　　　　　　　D. 数量指标综合指数

23. 某地区在报告期扩大了粮食生产中高产品种的播种面积，相应地减少了低产品种的播种面积，为了反映这一变化对该地区粮食总平均亩产的影响，需要计算平均亩产的（　　）。

    A. 总平均数指数　　　　　　　　　　B. 组平均数指数

    C. 结构影响指数　　　　　　　　　　D. 数量指标指数

24. 综合评价的加权指数法的（　　）。

    A. 所有评价指标都必须是正指标

    B. 所有评价指标都必须是逆指标

    C. 综合评价值越大越好

    D. 正、逆指标均可，但各项指标必须同向化

25. 利用功效系数计算单项评价指标的得分情况是（　　）。

    A. 当实际值等于不允许值时，得分大于60

B. 当实际值等于不允许值时，得分等于60

C. 当实际值等于满意值时，得分大于100

D. 当实际值等于满意值时，得分小于60

5.5.2 多项选择题

1. 指数在统计分析中可用于（　　）。
   A. 研究社会经济现象的动态
   B. 反映事物的变动程度和变动方向
   C. 测定现象总变动中各因素的影响程度
   D. 比较不同地区和不同单位的现象水平
   E. 检查分析计划完成的状况

2. 某年按某一可比价格计算的工业增加值，甲地为乙地的108%，这个相对数是（　　）。
   A. 增加值指数
   B. 静态指数
   C. 质量指标指数
   D. 数量指标指数
   E. 产量指数

3. 下列指数中，属于质量指标指数的有（　　）。
   A. 生产费用指数
   B. 股票价格指数
   C. 贷款利率指数
   D. 劳动生产率指数
   E. 货币汇率指数

4. 编制综合法指数时，同度量因素的作用有（　　）。
   A. 平衡作用
   B. 比较作用
   C. 同度量作用
   D. 权数作用
   E. 平均作用

5. 采用综合法编制产品价格总指数时（　　）。
   A. 同度量因素一般为报告期产量
   B. 同度量因素一般为基期产量
   C. 产量具有权数作用
   D. 价格具有权数作用
   E. 该指数可以反映产品价格变化对总产值的影响程度

6. 采用综合法编制产品产量总指数时，同度量因素可以采用（　　）。
   A. 产品产量
   B. 总产值
   C. 产品销售价格
   D. 产品单位成本
   E. 增加值

7. 某工业企业2022年生产两种不同产品，综合来看，2022年该企业产品实际产量为计划产量的 105%，这个相对数是（　　）。

A. 个体指数　　　　　　　　　　B. 数量指标总指数

C. 质量指标总指数　　　　　　　D. 动态指数

E. 静态指数

8. 某商业企业今年与去年相比，各种商品零售价格总指数为 107.5%，这一结果说明（　　）。

A. 商品零售价格平均上涨 7.5%　　B. 商品零售额上涨 7.5%

C. 商品零售量增长 7.5%　　　　　D. 由于价格提高使零售量减少 7.5%

E. 由于价格提高使零售额增长 7.5%

9. 以 x，f 分别代表各组工人平均工资和各组工人数，则 $\dfrac{\sum x_1 f_1}{\sum f_1} - \dfrac{\sum x_0 f_1}{\sum f_1}$ 反映的是（　　）。

A. 总平均工资增加或减少的绝对量

B. 各组工人平均工资的增长速度

C. 各组工人平均工资变动的平均量

D. 工人结构变动使总平均工资增加或减少的绝对量

E. 各组工人工资变动使总平均工资增加或减少的绝对量

10. 某工业企业今年与去年相比，各种产品的产量总指数为 95%，这一结果说明（　　）。

A. 产品价格平均下降 5%　　　　　B. 企业产值下降 5%

C. 产品产量平均减少 5%　　　　　D. 由于产品产量下降使产值减少 5%

E. 由于产品价格下降使产值减少 5%

11. 某企业某年第二季度全部产品的单位成本为同年第一季度的 104%，这个相对数是（　　）。

A. 季节指数　　　　　　　　　　B. 总指数

C. 环比指数　　　　　　　　　　D. 质量指标指数

E. 数量指标指数

12. 假设某企业有 A、B 两个分厂（视作两个组），报告期与基期相比，A、B 两个分厂工人平均工资分别提高 10%、20%。那么，下列说法正确的有（　　）。

A. 组平均工资指数必定介于（110%，120%）之间

B. 总平均工资指数必定介于（110%，120%）之间

C. 两分厂工人工资水平平均增长幅度必定介于（10%，20%）之间

D. 该企业工人总平均工资增长幅度必定介于（10%，20%）之间

E. 该企业工人工资总额增长幅度必定介于（10%，20%）之间

13. 排队计分法适用于（   ）。
    A. 包含定距数据的场合
    B. 包含定类数据的场合
    C. 包含定序数据的场合
    D. 包含定比数据的场合
    E. 只有数值型数据的场合

14. 下列关于评价指标同向化方法的表述中，正确的有（   ）。
    A. 倒数法适合正向指标与逆向指标相加为 1 的情况
    B. 倒数法适合正向指标与逆向指标相乘为 1 的情况
    C. 对应指标转换法适合正向指标与逆向指标相乘为 1 的情况
    D. 对应指标转换法适合正向指标与逆向指标相加为 1 的情况
    E. 最大定额法适合任何情况

15. 运用功效系数法进行综合评价时，对每个评价指标必须要明确的对比标准是（   ）。
    A. 平均值
    B. 最大值
    C. 最小值
    D. 满意值
    E. 不允许值

5.5.3 判断分析题

1. 以不变价格计算的工业产品产量指数，可以反映产品数量的综合变动，而不能反映产品价值水平的总变动。
2. 综合法指数是计算总指数的唯一方法。
3. 计算动态指数时，如果报告期和基期相隔太远，会降低指数的代表性。
4. 平均法指数都是综合法指数的变形。
5. 我国的居民消费价格指数采用综合法指数的公式计算。
6. 评价指标体系中，如果既有正指标也有逆指标，就不能采用加权指数法进行评价。
7. 用改进的功效系数法进行综合评价时，若计算综合评价总分，则只能用加权算术平均法。
8. 用指数法进行综合评价时，容易夸大个别指标的作用。

5.5.4 简答题

1. 计算综合指数时，选取同度量因素及固定其所属时间的依据是什么？
2. 某厂有熟练工和学徒工两类，熟练工的平均工资高于学徒工。假定今年与去年相比，全厂职工总数及两类工人的平均工资水平没有发生变化。试问全厂工人今年的总平均工资可能会发生什么变化？请说明其原因。

3. 试举出居民消费价格指数的三个主要作用。
4. 怎样理解狭义指数具有综合性和平均性的特点？
5. 综合评价的一般步骤有哪些？

5.5.5 计算题

1. 某企业生产三种产品，其销售量和价格资料如下表所示。

产品名称	计量单位	销售量		价格/万元	
		基期	报告期	基期	报告期
甲	台	200	215	25	20
乙	台	300	400	80	86
丙	套	480	550	60	54

试从相对数和绝对数两个方面对该企业销售总额变动进行因素分析。

2. 已知四种产品的生产费用及产量指数资料如下表所示。

商品种类	计量单位	基期生产费用/万元	报告期生产费用/万元	产量增减/%
甲	套	4 000	4 500	2.0
乙	件	300	280	−5.0
丙	台	2 000	2 200	0
丁	吨	3 000	3 500	3.0

根据上表资料从相对数和绝对数两方面分析计算四种产品生产费用的变动及其原因，并说明引起生产费用变动的主要原因是什么。

3. 某集团公司的三种商品的销售额及价格变动资料如下表所示。

种类	商品销售额/万元		价格上升/%
	第一季度	第二季度	
甲/套	100	150	1
乙/件	50	45	5
丙/块	500	510	−2

要求：从相对数和绝对数两方面分析公司销售总额变动的原因。

4. 某地区基期和报告期社会商品零售总额分别为 2 780 亿元和 2 825 亿元，报告期比基期商品零售数量平均上升了 10%，请问与基期相比，该地区在报告期：

(1) 因零售数量变化使社会商品零售总额增加多少亿元？

(2) 零售价格变动对消费者的支出额有何影响？

5. 某商品在两个市场销售资料如下表所示。

项目	一季度		二季度	
	单价/元	销售量/件	单价/元	销售量/件
甲	500	6 000	540	5 000
乙	520	4 000	480	10 000
合计	—	10 000	—	15 000

要求：试分析二季度与一季度相比，该商品总平均价格的变动及其原因。

6. 某企业按现行价格计算的总产值，基期为 2 800 万元，报告期为 2 940 万元，报告期的产量平均比基期下降 1%，同期，工人总平均劳动生产额由 18 000 元提高到 18 650 元，企业中由于熟练工人比重上升使工人总平均劳动生产率提高 2%。试计算：

(1) 工人劳动生产率指数。

(2) 产品价格指数。

(3) 工人人数指数。

(4) 说明工人劳动生产率提高的主要原因是什么。

7. 某公司共有三类投资，基期投资总额为 15 亿元，报告期投资总额为 20 亿元，各类别的投资比重和回报率的有关资料如下表所示。

投资类别	投资比重/%		投资回报率/%	
	基期	报告期	基期	报告期
甲	25	40	15	12
乙	70	55	10	8
丙	5	5	−11	−6

试对该公司投资回报率总水平的变动进行因素分析。

5.5.6 案例思考

哪一个企业的经济效益更好

为了评价某地区甲、乙两个工业企业的经济效益状况，作者在本案例中选择了六个指标构成评价指标体系（见下表）。其中既涉及生产环节，也涉及流通环节；既包括人力、财力利用的效益指标，也包括物耗方面的效益指标，不仅比较全面地反映了企业的经济效益状况，而且指标也比较精简、数据容易搜集。为了分析方便，反映流动资金周转速度的指标选择"年周转次数"而不用"周转天数"，反映物耗的指标选择"增加值率"而不用"中间投入率"。根据各评价指标的重要程度，并参考有关经济效益评价中的权数分配方案，确定了各评价指标的权数（见下表）。

评价某地区两工业企业经济效益的有关指标

比较标准及评价值			评价指标					
			资金利润率/%	全员劳动生产率/(元/人)	成本费用利润率/%	增加值率/%	流动资金周转率/(次/年)	工业产品销售率/%
权数/%		(1)	25	12	18	16	14	15
行业平均数		(2)	8.4	35 000	4.5	32	1.55	96
满意值		(3)	15	50 000	6.5	42	1.85	100
不允许值		(4)	5	25 000	0	28	1.0	80
最优值		(5)	16	60 000	9.5	43	1.95	100
实际值	甲企业	(6)	8.0	42 000	3.8	33	1.56	96
	乙企业	(7)	9.1	35 000	4.6	38	1.5	98

分析要求和思路提示如下。

(1) 目的：根据上表资料对甲、乙两个工业企业的经济效益状况进行比较分析。

(2) 确定评价方法：为了从多种不同角度进行比较分析，希望能试用多种方法进行评价，能用哪些方法？不能用哪些方法？说明你的理由。

(3) 所选指标是否需要进行同向化处理？说明你的理由。

(4) 由单项评价值计算综合评价值的合成方法是采用加权算术平均法还是几何平均法？说明你的理由。

统计量与抽样分布

6.1 本章学习目的要求

抽样分布是连接样本与总体的桥梁,是进行统计推断的前提,也是学习第 7 章和第 8 章的基础,在整个统计学框架中起着承前启后的作用。本章讲解了总体和样本的关系、样本统计量的定义和构造以及常用的样本统计量的分布。通过本章的学习,应理解总体和样本的概念及两者关系,理解样本的联合分布,掌握样本统计量的常用类型和判断标准,掌握几种常用的统计量分布的条件、构造方式及性质,能根据样本构造常用统计量并得出其分布。

1. 了解总体和样本的概念及其联系,理解由实物总体到总体分布的抽象过程,了解样本和总体的关系。
2. 理解样本的性质,理解样本的二重性、样本点与总体同分布及样本点间独立的原因。
3. 理解样本统计量的概念,熟练掌握判断统计量的标准,能识别和构造样本统计量。
4. 掌握常用的统计量,掌握一些重要统计量,如样本均值的分布。
5. 理解抽样分布的定义,熟练掌握几种常用的抽样分布:正态分布、

χ^2 分布、t 分布和 F 分布，包括每种分布的样本条件、分布的性质、构造公式以及适用的统计量。熟练掌握每种分布的分位数求解方法和 Excel 操作。

6.2 基本知识梳理

基本知识点	含义或公式
总体概念	所研究事物的全体（实物总体），事物全体在某个特征上的取值的全体（标志取值）
总体的分布	在数值总体的基础上，进一步统计所关注标志（变量）所有可能的取值及其概率，称为总体的分布。一个总体对应一个分布，一个分布对应一个随机变量，从而一个总体就对应一个随机变量
样本的概念与样本的二重性	按照随机原则从总体中抽出的 n 个个体组成一个容量为 n 的样本。样本的二重性是指，抽取前，由于总体中每个个体都有被抽中的可能，因此样本是一组随机变量 $(X_1, X_2, \cdots, X_n)$；抽取后得到的观测值 $(x_1, x_2, \cdots, x_n)$ 则是一组确定的数值，不具有随机性
简单随机样本的性质	简单随机样本具有"独立同分布"的基本性质 （1）样本点之间是相互独立的 （2）样本点和总体具有相同的分布
*样本的联合分布函数及似然函数	*根据样本的性质，样本的联合分布函数可以写为 $$f(x_1, \cdots, x_n; \theta) = \prod_{i=1}^{n} f(x_i; \theta)$$ 似然函数有相同形式，两者区别主要是样本联合分布函数是样本函数，而似然函数是总体参数的函数
样本统计量	假设 $T = T(X_1, X_2, \cdots, X_n)$ 是样本 $(X_1, \cdots, X_n)$ 的函数，并且 T 中不含任何未知参数，则称 $T(X_1, X_2, \cdots, X_n)$ 为一个样本统计量
判断统计量的标准	判断统计量的标准主要有两条： （1）样本的函数 （2）不含未知的总体参数
常用的统计量的类型	常用的统计量主要有以下类型： （1）样本均值和样本方差 （2）样本矩 （3）样本相关系数 （4）样本的顺序统计量及由其构造的统计量
抽样分布的定义	样本统计量的分布称为抽样分布，常用的抽样分布有 χ^2 分布、t 分布、F 分布
χ^2 分布的构造条件	（1）$X_1, \cdots, X_n$ 是独立的 （2）满足标准正态分布 （3）构造方式是平方求和
χ^2 分布的性质	均值和方差：若 $X \sim \chi^2(n)$，则 $E(X) = n, D(X) = 2n$ 图像：随自由度的增加，趋近正态分布，极限分布是正态分布 可加性：①两个随机变量独立；②每个随机变量都服从 χ^2 分布；③随机变量的和满足 χ^2 分布，其自由度为两个随机变量自由度之和
χ^2 分布的自由度	自由度也可粗略地解释为可以自由选择数值的变量个数，即变量的总个数减去线性约束的个数

(续)

基本知识点	含义或公式
t 分布的构造条件	(1) X,Y 相互独立 (2) X 满足标准正态分布，Y 满足自由度为 n 的 χ^2 分布 (3) $t=\dfrac{X}{\sqrt{Y/n}}$ 即服从自由度为 n 的 t 分布
t 分布的性质	均值和方差：若 $X\sim t(n)$，则 $E(X)=0$，$D(X)=n/(n-2)$。自由度为 1 的 t 分布即柯西分布，无均值也无方差，自由度 $\leqslant 2$ 时，t 分布的方差不存在 自由度：t 分布的自由度是由 χ^2 分布随机变量的自由度而来
F 分布的构造条件	(1) X,Y 相互独立 (2) X 满足自由度为 n_1 的 χ^2 分布，Y 满足自由度为 n_2 的 χ^2 分布 (3) $F=\dfrac{X/n_1}{Y/n_2}$ 即服从第一自由度为 n_1，第二自由度为 n_2 的 F 分布
F 分布的性质	均值和方差： 若 F 服从第一自由度为 n_1，第二自由度为 n_2 的 F 分布，则 $1/F$ 服从第一自由度为 n_2，第二自由度为 n_1 的 F 分布
抽样分布重要定理	掌握已知总体方差和未知总体方差两种条件下样本均值抽样分布的构造 掌握样本方差的抽样分布构造 掌握两总体均值比较、方差比较的抽样分布构造

6.3 重点难点点拨

6.3.1 理解总体概念

在第 2 章中已经讲到总体就是具有某种相同的性质，要研究对象的全体。在本章中，将对总体的概念进行进一步的拓展和抽象，第 1 章讲的对象全体往往是事物，我们称为实物总体，但是在研究中，往往并不是直接对事物进行研究，而是关心事物在某方面的特性，因此将事物在该特性上的表现用数值表示，此时一个事物对应一个数值，事物的全体转化为数值的全体，称为数值总体；数值总体是一些数的集合，但是其中有些数会重复出现，表示不同的事物在特性上的表现相同，此时，统计事物在特性上不同的取值和每个取值重复的概率，称为分布总体。分布总体对应一个分布，从而对应一个随机变量，因而在推断统计中，给出一个总体往往就是给出一个随机变量或者一个分布。

6.3.2 理解样本的随机性

理解样本的随机性包含两个方面：第一，为什么样本是随机变量，这里的关键是区分样本和样本观测值；第二，为什么样本是独立的，且与总体同分布。

为什么样本是随机变量？因为样本是根据随机原则从总体单位中抽取的。所谓"随机原则"，是指每一个总体单位都有同等被抽中的可能，因此，在抽取样本之前，并不确定会抽到哪一个总体单位，所以样本是随机的。一旦实施抽样，即选中一个总体单位记录其取值，此时并不是说样本就变得确定了，而是样本进行了一次实现，有了一个观测值；如果重新选取并不一定会选中相同的总体单位，因此取值可能也不同，同一样本的两次观测值可能是不同的。因此，样本是随机的，样本观测值是确定的，样本观测值是样本的一次实现。通常用大写字母 X_i 表示样本，用小写字母 x_i 表示样本观测值。

为什么样本是独立的，且与总体同分布？如果抽样采用重复抽样，或总体是无限总体时，前一次抽样的结果不会影响到下一次抽样的结果，此时样本的取值是独立的；而在统计推断中，基本都假设总体是无限总体，因此样本是独立的。样本与总体同分布也来自"随机原则"，因为每一个总体单位被抽中的可能性是相同的，总体 X 取值 k 的概率 $P(X=k)$ 正好等于所有取值 k 的总体单位在全部总体单位中的比例，因此，按照随机原则，样本取值为 k 的概率也为所有取值 k 的总体单位在全部单位中的比例，所以样本和总体同分布。

6.3.3 了解统计量的类型

统计量首先是样本的函数，如果本身不是样本的函数，那肯定就不是统计量了。看一个样本的函数是不是统计量，关键看它是否含有未知的总体参数，如果含有未知的总体参数就不是统计量，如果含有已知的总体参数或者不含有总体参数的样本函数就是统计量。根据样本函数的不同形式，统计量大体可分为以下几种。

（1）矩统计量：按照样本原点矩或中心矩形式构造的统计量。样本均值和样本方差都属于矩统计量，样本偏度、峰度也属于矩统计量。

（2）顺序统计量：将样本排序以后形成的统计量。例如，样本最小值 $X_{\min}$、样本最大值 $X_{\max}$ 都属于顺序统计量。

（3）分位数统计量：p 分位数统计量的性质为始终有 p 比例的样本会小于该统计量，中位数、下四分位数都属于分位数统计量，对应的比例 p 分别为 50%、25%。

6.3.4 了解统计量三种常用分布的作用

（1）χ^2 分布主要用于对总体方差的推断。另外，χ^2 分布还可以用于推断总体的独立性。

（2）t 分布主要用于对总体均值的推断，既可以推断单总体样本的均值，也可以推断双总体的均值差。

（3）F 分布主要用于对两个总体的方差进行比较，另外还用于方差分析和回归分析的方程显著性检验，见后面相关内容。

6.3.5 掌握抽样分布定理的应用

（1）抽样分布定理 6-1 是后面抽样分布定理的基础，由于超出本书范围，故没有给出证明，有兴趣的同学请参考有关数理统计的文献，但是一定要牢记结论。

（2）定理 6-1 的结论①用于检验单总体的均值（总体方差已知），结论②用于检验单总体方差。

（3）定理 6-2 用于检验单总体的均值（总体方差未知），定理 6-3 用于检验两总体的均值差，定理 6-4 用于检验两总体的方差是否相等。

6.3.6 求某分布的上 α 分位数的 Excel 操作

建立一张 Excel 工作表→选择"粘贴函数"→选择"统计函数"→"CHISQ.INV.RT"（"T.INV.RT""F.INV.RT"）对应 χ^2 分布（t 分布、F 分布）→在弹出的对话框中填写显著水平、自由度等信息，需注意 t 分布函数是双尾，如果是查单尾上 α 分位数需要在填写概率时填写 2α。

6.4 范例解析

6.4.1 单项选择题解析

例 1： 某烟草公司调查居民的吸烟情况，假设以数字 0 代表居民不吸烟，1 代表居民吸烟，这里的分布总体是（　　）。

A. 所有居民　　　　　　　　B. 所有吸烟的居民
C. 许多 0 或 1 的取值　　　　D. $P(X=1)=0.4$

解析： 例 1 涉及两个知识点。①实物总体、数值总体和分布总体的区分，上述答案中 A 是实物总体、C 是数值总体。②分布总体的表示方法：分布总体用随机变量表示，给出分布总体时要么给出分布律，要么给出分布密度函数，因此，正确答案是 D。

例 2： 假设总体服从指数分布 $X \sim e(\lambda)$，从中抽取容量为 4 的样本，样本观测值为 1.2，0.8，2.3，0.9，则以下是似然函数的是（　　）。

A. $L(x_1, \cdots, x_4; \lambda) = \prod f(x_i; \lambda)$

B. $L(x_1, \cdots, x_4; \lambda) = \lambda^4 \exp\left\{-\lambda \sum_{i=1}^{4} x_i\right\}$

C. $L(x_1, \cdots, x_4; \lambda) = \lambda^4 \exp\{-5.2\lambda\}$

D. 无法确定

解析： 例 2 涉及似然函数的知识点，似然函数就是样本联合分布律或样本联合密度函数中将变量对应取样本观测值。本题中告诉了样本观测值的具体数值，因此将观测值代入样本联合密度函数中计算得到选项 C 为正确答案。其他选项 A 为似然函数一般定义，B 为指数分布在观测值未给定时的似然函数，都不如 C 选项符合题意，因此最佳选项为 C。

6.4.2 多项选择题解析

例1： 假设用 X 表示总体，用 $X_1,\cdots,X_n$ 表示从总体中抽出的样本，用 $x_1,\cdots,x_n$ 表示样本观测值，总体的均值 μ 和标准差 σ 都是未知的，以下是统计量的是（   ）。

A. X_1 B. $\overline{X}$

C. $\sum_{i=1}^{n}(X_i-\mu)^2$ D. $\sum_{i=1}^{n}X_i^2+X+5$

E. $x_{\max}$

解析： 该题涉及几个知识点。①样本统计量必须是样本函数，从而可以排除 D。②样本统计量必须不含未知的总体参数，根据条件 μ 未知，从而可以排除 C。③样本的函数可以是所有样本点的函数，也可以是部分样本点的函数，但是不是样本观测值的函数，从而 A 是正确的，而 E 是错误的。④显而易见，正确答案应该是 A、B。

例2： 关于样本的叙述中，正确的是（   ）。

A. 样本是从总体中按随机原则抽取的

B. 样本是相互独立的

C. 样本点和总体具有相同的分布

D. 样本是随机变化的

E. 样本观测值是确定的常数

解析： 例2涉及样本的概念和样本的性质。样本是从总体中按照随机原则抽取的部分个体，因此 A 是正确的；样本具有二重性，样本是随机变量，样本观测值是确定常数，因此 D、E 正确；样本间相互独立，样本点和总体同分布也是样本的两个性质，因此 B、C 也正确。综上所述，正确答案为 A、B、C、D、E。需要注意的是，B 选项其实是"样本点之间相互独立"性质的缩写，而 C 选项也可以缩写为"样本与总体同分布"，以上这两种性质缩写方式都是正确的。

6.4.3 判断分析题解析

例： 根据标准正态总体的样本 $X_1,\cdots,X_n$，只能构造一个服从 χ^2 分布的统计量。

解析： 错误，该题主要考查大家对 χ^2 分布统计量的理解和灵活掌握程度。根据抽样分布定理，$\sum_{i=1}^{n}(X_i-\overline{X})^2/\sigma^2 \sim \chi^2(n-1)$。由于 $X \sim N(0,1)$，所以有 $\sum_{i=1}^{n}(X_i-\overline{X})^2 \sim \chi^2(n-1)$，这是大家最熟悉的，但是根据样本，我们还可以构造很多服从 χ^2 分布的统计量，例如，$X_1^2 \sim \chi^2(1)$、$X_1^2+X_2^2 \sim \chi^2(2)$ 等，因此上述叙述是错误的。

6.4.4 简答题解析

例：简述 t 分布和 F 分布的关系。

解析：该题主要考查同学们对 t 分布的构造、χ^2 分布的构造和 F 分布构造的理解与掌握程度，均可按如下要点回答。

因为 t 分布构造形式为 $t = \dfrac{X}{\sqrt{Y/n}}$，其中 $X \sim N(0,1)$，$Y \sim \chi^2(n)$，X、Y 相互独立，从而可得 $X^2 \sim \chi^2(1)$，而 $Y \sim \chi^2(n)$，两者独立，联想到 F 分布的构造

$$F = \frac{X/1}{Y/n} \sim F(1,n)$$

而上式刚好等于 t^2，因此可得到两者关系，如果 $t \sim t(n)$，则 $t^2 \sim F(1,n)$。

6.4.5 计算题解析

例：设一个总体 $X \sim N(\mu_1, \sigma^2)$，另一个总体 $Y \sim N(\mu_2, \sigma^2)$，从第一个总体中抽取容量为 m 的样本，从第二个总体中抽取容量为 n 的样本，两个总体是独立的，用 $\overline{X}, S_1^2$，$\overline{Y}, S_2^2$ 分别表示两个样本的均值和方差，α, β 是两个固定常数，试求

$$\frac{\alpha(\overline{X}-\mu_1) + \beta(\overline{Y}-\mu_2)}{\sqrt{\dfrac{(m-1)S_1^2 + (n-1)S_2^2}{m+n-2}} \sqrt{\dfrac{\alpha^2}{m} + \dfrac{\beta^2}{n}}}$$

的抽样分布。

该题主要考查学生对标准正态分布的构造、χ^2 分布的构造及可加性，以及 t 分布构造等知识点的掌握情况，相关解答如下。

解析：首先，构造标准正态分布随机变量，由于

$$\alpha(\overline{X} - \mu_1) \sim N\left(0, \frac{\alpha^2 \sigma^2}{m}\right), \quad \beta(\overline{Y} - \mu_2) \sim N\left(0, \frac{\beta^2 \sigma^2}{n}\right)$$

并且两样本均值相互独立，从而有

$$\alpha(\overline{X} - \mu_1) + \beta(\overline{Y} - \mu_2) \sim N\left(0, \sigma^2\left(\frac{\alpha^2}{m} + \frac{\beta^2}{n}\right)\right)$$

因此，可得

$$Z_1 = \frac{\alpha(\overline{X} - \mu_1) + \beta(\overline{Y} - \mu_2)}{\sigma\sqrt{\dfrac{\alpha^2}{m} + \dfrac{\beta^2}{n}}} \sim N(0,1)$$

其次，构造 χ^2 分布随机变量，由于

$$\frac{(m-1)S_1^2}{\sigma^2} \sim \chi^2(m-1), \quad \frac{(n-1)S_2^2}{\sigma^2} \sim \chi^2(n-1)$$

并且两样本方差独立，利用 χ^2 分布随机变量的可加性，得到

$$Z_2 = \frac{(m-1)S_1^2 + (n-1)S_2^2}{\sigma^2} \sim \chi^2(m+n-2)$$

最后，利用标准正态分布随机变量和 χ^2 分布随机变量构造 t 分布。

由于 $Z_1 \sim N(0,1)$，$Z_2 \sim \chi^2(m+n-2)$ 并且两者独立，由 t 分布构造可得

$$\frac{Z_1}{\sqrt{Z_2/(m+n-2)}} = \frac{\alpha(\overline{X}-\mu_1) + \beta(\overline{Y}-\mu_2)}{\sqrt{\frac{(m-1)S_1^2+(n-1)S_2^2}{m+n-2}}\sqrt{\frac{\alpha^2}{m}+\frac{\beta^2}{n}}} \sim t(m+n-2)$$

6.5 练习与实践

6.5.1 单项选择题

1. 某产品出厂检验规定：次品率 p 不超过 4% 才能出厂。现从一批产品中抽取 12 件产品进行检查，本题中，实物总体是（   ）。

   A. 这批产品　　　　　　　　　　B. 产品中的次品

   C. 产品中的合格品　　　　　　　D. 以上都不对

2. 在第 1 题中，假设取值为 1 代表次品，取值为 0 代表合格品，则数值总体是（   ）。

   A. 0　　　　　　　　　　　　　B. 1

   C. 0 和 1　　　　　　　　　　　D. 许多 0 和 1 取值的总体

3. 在第 1 题中，记这批产品中总体次品率为 P，样本为 $X_1,\cdots,X_{12}$，样本次品率的统计量为（   ）。

   A. p　　　　　　　　　　　　　B. P

   C. $\frac{1}{12}\sum_{i=1}^{12} X_i$　　　　　　　　　　D. $1 - \frac{1}{12}\sum_{i=1}^{12} X_i$

4. 某厂生产的螺钉的标准长度为 6.8 毫米，而其真实的长度 $X \sim N(\mu, 0.36)$，从上述叙述中，我们可以得出（   ）。

   A. 总体为 $X \sim N(6.8, 0.36)$　　B. 实物总体是螺钉的长度

   C. 总体分布的均值未知　　　　　D. 以上都不对

5. 在第 4 题中，假设总体均值就是标准长度，从生产的螺钉中抽取了 1 个螺钉作为样本，其长度为 6.7 毫米，则该样本 X_1 的分布是（   ）。

   A. $P(X_1 = 6.7) = 1$　　　　　　B. $N(6.8, 0.36)$

   C. $N(6.7, 0.36)$　　　　　　　　D. $U(6.7, 6.8)$

6. 在第 5 题中，样本观测值 x_1 的分布是（　　）。

   A. $P(x_1 = 6.7) = 1$　　　　　　　　B. $N(6.8, 0.36)$

   C. $N(6.7, 0.36)$　　　　　　　　　D. $U(6.7, 6.8)$

7. 在一次抽样中，样本观测值是（　　）。

   A. 随机变量，且与样本同分布　　　　B. 随机变量，且与总体同分布

   C. 随机变量，分布未知　　　　　　　D. 确定性的值，无随机性

8. 样本和样本观测值的关系是（　　）。

   A. 两者都是随机变量，分布相同　　　B. 两者都是随机变量，但分布不同

   C. 样本观测值是样本的一次实现　　　D. 样本只能取样本观测值

9. 假设总体 X 服从 0-1 两点分布，且 $P(X=1)=\theta$，从总体中抽取 n 个样本，样本的联合分布为（　　）。

   A. $P(X_i = 1) = \theta$　　　　　　　B. $P(X_i = 1) = \theta, P(X_i = 0) = 1 - \theta$

   C. $\theta^{\sum\limits_{i=1}^{n} x_i}(1-\theta)^{n-\sum\limits_{i=1}^{n} x_i}$　　　　D. $\prod\limits_{i=1}^{n} \theta(1-\theta)$

10. 假设总体服从参数 λ 的泊松分布，从总体中抽取 n 个样本，样本的联合分布为（　　）。

    A. $\dfrac{\lambda^{\sum\limits_{i=1}^{n} x_i}}{\prod\limits_{i=1}^{n} x_i!} e^{-n\lambda}, x_i = 0, 1, \cdots$　　　B. $\lambda^{\sum\limits_{i=1}^{n} x_i}(1-\lambda)^{n-\sum\limits_{i=1}^{n} x_i}$

    C. $\dfrac{\lambda^{x_i}}{x_i!} e^{-\lambda x_i}, x_i = 0, 1, \cdots$　　　　　D. 以上都不对

11. 以下统计量是矩统计量的是（　　）。

    A. 样本中位数　　　　　　　　　　　B. 总体中位数

    C. 样本偏度　　　　　　　　　　　　D. 样本众数

12. 以下不是统计量的是（　　）。

    A. 样本均值　　　　　　　　　　　　B. 样本方差

    C. 样本极差　　　　　　　　　　　　D. 样本量

13. 以下统计量是利用样本顺序统计量构造的是（　　）。

    A. 样本均值　　　　　　　　　　　　B. 样本方差

    C. 样本峰度　　　　　　　　　　　　D. 样本四分位差

14. 假设总体 X 服从 $N(0,4)$，从总体中抽取容量为 n 的样本，则统计量 $T = (X_1 + X_n)/3$ 的抽样分布为（　　）。

    A. $N(0, 4)$　　　　　　　　　　　　B. $N(0, 8)$

    C. $N(0, 8/3)$　　　　　　　　　　　D. $N(0, 8/9)$

15. 假设总体 $X \sim N(0,1)$，从总体中抽取 n 个样本，下列统计量中不服从 χ^2 分布的是（　　）。

   A. $\sum_{i=1}^{n} X_i^2$　　　　　　　　　　　B. $X_1^2 + X_2^2$

   C. $(X_1 + X_2)^2 + (X_3 + X_4)^2$　　　　D. $\dfrac{(X_1 + X_2)^2}{2}$

16. 假设总体 $X \sim N(\mu, 4)$，从总体中抽取 n 个样本，下列统计量服从 χ^2 分布的是（　　）。

   A. $\sum_{i=1}^{n} (X_i - \mu)^2$　　　　　　B. $\dfrac{1}{4} \sum_{i=1}^{n} (X_i - \mu)^2$

   C. $\sum_{i=1}^{n} X_i^2$　　　　　　　　　D. $\sum_{i=1}^{n} (X_i - \overline{X})^2$

17. 假设总体 X 服从自由度为 3 的 χ^2 分布，从总体中抽取 n 个样本，下列统计量服从自由度为 9 的 χ^2 分布的是（　　）。

   A. $(X_1 + X_2)^2 + (X_3 + X_4)^2$　　　　B. $X_1^2 + X_2^2 + X_3^2$

   C. $X_1 + X_2 + X_3$　　　　　　　　　D. $(X_1 + X_2 + X_3)^2$

18. 比较标准正态分布和自由度为 5 的 t 分布的 0.05 分位数 $Z_{0.05}$ 和 $t_{0.05}(5)$，可以得到（　　）。

   A. $Z_{0.05} < t_{0.05}(5)$　　　　　　　　B. $Z_{0.05} > t_{0.05}(5)$

   C. $Z_{0.05} = t_{0.05}(5)$　　　　　　　　D. 不能比较

19. 随着 t 分布自由度的增加，对 t 分布性质的叙述中正确的是（　　）。

   A. 均值减小　　　　　　　　　　　　B. 方差减小

   C. 图像顶部越来越平，尾部逐渐抬高　　D. 峰度会大于标准正态分布

20. 假设独立总体 X 和 Y 都服从标准正态分布，从两个总体中分别抽取 10 个和 15 个样本，则下列说法中正确的是（　　）。

   A. $\sum_{i=1}^{10} (X_i + Y_i)^2$ 服从自由度为 10 的 χ^2 分布

   B. $\sum_{i=1}^{15} X_i^2$ 服从自由度为 14 的 χ^2 分布

   C. $\sum_{i=1}^{15} X_i^2 \Big/ \sum_{i=1}^{10} Y_i^2$ 服从自由度为 15 和 10 的 F 分布

   D. $2 \sum_{i=1}^{15} Y_i^2 \Big/ \left(3 \sum_{i=1}^{10} X_i^2\right)$ 服从自由度为 15 和 10 的 F 分布

21. 假设总体 X 服从自由度为 3 和 5 的 F 分布，则由 F 分布的性质可知，$1/X$ 的第二自由度为（　　）。

A. 5 　　　　　　　　　　　　B. 3
C. 8 　　　　　　　　　　　　D. 2

22. 已知 $F_{0.05}(20,15)=2.328$，则 $F_{0.95}(15,20)=(\qquad)$。
   A. 2.328 　　　　　　　　　B. 0.4295
   C. 1.645 　　　　　　　　　D. 1.96

23. 根据抽样分布的重要定理，以下结论错误的是（　　）。
   A. $\overline{X}$ 服从正态分布
   B. $\sum_{i=1}^{n}(X_i-\overline{X})^2$ 服从自由度为 $(n-1)$ 的 χ^2 分布
   C. $t=\dfrac{\overline{X}-\mu}{S/\sqrt{n}} \sim t(n-1)$
   D. $F=\dfrac{S_1^2/\sigma_1^2}{S_2^2/\sigma_2^2} \sim F(n_1-1, n_2-1)$

24. 对于正态总体，关于样本均值 $\overline{X}$ 和样本方差 S^2，以下说法中正确的是（　　）。
   A. $\overline{X}$ 的分布可能是正态分布，也可能是 t 分布
   B. S^2 服从自由度为 $n-1$ 的 χ^2 分布
   C. $\overline{X}$ 和 S^2 相互独立
   D. $\overline{X}/S$ 服从 t 分布

25. 关于总体方差 σ^2，以下说法中正确的是（　　）。
   A. 是随机变量　　　　　　　B. 可以通过样本方差进行推断
   C. 服从 χ^2 分布　　　　　D. 以上说法都不对

26. 已知 $Y \sim \chi^2(k)$，$Y_1, Y_2, \cdots, Y_n$ 是来自该总体的简单随机样本，下列表述中正确的是（　　）。
   A. $(Y_1^2+Y_2^2) \sim \chi^2(2)$ 　　　　　B. $(Y_1+Y_2) \sim \chi^2(2k)$
   C. $2Y_1^2/(Y_2^2+Y_3^2) \sim F(1,2)$ 　　D. $(Y_1^2+Y_2^2)/2Y_3^2 \sim F(2,1)$

27. 设 $X_1, X_2, \cdots, X_8$ 和 $Y_1, Y_2, \cdots, Y_{10}$ 是分别来自两个正态总体 $N(1,4)$ 和 $N(2,5)$ 的样本，且相互独立，S_1^2, S_2^2 分别为两个样本的样本方差，则服从 $F(7,9)$ 的统计量是（　　）。
   A. $\dfrac{2S_1^2}{S_2^2}$ 　　　　　　　　　B. $\dfrac{5S_1^2}{4S_2^2}$
   C. $\dfrac{4S_1^2}{5S_2^2}$ 　　　　　　　　　D. $\dfrac{5S_1^2}{2S_2^2}$

28. 从一个均值 $\mu=10$、标准差 $\sigma=0.6$ 的总体中随机选取容量 $n=36$ 的样本。假定该总

体并不是很偏,则样本均值 $\overline{X}$ 小于 9.9 的近似概率为（　　）。

　　A. 0.158 7　　　　　　　　　　B. 0.126 8
　　C. 0.273 5　　　　　　　　　　D. 0.632 4

29. 一个总体的均值为 50,标准差为 8,从此总体中随机抽取容量为 64 的样本,则样本均值的抽样分布的均值和标准差分别为（　　）。

　　A. 50,8　　　　　　　　　　　B. 50,1
　　C. 50,4　　　　　　　　　　　D. 8,8

30. 根据抽样分布定理,对两个独立正态总体的方差比进行统计推断依据的分布是（　　）。

　　A. 正态分布　　　　　　　　　　B. t 分布
　　C. χ^2 分布　　　　　　　　　　D. F 分布

6.5.2 多项选择题

1. 关于样本的叙述中,正确的是（　　）。

　　A. 样本是从总体中按随机原则抽取的　　B. 样本是相互独立的
　　C. 样本和总体具有相同的分布　　　　　D. 样本是随机变化的
　　E. 样本观测值是确定的常数

2. 假设 $X_1,\cdots,X_n$ 表示从总体 X 中抽出的样本,$x_1,\cdots,x_n$ 表示样本观测值,总体的均值 μ 和标准差 σ 都是未知的,以下是统计量的有（　　）。

　　A. X_1　　　　　　　　　　　　B. $\overline{X}$
　　C. $\sum_{i=1}^{n}(X_i-\mu)^2$　　　　　　　　　D. $\sum_{i=1}^{n}X_i^2+5$
　　E. $x_{\max}$

3. 以下统计量中,属于矩统计量的有（　　）。

　　A. 样本均值　　　　　　　　　　B. 样本方差
　　C. 样本中位数　　　　　　　　　D. 样本偏度
　　E. 极差

4. 假设总体 X 是标准正态分布,$X_1,\cdots,X_n$ 表示从总体中抽出的样本,以下统计量中,服从自由度为 1 的 χ^2 分布的有（　　）。

　　A. X_1^2　　　　　　　　　　　B. $\dfrac{(X_1+X_2)^2}{2}$
　　C. $\dfrac{\left(\sum\limits_{i=1}^{n}X_i\right)^2}{n}$　　　　　　　　　D. $X_1^2+\dfrac{(X_2+X_3)^2}{2}$
　　E. $\sum\limits_{i=1}^{n}X_i^2$

5. 假设总体 X 是标准正态分布，用 $X_1,\cdots,X_{n+1}$ 表示从总体中抽出的样本，以下统计量中，服从自由度为 1 的 t 分布的有（   ）。

   A. $\dfrac{X_1}{|X_2|}$

   B. $\dfrac{X_1+X_n}{\sqrt{2}\,X_1}$

   C. $\dfrac{X_1+X_2+X_3}{\sqrt{3}\,|X_4|}$

   D. $\dfrac{\sum_{i=1}^{n}X_i}{\sqrt{n}\,|X_{n+1}|}$

   E. $\dfrac{X_2}{\sqrt{\dfrac{X_1^2+X_3^2}{2}}}$

6. 假设独立总体 X、Y 是标准正态分布，用 $X_1,\cdots,X_n$，$Y_1,\cdots,Y_m$ 表示从总体中抽出的两个样本。以下统计量中，服从 F 分布的有（   ）。

   A. X_1^2/Y_1^2

   B. $\dfrac{X_1^2+Y_1^2}{X_1^2}$

   C. $\dfrac{X_1^2+Y_1^2}{2X_1^2}$

   D. $\dfrac{\sum_{i=1}^{n}X_i^2}{nY_n^2}$

   E. $\dfrac{(n-1)X_1^2}{\sum_{i=2}^{n}X_i^2}$

7. 关于正态总体的抽样分布定理和统计量，以下说法中正确的是（   ）。

   A. 样本均值的分布是正态分布

   B. 当总体方差未知时，不能用正态分布对总体均值进行推断

   C. 当两个总体方差已知时，应该用 t 分布统计量对均值的差异进行推断

   D. 当两个独立总体方差未知且相等时，可以用 t 分布统计量对均值差异进行推断

   E. 可以用 F 分布统计量对两个独立总体的方差是否相等进行推断

8. 关于抽样分布，以下说法中正确的有（   ）。

   A. 抽样分布就是样本统计量的分布

   B. 即使是同一总体，由于统计量的构造不同，得到的抽样分布也不相同

   C. 抽样分布是利用统计量对总体性质进行推断的理论基础

   D. 在正态总体统计推断中，常用的抽样分布只有 χ^2 分布、t 分布、F 分布

   E. 有时无法得到抽样分布的显示密度函数

9. 关于统计学常用抽样分布的判断中，正确的是（   ）。

   A. 若 $F\sim F(n_1,n_2)$，则 $\dfrac{1}{F}\sim F(n_2,n_1)$

B. 若 $T\sim t(n)$，则 $T^2\sim F(1,n)$

C. 若 $X\sim N(0,1)$，则 $X^2\sim \chi^2(1)$

D. 在正态总体下，$\dfrac{\sum_{i=1}^{n}(X_i-\mu)^2}{\sigma^2}\sim \chi^2(n-1)$

E. 若 $X\sim N(\mu,\sigma^2)$，$\dfrac{\overline{X}-\mu}{S/\sqrt{n}}\sim t(n-1)$

10. $X_1,X_2,\cdots,X_n(n\geqslant 2)$ 为来自 $N(0,1)$ 的简单随机样本，则下列选项中正确的是（　　）。

    A. $\sqrt{n}\overline{X}\sim N(0,1)$　　　　　　B. $nS^2\sim \chi^2(n)$

    C. $n\overline{X}^2\sim \chi^2(n)$　　　　　　D. $\dfrac{\sqrt{n}\overline{X}}{S}\sim t(n-1)$

    E. $\dfrac{(n-1)X_1^2}{\sum_{i=2}^{n}X_i^2}\sim F(1,n-1)$

6.5.3　判断分析题

1. 在统计推断中，一维总体可以用一个随机变量来表示。
2. 样本是从总体中随机抽取的，但样本观测值是确定的，不具有随机性。
3. 样本是相互独立的，并且和总体具有同一分布。
4. 统计量可以含有已知的总体参数。
5. 统计量和总体具有同一分布。
6. 标准正态随机变量的平方和服从 χ^2 分布。
7. 标准正态总体样本平方和服从 χ^2 分布。
8. 标准正态随机变量和 χ^2 随机变量的商服从 t 分布。
9. 因为 χ^2 分布具有可加性，所以 t 分布也具有可加性。
10. F 分布随机变量的倒数仍服从 F 分布。
11. t 分布、χ^2 分布和 F 分布都是对称分布。
12. 某总体服从均值为 100、标准差为 16 的正态分布。从该总体中抽取容量为 64 的样本，则样本均值的标准差为 2。

6.5.4　简答题

1. 总体和样本的关系是什么？
2. 简述统计量的判断标准。

3. 抽样分布的功能是什么（即为什么要研究抽样分布）？

4. 标准正态分布和 χ^2 分布、t 分布、F 分布的关系是什么？

5. $F(n_1,n_2)$ 和 $F(n_2,n_1)$ 有什么关系？

6. 样本均值 $\overline{X}$ 和样本方差 S^2 独立这个结论有什么用？

6.5.5 计算题

1. 设总体 $X \sim U(a,b)$，$(X_1,\cdots,X_n)$ 是来自该总体的一个样本，试写出 $(X_1,\cdots,X_n)$ 的联合密度函数。

2. 假设 $(X_1,\cdots,X_n)$ 是来自总体的一个样本，当总体服从以下分布时，求出样本均值 $\overline{X}$ 的抽样分布：（1）$X \sim P(\lambda)$；（2）$X \sim \chi^2(m)$。

3. 查表计算下列上侧分位数：（1）$t_{0.99}(5)$，$t_{0.05}(5)$；（2）$\chi^2_{0.975}(10)$，$\chi^2_{0.005}(10)$；（3）$F_{0.975}(12,10)$。

4. 在总体 $N(12,4)$ 中随机抽取一个容量为 25 的样本，求样本均值落入 8.8～13.2 的概率。

5. 分别从方差为 20 和 35 的两个正态总体中抽取容量为 8 和 9 的两个独立样本，$(X_1,\cdots,X_8)$，$(Y_1,\cdots,Y_9)$，试估计 $P(S_x^2 \geq 2S_y^2)$。

6. 设 $(X_1,\cdots,X_n,X_{n+1},\cdots,X_{n+m})$ 是来自正态总体 $N(0,\sigma^2)$ 的样本，试求下列统计量的分布：

(1) $Y = \dfrac{\sqrt{m}\sum\limits_{i=1}^{n} X_i}{\sqrt{n}\sqrt{\sum\limits_{i=n+1}^{n+m} X_i^2}}$；

(2) $Y = \dfrac{m\sum\limits_{i=1}^{n} X_i^2}{n\sum\limits_{i=n+1}^{n+m} X_i^2}$。

参数估计

7.1 本章学习目的要求

本章的主要内容包括三个方面：抽样估计的基本概念、抽样误差的计算以及参数估计。参数估计是统计推断的主要内容之一。本章的学习也是正确理解和应用其他统计推断方法的基础。本章的学习目的要求如下。

1. 理解有关抽样的基本理论问题，了解抽样设计的基本内容，理解设置抽样框的基本要求，理解抽样误差的概念，掌握不同组织方式的抽样误差计算方法。
2. 理解估计量与估计值的概念。了解衡量估计量好坏的标准；理解点估计的优缺点；熟练掌握总体均值、成数、方差、标准差等参数常用的估计量。
3. 掌握点估计的两种方法，理解极大似然估计的基本思想，能够用点估计评判标准选择估计量。
4. 理解置信区间和置信水平的概念。掌握常用的总体均值、方差以及总体成数的区间估计方法及其应用。

5. 理解样本量与抽样误差及置信区间的关系，能够根据估计误差和置信水平的要求计算所需样本量。
6. 能够利用 Excel 或其他软件实现以上计算，并能正确解释计算结果的实际意义。

7.2 基本知识梳理

基本知识点	含义或公式
样本量	样本所包含的个体数目 n
总体参数（总体指标）	反映总体数量特征的指标，是抽样推断中未知的、待推断的对象
估计量	用于估计总体参数的统计量
抽样误差	由于抽样的随机性而产生的估计量与被估计参数（或样本指标与相应总体指标）之间的代表性误差
抽样平均误差	（无偏）估计量的标准差，用以衡量所有可能样本抽样误差的平均程度；估计量的方差称为抽样方差
抽样极限误差（误差范围）Δ	一定概率（置信水平）下抽样误差的可能范围，也称允许误差
矩估计	用样本矩替代总体矩，通过求解 $u_k(\theta_1,\cdots,\theta_m)=U_k(X_1,\cdots,X_n), k=1,\cdots,m$，得到未知参数的矩估计。样本均值和样本方差是总体均值和方差的矩估计量
极大似然估计	通过似然函数最大化来得到总体参数的估计量，建立在概率最大化的思想基础上
点估计的评判标准	无偏性、有效性和一致性
区间估计	以一定的置信水平根据样本得出的很可能包含总体参数真实值的区间范围，估计结果是数轴上的一个区间
置信限	置信区间的端点，包括置信下限（区间的最小值）和置信上限（区间的最大值）
置信水平 $(1-\alpha)$	在大量重复类似抽样所构造的置信区间中，有 $100(1-\alpha)\%$ 的区间包含了总体参数，用以说明区间估计的可靠程度
抽样框	包括目标总体全部抽样单位的列表或框架。它是实施抽样的基础，影响抽样的随机性和抽样效果，主要有总体单位名单框、区域框、时间表等形式
重复抽样（有放回抽样）	从总体的 N 个单位中抽取一个容量为 n 的样本，每次抽出一个单位后，再将其放回总体中参加下一次抽取，这样连续抽 n 次
不重复抽样（不放回抽样）	抽中的单位不再放回总体中，下一个样本单位只能从余下的总体单位中抽取
简单随机抽样（纯随机抽样）	从总体中按随机原则抽取 n 个个体构成样本，每个个体是否被抽中是独立的且可能性相同，所得到的样本称为简单随机样本
分层抽样	先将总体单位按某一个标志分层，然后分别在各层中随机抽取一定数量的个体构成样本
等距抽样	先将总体单位按某一标志（变量）排队，然后按固定间隔距离依次抽取 n 个单位（或样本点）构成样本
整群抽样	先将总体划分为 R 个群，然后随机抽出 r 个群构成样本
多阶段抽样	先将总体划分为 R 个群，从群中随机抽取 r 个群，再从 r 个群中随机抽取 m 个子群构成下一级抽样单位，依次类推

(续)

基本知识点			含义或公式
抽样平均误差（标准误差）	均值	简单随机抽样	$\sigma_{\bar{x}}=\sqrt{\dfrac{\sigma^2}{n}}$；$\sigma_{\bar{x}}=\sqrt{\dfrac{\sigma^2}{n}\left(1-\dfrac{n}{N}\right)}$
		等比例分层抽样	$\sigma_{\bar{x}}=\sqrt{\dfrac{\overline{\sigma^2}}{n}}$，$\sigma_{\bar{x}}=\sqrt{\dfrac{\overline{\sigma^2}}{n}\left(1-\dfrac{n}{N}\right)}$，其中 $\overline{\sigma^2}=\dfrac{\sum_i\sigma_i^2 n_i}{\sum n_i}$
		整群抽样	$\sigma_{\bar{x}}=\sqrt{\dfrac{\delta_{\bar{x}}^2}{r}\left(\dfrac{R-r}{R-1}\right)}$，其中 $\delta_{\bar{x}}^2=\dfrac{\sum_{i=1}^{r}(\overline{X}_i-\overline{X})^2}{r-1}$
		多阶段抽样	$\sigma_{\bar{x}}=\sqrt{\dfrac{1-f_1}{r}S_1^2+\dfrac{f_1(1-f_2)}{rm}S_2^2}$
	成数		σ_p，将上述公式 $\sigma_{\bar{x}}$ 中的 $\overline{X}$ 和方差 σ^2 分别换为成数及其对应方差 $P(1-P)$ 即可
抽样极限误差	均值	正态总体，总体方差已知	$\Delta_{\bar{x}}=Z_{\alpha/2}\sigma_{\overline{X}}=Z_{\alpha/2}\dfrac{\sigma}{\sqrt{n}}$
		正态总体，总体方差未知	$\Delta_{\bar{x}}=t_{\alpha/2}(n-1)\dfrac{s}{\sqrt{n}}$
	成数	大样本	$\Delta_p\approx Z_{\alpha/2}\sigma_p=Z_{\alpha/2}\sqrt{\dfrac{P(1-P)}{n}}$
置信区间	均值		$(\overline{X}-\Delta_{\overline{X}},\overline{X}+\Delta_{\overline{X}})$
	成数		$(p-\Delta_p,p+\Delta_p)$
	方差	正态总体	$\left[\dfrac{(n-1)S^2}{\chi_{\alpha/2}^2(n-1)},\dfrac{(n-1)S^2}{\chi_{1-\alpha/2}^2(n-1)}\right]$
必要的样本量		简单随机抽样重复抽样	$n=\dfrac{Z_{\alpha/2}^2\sigma^2}{\Delta_{\bar{x}}^2}$ 或 $n=\dfrac{Z_{\alpha/2}^2 P(1-P)}{\Delta_p^2}$
		简单随机抽样不重复抽样	$n=\dfrac{Z_{\alpha/2}^2\sigma^2 N}{\Delta_{\bar{x}}^2 N+Z_{\alpha/2}^2\sigma^2}$ 或 $n=\dfrac{Z_{\alpha/2}^2 P(1-P)N}{\Delta_p^2 N+Z_{\alpha/2}^2 P(1-P)}$

注：下列情形下，只要 n 充分大，抽样误差范围可近似按正态总体方差已知条件下的公式计算（其未知总体方差用样本方差代替）：①当总体为非正态分布时；②正态总体但方差未知的情形。

7.3 重点难点点拨

7.3.1 统计量、估计量与估计值

利用样本信息来估计总体数量特征（即总体参数及其函数）就叫抽样估计或称为参数估计。它是统计推断的主要内容。为了推断总体数量特征，就要根据不同需要对样本数据按不同方法（函数式）进行加工计算。统计量就是用来处理样本数据的函数。简单

地说，统计量是样本的函数。统计推断就是要利用有关统计量得到的具体数值来推断总体特征。函数关系式不同，就有不同的统计量，常用的统计量有样本均值、样本方差、样本参数等。特别要提醒的是统计量不包含未知参数（但可以包含已知的总体参数）。

用来估计总体参数及其函数的统计量称为估计量。估计量是随机变量，取到不同的样本，估计量就可能有不同的取值，估计量的取值就是估计值。每一个估计值都是一个确定的数值，不再是随机的。

7.3.2　估计量的评选标准

对于同一总体参数，可以有多个不同的估计量，如估计总体均值，可以用样本均值、样本切尾均值、样本中位数、样本众数等。人们总是希望找到好的估计量。由于样本是随机抽取的，抽中样本的估计值是否接近总体参数是未知的，因此对估计量好坏的评价总是从估计量的抽样分布这个整体意义上来考查的，也就是说要从相同条件下所有可能样本（或很多次抽样）的角度来考查。衡量估计量好坏的主要标准有无偏性、有效性和一致性。

估计量的无偏性指估计量 $\hat{\theta}$ 的均值等于被估计总体参数真值 θ，即 $E(\hat{\theta})=\theta$ 或 $E(\hat{\theta})-\theta=0$。具有无偏性的估计量称为无偏估计量。这一性质的含义是，一个样本的估计值不一定等于总体参数真值，但人们总希望大量样本的估计值分布在总体参数真值的附近，从大量估计值的平均来看与总体参数之间不存在偏差。

在无偏估计量中，人们还希望进一步找到与总体参数的离散程度最小，即方差 $D(\hat{\theta})$ 最小的估计量，并称其为最小方差无偏估计量。从整体来看，用这样的估计量得到的估计值更接近总体参数真值（估计误差更小）。估计量具有较小的方差则称之为具有相对有效性。有时偏差不大且方差较小的估计量也许是较好的选择。将无偏性和有效性两个要求进行综合衡量的标准是均方误差。均方误差等于估计量的方差与偏差平方之和，即 $E(\hat{\theta}-\theta)^2=D(\hat{\theta})+[E(\hat{\theta})-\theta]^2$。

一致性是指随着样本量 n 趋于无穷大，估计量 $\hat{\theta}$ 依概率收敛于参数真值 θ，即 $n\to\infty$，$\lim p\{|\hat{\theta}-\theta|<\varepsilon\}=1$。对于具有一致性的估计量，只要增大样本量 n，就会有很大把握将估计误差控制在任一给定的范围内。

实际应用中重要的总体参数及其常用估计量如表 7-1 所示。

表 7-1　总体参数及其常用估计量

总体参数	常用的估计量及其计算公式
总体均值 μ	样本均值 $\overline{X}=\sum X_i/n$
总体比例 P	样本成数 $p=n_1/n$ （n_1＝样本中具有某特征的个体数）

(续)

总体参数	常用的估计量及其计算公式
总体方差 σ^2	样本方差 $S^2=\sum(X_i-\overline{X})^2/(n-1)$
总体标准差 σ	样本标准差 $S=\sqrt{\sum(X_i-\overline{X})^2/(n-1)}$

7.3.3 区间估计的原理

以正态总体均值的估计为例来说明区间估计的原理。根据均值的抽样分布理论，若总体服从正态分布即 $X\sim N(\mu,\sigma^2)$ 且总体方差 σ^2 已知，则样本均值 $\overline{X}$ 也服从正态分布，且样本均值的数学期望 $E(\overline{X})=\mu$，样本均值的标准差 $\sigma_{\overline{x}}=\sigma/\sqrt{n}$，即 $\overline{X}\sim N(\mu,\sigma^2/n)$。标准差后得 $Z=\dfrac{\overline{X}-\mu}{\sigma/\sqrt{n}}\sim N(0,1)$。由标准正态分布可知，随机变量 Z 落在区间 $(-Z_{\alpha/2},Z_{\alpha/2})$ 的概率为 $(1-\alpha)$，等价于"样本均值 $\overline{x}$ 落在区间 $(\overline{X}\pm Z_{\alpha/2}\sigma/\sqrt{n})$ 内的概率为 $(1-\alpha)$"或"样本均值与总体均值的误差范围 $\Delta_{\overline{x}}=Z_{\alpha/2}\sigma/\sqrt{n}$ 的概率为 $(1-\alpha)$"。反之，只要给定 $(1-\alpha)$，就可以估计样本均值与总体均值的误差范围 $\Delta_{\overline{x}}=Z_{\alpha/2}\sigma/\sqrt{n}$。因此，由样本均值 $\overline{x}$ 和误差范围 $\Delta_{\overline{x}}$ 可构造出很可能会包含总体均值的区间，即 $(\overline{X}\pm\Delta_{\overline{x}})$，这就是总体均值的置信水平为 $(1-\alpha)$ 的置信区间（这是双侧置信区间的，有下限也有上限。根据估计的需要，置信区间也可以是单侧的，即只有单侧置信限，另一端为 $-\infty$ 或 $+\infty$，其构造原理与双侧置信区间相同）。

区间估计的一般思路如下所示。

（1）明确待估计总体参数和置信水平。

（2）确定估计量及其抽样分布。

（3）由估计量的分布导出一个包含估计量和总体参数的随机变量及其分布。

（4）由该随机变量的分布找出对应于给定置信水平的分位数（临界值）和该随机变量的区间，并由此区间变形得到待估计总体参数的置信区间。

7.3.4 区间估计公式的选择

选择区间估计的具体公式（见前面的基本知识梳理）时，须注意以下几个方面。

（1）若估计量的分布是对称的，则所求双侧置信区间通常是以点估计为中心的对称区间，可表示为"点估计量±估计的误差范围 Δ"。当估计量的分布为非对称分布时，置信区间通常仍以点估计为中心但两边的误差不相等（例如，小样本条件下总体比例的置信区间根据二项分布来构造，总体方差的置信区间根据 χ^2 分布来构造，它们都是非对称的。求这类置信区间的基本原理也与上述原理相同）。

(2) 对于同一总体参数，不同的前提条件，估计量及其抽样分布不同，区间估计的具体公式就有所不同。所以在应用区间估计公式时，首先要注意：待估计参数是什么？总体分布是否正态？总体方差是否已知？样本量是否足够大？

(3) 大样本是指样本量足够大，从而与估计量有关的分布才可认为是近似正态分布，于是才能应用由正态分布诱导出总体参数的区间估计公式。但样本量要多大才算足够大？一般在估计总体均值时，至少要求样本量 $n \geqslant 30$。估计总体成数时，一般要求 $n \geqslant 30$ 且 np 和 $n(1-p)$ 都要大于 5。另一个判断准则就是在 99.73% 的置信水平下（$Z_{\alpha/2}=3$），所估计的总体成数的置信区间不包含 0 和 1。反之，则认为样本量还不够大。

7.3.5 对置信区间和置信水平的正确理解

由于待估计的总体参数是确定的数值，而样本估计量是随机变量，置信区间是由估计量得到的，因此置信区间是随样本不同而不同的随机区间。这样的区间可能包含（或覆盖）了总体参数，也可能没有包含总体参数。由于总体参数未知，人们并不知道哪些区间会包含总体参数。但是，根据估计量的抽样分布理论可以确信，在大量类似的抽样所构造的置信区间中，有 $100(1-\alpha)\%$ 的区间包含了总体参数，相应地，只有 $100\alpha\%$ 的区间没有包含总体参数。可见置信度 $(1-\alpha)$ 说明了这种区间估计的可靠程度。

必须注意：不能把置信水平理解为"总体参数落在某个区间内的概率为$(1-\alpha)$，落在该区间外的概率为 α"，因为总体参数是确定的值，不是随机变量，置信区间才是随机的。也不能把置信水平理解为"根据某次抽样所求的置信区间包含总体参数的概率为 $(1-\alpha)$"。这是因为根据一个具体样本计算出的区间已经不是随机的，而是一个确定的数值范围，它要么包含了总体参数，要么没有包含总体参数。由于总体参数未知，所以人们并不知道该区间是否包含总体参数，除非进行全面调查获取总体数据。所以置信水平只是从大量重复抽样的角度来说明区间估计结果的可靠程度，而不是针对某个具体的区间。

例如，要对某地区的小麦平均单产进行区间估计。已知总体服从正态分布且总体标准差为 51 千克。现随机抽取容量为 25 的样本，则可构造总体平均单产的置信水平 95% 的置信区间为 $(\bar{X} \pm 1.96 \times 51/\sqrt{25})$。对于不同的样本，估计量 $\bar{x}$ 有不同的取值，因而有不同的置信区间，其中 95% 的区间包含了总体平均单产，另有 5% 的区间没有包含总体平均单产。现假如抽出了一个样本，该样本均值为 560 千克，可得置信区间为（540，580）千克。对这个区间就不能说它有 95% 的概率包含了参数真值。

7.3.6 置信水平和样本量对置信区间的影响

置信区间由区间和置信水平两个部分组成。对总体参数的区间估计，如果只告知区间是不完整的。如上述例子中，可估计总体平均单产在（550，570）内，看起来估计结果更精确（误差范围更小），但其实这种估计的置信水平也相应降低，只有大约 68%。置信水平越低，大量重复抽样所得到的置信区间中包含总体参数的比例就越低，对于由任一样本得到的置信区间包含了总体参数的推断结论就缺乏足够的信心。反之，若置信水平越高，就越有理由相信所求区间是众多包含了总体参数的置信区间之一。

应用区间估计时，要正确理解置信水平与估计误差范围或估计精确度的关系。估计误差范围越小，估计精确度就越高。人们总是希望估计结果既有较高的精确度，又有较大的置信水平。但事实上这二者是相互矛盾的。从区间估计的公式可以看出：在样本量固定的情况下，置信水平越大，估计的误差范围就越大，估计的精确度就越低；反之，要提高估计的精确度，缩小误差范围，就会降低估计的置信水平。从直观上看，较宽的区间才会有较大的把握程度包含总体参数。所以在实际中，应根据具体情况来确定适当的置信水平（常常取置信水平为 0.9，0.95 或 0.99）或规定误差范围（即规定估计的精确度）。

在给定置信水平的情况下，增大样本量就可以减少抽样估计的误差，区间范围会变小。反之，减小样本量会增大估计误差范围，增大置信区间宽度。从直观上讲，样本量增大，对总体信息的了解就越充分，估计结果就会越准确。当然，在实际应用中，样本量越大，估计就越不经济。所以人们常常需要根据事先规定的置信水平和允许误差范围来确定所必需的（即最低限度的）样本量。其计算公式可以由估计误差范围 Δ 的公式反推而得。见前面的基本公式表 7-1。其公式中的总体方差通常根据经验来估计。若有多个选择，应取最大的方差来估计（由于成数的方差为 $P(1-P)$，应该取最接近 0.5 的数值来估计）。其目的是使样本量能够确保估计结果的误差范围满足允许误差的要求。

7.3.7 关于抽样误差、抽样平均误差和抽样极限误差

抽样估计的结果与总体真实值之间的总误差包括以下内容。

$$\text{总误差}\begin{cases}\text{登记性误差}\\\text{代表性误差}\begin{cases}\text{系统性误差（偏差）}\\\text{随机误差（抽样误差）}\end{cases}\end{cases}$$

计算和分析误差时须注意，抽样估计中所计算的抽样误差只是由于抽样的随机性而产生的随机误差，不包括登记性误差和系统性误差。

由于总体参数未知，对每一个具体样本，其实际抽样误差的大小是无法计算的。抽样误差的计算，只能针对既定的总体和抽样方案，从所有可能样本的角度，来衡量抽样估计平均误差程度或误差范围。所以，在没有特别说明的情况下，对抽样误差的所谓计算和分析控制，都是就抽样平均误差或误差范围而言的。

由于抽样估计的误差 $(\hat{\theta}_i-\theta)$ 有正有负，为了避免正负抵消，对所有可能样本求抽样误差的平均，只能将误差平方后求平均，之后再取平方根，这就是估计量的均方误差。均方误差越小，表明从所有可能样本平均来看，估计量产生的抽样误差越小。对于无偏估计量而言，其数学期望就是被估计总体参数，因此其均方误差就是该估计量的标准差，即

$$\sigma_{\hat{\theta}}=\sqrt{\frac{\sum_{i=1}^{M}[\hat{\theta}_i-E(\hat{\theta})]^2}{M}}=\sqrt{\frac{\sum_{i=1}^{M}(\hat{\theta}_i-\theta)^2}{M}} \quad (\text{其中}，M=\text{可能样本个数})$$

因此，对于无偏估计量，通常就用估计量的标准差来衡量抽样误差的平均程度，实际工作中经常也称之为抽样平均误差（一些地方也称之为标准误差）。例如，用样本均值估计总体均值，抽样平均误差就是指样本均值的标准差，记为 $\sigma_{\bar{x}}$ 或 $\mu_{\bar{x}}$；用样本成数估计总体成数时，抽样平均误差就是指样本成数的标准差，记为 σ_p 或 μ_p。这里必须注意：不能混淆估计量的标准差与某一样本的标准差。例如，样本均值的标准差是指同一抽样方案的所有可能样本的样本均值之间的离散程度，而某一样本的标准差 S 是指该样本中个体观测值 x_i 之间的差异程度。

上述定义可清楚地说明抽样平均误差的含义，但它显然不能用于具体计算，抽样平均误差的计算公式见表 7-1。利用该公式，不难分析影响抽样误差大小的种种因素以及它们对抽样误差的具体影响。

实际抽样误差是随样本不同而不同的随机变量，一些样本的实际抽样误差比抽样平均误差大，一些则比抽样平均误差小。因此就需要估计在一定置信水平下抽样误差变化的最大范围，这就是抽样极限误差（有时也称之为误差范围、允许误差或边际误差），通常记为 Δ。例如，均值的抽样极限误差记为 $\Delta_{\bar{x}}$，表示在一定置信度下，$|\bar{X}-\mu|\leqslant\Delta_{\bar{x}}$。

抽样极限误差 Δ 的计算取决于估计量的分布，一般可表示为给定置信水平所对应的临界值与抽样平均误差的乘积（参见前面的基本公式表）。在其他条件相同的情况下，置信水平越大，抽样估计的误差范围也越大。

7.3.8 几种基本抽样方式的比较

分层抽样可以保证样本单位在总体中能够比较均匀地分布，因此分层抽样的样本代表性比较高。分层抽样与简单随机抽样相比，二者的抽样平均误差公式只相差一个因素——方差：分层抽样的抽样误差取决于各层方差的平均数，而简单随机抽样的抽样误差取决于总方差。在分组（分层）条件下，总方差＝各组方差平均数＋组间方差。由于实际上组间方差总是大于零（否则分层对改善抽样估计效果就没有意义），所以总方差

总是大于各组方差平均数的,从而分层抽样的抽样误差总是小于简单随机抽样的抽样误差。在实际应用中,分层抽样还可以推断各层总体(子总体)的数量特征,以满足分层次对比分析的需要。

整群抽样以群体为抽样单位,因此,样本单位在总体中比较集中,一般来说,样本量相同的情况下,整群抽样的样本代表性较差。但整群抽样在编制抽样框、收集样本数据等环节具有简便易行等明显的优越性。

分层抽样与整群抽样相比,都需要事先对总体进行划分,但是二者在划分的目的、划分标志的选择等方面不同,抽样误差的大小及其影响因素也有较大差异,所以二者的应用各有不同的场合(详见后面的范例解析)。

比较整群抽样与简单随机抽样的抽样平均误差公式可知:二者的差别在于简单随机抽样的抽样误差取决于总方差和样本单位数 n,而整群抽样的抽样误差取决于群间方差和样本群数 r。在其他条件相同的情况下,当总方差与群间方差之比(即 σ^2/δ^2)小于每个群体所含的总体单位数时(而实际中这个条件一般能够满足),整群抽样的抽样误差必然大于简单随机抽样的抽样误差。

等距抽样(系统抽样)分为有关标志排队等距抽样和无关标志排队等距抽样两种方式,两者的排队标志的性质不同,抽样起点的选择和抽样误差等方面也就有所不同。无关标志排队等距抽样的抽样起点可以随机确定,其抽样误差通常按简单随机抽样的误差公式近似计算。而有关标志排队等距抽样为了避免系统偏差,要么采取"半距起点"等距抽样(中心系统抽样),要么采用对称等距抽样,对其抽样误差的计算则颇有争议。实际中一般认为,有关标志排队等距抽样与分层抽样的效果接近(甚至更好些),所以可将一个抽样距离视作一个层(组),其抽样误差可按分层抽样的误差公式来近似计算。

多阶段抽样是多种抽样方法的综合应用,是从大到小、层层深入的一种抽样方法。当总体单位数量很多并且分布分散的时候,编制抽样框十分困难,多阶段抽样更便于组织与实施,能减少抽样工作量。与其他抽样组织方式相比,多阶段抽样需要通过多步抽样才能得到样本。以两阶段抽样为例,在第一阶段抽样时,抽样误差取决于抽样单位之间的方差和抽样数目。第二阶段抽样的误差取决于第二阶段抽样单位之间的平均方差和抽样数目。因此,多阶段抽样的抽样误差并不仅来源于抽样单位之间或是抽样单位内的方差。

7.3.9 利用 Excel 估计总体均值的程序和输出表解读

在 Excel 工作表中,依次单击:"数据"→"数据分析"→"描述统计",在对话框中指定数据区域和置信水平(默认值为 95%,也可自行指定)等其他选项,可得到包括如下内容的输出表 7-2。

表 7-2 Excel 估计总体均值的输出指标

Excel 输出表	注　释
平均	样本均值
标准误差	均值的抽样平均误差
标准差	修正的样本标准差
方差	修正的样本方差
观测数	观测值个数（样本量 n）
置信水平（95%）	95%置信水平对应的抽样误差范围

表 7-2 中对指定置信水平所对应的抽样误差范围的输出结果，是基于正态总体、总体方差未知时的公式计算的。

7.4 范例解析

7.4.1 单项选择题解析

例： 在其他条件不变的情况下，要使抽样误差减少 1/4，样本量必须增加（　　）。

A. 16/9 倍　　　　　　　　　　B. 9 倍

C. 7/9 倍　　　　　　　　　　D. 16 倍

解析： 这道题考查的知识点主要是抽样平均误差与样本量的关系，也涉及增减程度的正确表述和理解。抽样误差实际指的是抽样平均误差，当它减少 1/4，即减少为原来的 3/4 时，根据抽样平均误差公式，可计算出样本量 n 应为原来的 16/9，即必须比原来增加 7/9 倍。所以正确答案为 C。

7.4.2 多项选择题解析

例： 在其他条件不变时，抽样估计的置信水平 $(1-\alpha)$ 越大，则（　　）。

A. 允许误差范围越大　　　　　B. 允许误差范围越小

C. 抽样估计的精确度越高　　　D. 抽样估计的精确度越低

E. 抽样估计的可靠性越高

解析： 在其他条件不变时，置信水平越大，抽样估计的置信区间就越宽（如估计均值的置信区间时，临界值 $Z_{\alpha/2}$ 就越大），允许误差范围也就越大；同时，由于误差的大小与估计的精确度是反向变化的关系，所以置信水平越大，估计的精确度就越低；置信水平说明估计结果的可靠程度，置信水平越大，估计的可靠性就越高。所以正确答案为：A、D、E。

7.4.3 判断分析题解析

例：对全国各省的人口进行随机抽样时，对每个省的估计误差和置信水平的要求都相同，那么对于一个人口数相当于其他省的两倍的省，其样本量就应该比其他省的样本量多一倍。

解析：错误。在估计误差和置信水平的要求相同的情况下，样本量主要取决于总体方差，即总体中个体之间的差异程度。当总体规模很大时，总体规模变化对样本量的影响很小。所以，总体规模大一倍，并不要求样本量就要增加一倍。

7.4.4 简答题解析

例：分层抽样、整群抽样和多阶段抽样有何异同？它们分别适用于什么场合？

解析：相同点主要是分层抽样、整群抽样和多阶段抽样都是需要事先按某一标志对总体进行划分的随机抽样。不同点主要在于分层抽样的划分标志与调查标志有密切关系，而整群抽样和多阶段抽样的划分标志不一定与调查标志有关；分层抽样在总体的层内随机抽样，整群抽样在总体全部群体中随机抽取一部分群体，而多阶段抽样是在每阶段抽样单位内随机抽取样本；分层抽样、整群抽样只需要一次抽样即可完成，而多阶段抽样则需要多次抽样才能完成；比较计算公式可知，分层抽样的抽样误差取决于各层总体方差，而整群抽样的抽样误差取决于总体的群间方差，多阶段抽样的抽样误差既取决于各阶抽样单位之间的方差，也取决于抽样单位内部的平均方差；分层抽样的目的（优点）主要是缩小抽样误差、满足推断各子总体数量特征的需要，整群抽样和多阶段抽样的目的（优点）主要是扩大抽样单位，简化抽样组织工作。分层抽样用于层间差异大而层内差异小时，以及为了满足分层次管理决策需要时。整群抽样用于群间差异小而群内差异大时，或只有以群体为抽样单位的抽样框时等，多阶段抽样适用于总体单位数量很多并且分布分散，抽样数目较多，抽样工作量大时，目的是简化抽样框的编制工作，减少抽样工作量。

7.4.5 计算题解析

例：某地区成年人睡眠时间呈正态分布。一项随机抽样调查显示，由16个成年人的睡眠时间（单位：小时）组成的样本数据分别为：6.5、6.8、6.8、7.0、7.1、7.2、7.2、7.4、7.4、7.5、7.5、7.5、7.6、7.8、8.0、8.5。要求：

（1）根据这些数据，试给出该地区成年人平均睡眠时间的点估计值。

（2）计算该地区成年人平均睡眠时间的置信区间（置信水平为95%）。

（3）其他条件不变，若已知总体方差为 0.3，置信区间是什么？

(4) 假如总体是非正态分布的,能否计算出总体均值的置信区间?能否根据正态分布估计该地区成年人中睡眠时间不足 7 小时的人数所占百分比的置信区间?

(5) 估计该地区成年人睡眠时间方差的置信区间(置信水平为 95%)。

解析: 这是一个典型的利用小样本对正态总体的均值和方差进行估计的例子。可先利用 Excel 得到计算结果如表 7-3 所示。

表 7-3 Excel 输出结果

平均	7.362 5
标准误差	0.123 1
标准偏差	0.492 4
样本方差	0.242 5
置信水平(95.0%)	0.262 4

(1) 通常以样本均值作为总体均值的点估计量,由样本数据计算出的样本均值的具体数值就是总体均值的一个点估计值。因此,该地区成年人的平均睡眠时间的点估计值为 7.362 5 小时。

(2) 在 95% 置信水平下,估计的误差范围为 0.262 4 小时。因此所求 95% 置信水平的置信区间为 (7.362 5±0.262 4),即 (7.100 1,7.624 9) 小时。(若是手工计算,其步骤一般是:先计算样本均值和方差,再计算抽样平均误差和误差范围,最后算出均值的置信区间)。

(3) 若已知总体方差为 0.3,总体均值的置信区间公式为 $\bar{x} \pm z_{\alpha/2} \frac{\sigma}{\sqrt{n}}$,因此,所求置信区间为

$7.362\ 5 \pm 1.96 \times 0.3/\sqrt{16} = 7.362\ 5 \pm 0.147$,即 (7.215 5,7.509 5) 小时。

(4) 假如总体是非正态分布的,这是个小样本,无法计算总体均值的置信区间。由于样本量太小,也不能根据正态分布来估计总体比例的置信区间。

(5) $1-\alpha=0.95$,查 χ^2 分布表中自由度为 15、右尾概率为 0.097 5 和 0.025 对应的分位数分别为:$\chi^2_{1-\alpha/2}(n-1) = \chi^2_{0.975}(16-1) = 6.262\ 1$,$\chi^2_{\alpha/2}(n-1) = \chi^2_{0.025}(16-1) = 27.488\ 3$。根据方差的区间估计公式,所求方差的置信区间计算为

$$\left[\frac{(n-1)S^2}{\chi^2_{\alpha/2}(n-1)}, \frac{(n-1)S^2}{\chi^2_{1-\alpha/2}(n-1)} \right] = \left[\frac{(16-1)0.242\ 5}{27.488\ 3}, \frac{(16-1)0.242\ 5}{6.262\ 1} \right]$$

即所求方差的置信水平 95% 的置信区间为 (0.132 3,0.580 8)。

7.5 练习与实践

7.5.1 单项选择题

1. 对总体参数进行抽样估计的首要前提是必须（　　）。

   A. 事先对总体进行初步分析　　　　B. 按随机原则抽取样本单位

   C. 抽取大量的调查单位　　　　　　D. 保证调查资料的准确性、及时性

2. 下列关于估计量的说法中，不正确的是（　　）。

   A. 估计量是样本的函数

   B. 估计同一参数可以用多个不同的估计量

   C. 估计量是随机变量

   D. 估计量可包含未知总体参数

3. 抽样误差之所以产生是由于（　　）。

   A. 破坏了随机抽样的原则　　　　　B. 抽样取的样本不足以完全代表总体

   C. 破坏了抽样的系统　　　　　　　D. 调查人员的素质不佳

4. 某校有学生 4 000 人，随机抽查 200 人，其中有 40 人爱好文学，则该校爱好文学的学生人数的点估计值为（　　）。

   A. 20%　　　　　　　　　　　　　B. 200

   C. 800　　　　　　　　　　　　　D. 1 600

5. 下列说法中不正确的是（　　）。

   A. 样本均值是总体均值的无偏估计量

   B. 样本比例是总体比例的无偏估计量

   C. 样本标准差是总体标准差的无偏估计量

   D. 样本中位数和样本均值都是总体均值的无偏估计量，但样本均值具有较小方差

6. $(X_1, X_2, \cdots)$ 是来自总体的随机样本，在下列样本统计量中，总体均值的无偏估计量是（　　）。

   A. $\dfrac{X_1 + X_2}{2}$　　　　　　　　　　B. $\dfrac{X_1}{2}$

   C. $\dfrac{X_1 + X_2}{4}$　　　　　　　　　　D. $\dfrac{X_2}{2}$

7. 使用 $t = \dfrac{\overline{X} - \mu}{S/\sqrt{n}} \sim t(n-1)$ 估计总体均值置信区间的条件是（　　）。

   A. 总体方差已知　　　　　　　　　B. 正态总体且总体方差已知

C. 大样本 D. 正态总体但总体方差未知

8. 设正态总体 $X \sim N(\mu, \sigma^2)$，μ 未知，则 σ^2 的置信区间是（　　）。

   A. $\left[\dfrac{(n-1)S^2}{\chi^2_{\alpha/2}(n-1)}, \dfrac{(n-1)S^2}{\chi^2_{1-\alpha/2}(n-1)}\right]$
   B. $\left(\overline{X} \pm t_\alpha \dfrac{S}{\sqrt{n}}\right)$

   C. $\left[\dfrac{(n-1)S^2}{\chi^2_{1-\alpha/2}(n-1)}, \dfrac{(n-1)S^2}{\chi^2_{\alpha/2}(n-1)}\right]$
   D. $\left(\overline{X} \pm t_{\alpha/2} \dfrac{S}{\sqrt{n}}\right)$

9. 设总体均值为 100，总体方差为 25，在大样本情况下，无论总体的分布形式如何，样本平均数的分布都服从或近似服从（　　）。

   A. $N(100, 25)$ B. $N(100, 5/\sqrt{n})$
   C. $N(100/n, 25)$ D. $N(100, 25/n)$

10. 如果总体服从正态分布，但总体均值和方差未知，样本量为 n，则用于构造总体方差置信区间的随机变量的分布是（　　）。

    A. $N(0,1)$ B. $N(\mu, \sigma^2)$
    C. $t(n-1)$ D. $\chi^2(n-1)$

11. 在其他条件不变的情况下，要使置信区间的宽度缩小 1/3，样本量应增加（　　）。

    A. 3/2 倍 B. 5/4 倍
    C. 3 倍 D. 2 倍

12. 在其他条件不变时，置信度（$1-\alpha$）越大，则区间估计的（　　）。

    A. 误差范围越大 B. 精确度越高
    C. 置信区间越小 D. 可靠程度越低

13. 拟分别对甲、乙两个地区大学毕业生在试用期的工薪收入进行抽样调查。据估计甲地区大学毕业生试用期的月工薪的方差要比乙地区高出一倍。在样本量和抽样方法相同的情况下，甲地区的抽样误差要比乙地区高（　　）。

    A. 41% B. 1 倍
    C. 2 倍 D. 4 倍

14. 抽样误差是一种（　　）。

    A. 随机的登记性误差 B. 系统性误差
    C. 随机的代表性误差 D. 无法控制的误差

15. 为调查高校学生参加网络学习情况，分别在 20 000 学生的学校 A 和 12 000 学生的学校 B，采用简单随机抽样方式各抽取了 500 人，在其他条件相等的情况下，问下列哪种表述正确（　　）？

    A. 学校 A 的调查结果比学校 B 精度低
    B. 学校 A 的抽样误差是学校 B 的 5/3 倍

C. 两样的抽样误差没有较大差异

D. 无法比较

16. 下列说法中正确的是（　　）。

   A. 实际抽样误差是估计量的标准差

   B. 每次抽样的实际误差可以计算和控制

   C. 实际抽样误差是随样本不同而改变的随机变量

   D. 实际抽样误差是抽样平均误差

17. 用样本均值估计总体均值时的抽样平均误差是指（　　）。

   A. 抽中样本的样本均值与总体均值的实际误差

   B. 抽中样本的样本均值与总体均值的可能误差范围

   C. 所有可能样本的样本均值与总体均值的误差的算术平均数

   D. 所有可能样本的样本均值的标准差

18. 与一定的抽样极限误差相对应的置信度（$1-\alpha$）表示（　　）。

   A. 抽样估计的误差率   B. 对抽样误差的估计精度

   C. 抽样误差的最大范围   D. 对抽样误差的估计的可靠程度

19. 在整群抽样中，影响抽样平均误差的一个重要因素是（　　）。

   A. 总方差   B. 群内方差

   C. 群间方差   D. 各群方差平均数

20. 某企业最近生产的几批灯泡的合格率分别为 93%、95%、91%，为了对下一批产品的优质品率进行抽样检验，确定必要的抽样数目时，P 应选（　　）。

   A. 91%   B. $\frac{91\% + 92\% + 95\%}{3}$

   C. 93%   D. 95%

7.5.2 多项选择题

1. 影响抽样极限误差大小的因素有（　　）。

   A. 调查人员的素质   B. 样本容量

   C. 抽样推断的可靠程度   D. 抽样组织方式

   E. 总体各单位标志值的差异程度

2. 若 $\hat{\theta}_1$，$\hat{\theta}_2$ 都是总体参数 θ 的无偏估计量，正确说法有（　　）。

   A. $\hat{\theta}_1 = \theta$，$\hat{\theta}_2 = \theta$

   B. 若 $D(\hat{\theta}_1) \geq D(\hat{\theta}_2)$，则 $\hat{\theta}_1$ 比 $\hat{\theta}_2$ 更有效

   C. $E(\hat{\theta}_1 - \theta) = 0$，$E(\hat{\theta}_2 - \theta) = 0$

D. 若 a、b 为常数且 $a+b=1$，则 $(a\hat{\theta}_1+b\hat{\theta}_2)$ 也是 θ 的无偏估计量

E. $\hat{\theta}_1^2$ 和 $\sqrt{\hat{\theta}_2}$ 也是 θ 的无偏估计量

3. 有关标志排队等距抽样的（   ）。

    A. 抽样起点不宜随机确定　　　　B. 抽样起点是随机的

    C. 抽样效果接近于分层抽样　　　D. 抽样效果接近于整群抽样

    E. 抽样效果接近于简单随机抽样

4. 计算抽样平均误差时，由于总体方差是未知的，通常有下列代替方法（   ）。

    A. 大样本条件下，可用未修正样本方差代替

    B. 小样本条件下，用样本方差代替

    C. 用以前同类调查的总体方差代替

    D. 有多个参考数值时，应取其平均数代替

    E. 对于成数，有多个参考数值时，应取其中最接近 0.5 的数值来计算

5. 某批产品共有 4 000 件，为了了解这批产品的质量，从中随机抽取 200 件进行质量检验，发现其中有 30 件不合格。根据抽样结果进行推断，下列说法中正确的有（   ）。

    A. $n=200$　　　　　　　　　　　B. $n=30$

    C. 总体合格率是一个估计量　　　D. 样本合格率是一个统计量

    E. 置信水平为 68.3% 时，估计合格率的允许误差为 2.52%

6. 按抽样的组织方式不同，抽样方法可分为（   ）。

    A. 简单随机抽样　　　　　　　　B. 分层抽样

    C. 多阶段抽样　　　　　　　　　D. 等距抽样

    E. 整群抽样

7. 在抽样推断中，影响样本容量的因素有（   ）。

    A. 总体各单位之间标志变异程度的大小

    B. 极限误差的大小

    C. 抽样估计的把握度

    D. 样本各单位之间标志变异程度的大小

    E. 抽样方法和组织方式

8. 样本均值是总体均值的（   ）。

    A. 无偏估计量　　　　　　　　　B. 一致估计量

    C. 有偏估计量　　　　　　　　　D. 有效估计量

    E. 非一致估计量

9. 采用重复抽样方法对总体均值作估计，当其他条件不变时（   ）。

    A. 极限误差缩小 1/4，必要样本容量为原来的 2.78 倍

B. 极限误差缩小 1/4，必要样本容量比原来增加约 0.78 倍

C. 极限误差扩大一倍，必要样本容量为原来的 1/4

D. 总体的方差越小，所需样本容量也小

E. 概率把握度越大，所需样本容量也大

10. 95%的置信水平是指（　　）。

A. 总体参数落在一个特定的样本所构造的区间内的概率是 95%

B. 在用同样方法构造的总体参数的多个区间中，包含总体参数的区间比例为 95%

C. 总体参数落在一个特定的样本所构造的区间内的概率是 5%

D. 在用同样方法构造的总体参数的多个区间中，不包含总体参数的区间比例为 5%

E. 在一次抽样中，样本均值等于总体均值的概率为 95%

7.5.3 判断分析题

1. 如果总体 X 的 k 阶原点矩存在，则样本的 k 阶原点矩 a_k 是总体 k 阶原点矩 μ_k 的无偏估计量。

2. 统计量 $\hat{\theta}_1$ 和 $\hat{\theta}_2$ 只要满足 $\mathrm{Var}(\hat{\theta}_1) \leqslant \mathrm{Var}(\hat{\theta}_2)$，则称 $\hat{\theta}_1$ 比 $\hat{\theta}_2$ 有效。

3. 以样本方差对正态总体方差进行区间估计时，其双侧置信区间通常不是一个对称区间。

4. 某市甲、乙两个区分别有高中一年级学生 3 000 人和 5 200 人，为了测试他们的联考成绩，从甲、乙两个区各随机抽取 200 名高一学生进行测试。在其他条件相同的情况下，两个区估计结果的精度不会有较大差异。

5. 实际抽样误差的大小是可以计算的。

7.5.4 简答题

1. 根据以往的经验，某乡农户的年收入分布曲线是一个严重偏斜的非对称曲线。现随机抽取 25 户进行调查，他们的户均年收入为 13 200 元。为了估计该乡农户的户均年收入，能否根据上述数据求得一个置信水平为 95%的置信区间？为什么？

2. 从某市区的居民家庭中随机抽出 200 户构成一个样本，其中有 196 户安装了住宅电话。若要估计该市区所有家庭中安装了住宅电话的家庭数所占百分比的置信区间，是否可以采用公式 $P \pm z_{\alpha/2}\sqrt{\dfrac{P(1-P)}{n}}$？若可以，求出置信区间（假设置信水平为 99.7%）；若不能，解释原因。

3. 某一研究者欲了解某所综合性大学的全体男生身高的情况。他对一个由 400 名男生组成的随机样本进行了测量，其中有 75 人的身高高于 175 厘米。请根据这些数据选

择一个较为合理的陈述，并给予简要的解释。

(1) 该校全体男生中约 18.75% 的人身高高于 175 厘米。

(2) 该校全体男生中约 18.75% 的人身高高于 175 厘米，这个结果可能有 2~4 个百分点的误差。

(3) 该校全体男生中约 18.75% 的人身高高于 175 厘米，这个结果可能有 5~7 个百分点的误差。

4. 某理财公司根据对顾客随机抽样的样本信息推断：对本公司智能投顾服务表示满意的顾客比例的 90% 置信水平的置信区间是（78%，84%）。试判断下列说法正确与否。

(1) 总体比例 90% 置信水平的置信区间为（78%，84%）。

(2) 总体真实比例有 90% 的可能落在（78%，84%）中。

(3) 区间（78%，84%）有 90% 的概率包含了总体真实比例。

(4) 在 200 次抽样得到的 200 个置信区间中，约有 180 个覆盖了总体真实比例。

5. 假设有 A、B、C 三个总体的均值都是 500，它们的标准差分别为 25、50、100。现在分别从这三个总体中有放回地各取一个样本，样本量都是 100。计算出三个样本的均值为 489、506 和 502。但是，这里的次序被弄乱了。你如何分辨出这三个样本分别来自哪一个总体？

7.5.5 计算题

1. 设 $X_1, \cdots, X_n$ 是从均值为 μ，方差为 σ^2 的总体中随机抽出的样本，令估计量

$$T = \sum_{i=1}^{n} a_i X_i。$$

请计算：

(1) 确定 a_i，使 T 是 μ 的无偏估计。

(2) 确定 a_i，使 T 是 μ 的无偏并且有效估计。

2. 一个街道想了解下属的一个社区的居民收入情况，现对该社区居民人均收入进行调查，随机选取 64 名居民组成了一个简单随机样本。

(1) 假定总体标准差为 500 元，求样本均值的抽样平均误差。

(2) 假定 95.45% 的置信水平，求抽样极限误差。

(3) 如果样本均值为 5 000 元，求总体均值的置信区间（置信水平为 95.45%）。

3. 已知某饭店每天的利润服从正态分布。为了了解该饭店的利润情况，现随机抽取 10 天进行调查，每日利润（单位：万元）分别为：3.5，4.8，5.0，3.4，2.9，4.4，2.8，2.7，5.1，4.1。试求下面两种情况下该商场平均利润的置信区间（置信水平为 95%）。

要求：

(1) 总体方差 $\sigma^2 = 1$。

(2) 总体方差未知时。

4. 某电子元器件厂对所生产的产品质量进行抽样检查，要求概率保证程度为 95.45%，抽样误差范围不超过 0.012，已知过去进行了几次同样调查，产品的合格率分别为 99%、98.5%、95%。

要求：

(1) 计算必要样本单位数。

(2) 假定其他条件不变，允许误差扩大 1 倍，必要样本单位数为多少？

5. 某地区想了解居民每年花费在文娱产品上的金额，随机抽取了 500 户居民进行调查，结果显示，平均每户文娱产品的年支出额为 320 元，标准差为 42 元，支出额在 500 元以上的只有 50 户。试以 90% 的概率保证程度估计：

(1) 平均每户文娱产品年支出额的区间；

(2) 文娱产品年支出额在 500 元以上的户数所占比例的区间。

6. 某药厂使用机器给药瓶中装药品。负责人想了解每瓶药重量的差异程度，随机抽出 10 瓶进行检查，称重发现瓶中药量（克）的方差为 1.5。假设总体呈正态分布，试求每瓶药重量方差和标准差的置信区间（置信水平为 90%）。

7. 对某地区农户收入增长情况进行不重复的等比例分层抽样，抽样比例为 3%，按影响收入增长的主要因素将全部农户划分为三类，各类的有关数据如下表所示。

类别	农户总数/户	样本均值/元	样本方差
甲	500	700	3 240
乙	1 000	900	3 800
丙	1 500	1 200	3 090

要求：

(1) 对该地区农户收入增长的总体均值进行点估计；

(2) 求抽样平均误差；

(3) 如果对该总体采用的不是等比例分层抽样，而是简单随机抽样，抽取的样本量不变，则抽样平均误差又是多少？

8. 为了解农村居民年收入情况，先从全市 100 个乡镇中利用不重复的随机抽样方法抽取 10 个乡镇，每个乡镇平均有 3 000 户农户。从这 10 个乡镇中的每个乡镇分别抽取 600 户农户进行调查。根据样本资料计算得到户均年收入为 21 000 元，各个乡镇之间的方差为 800，乡镇内部的平均方差为 300。要求对全市农村居民户均年收入进行统计推断的把握程度有 95.45%，试问推断的极限误差是多少？

7.5.6 案例思考

某公司有 A、B 两个工厂生产同样的产品。某日从两个工厂各随机抽取 20 名工人进行观察。为了提高工人的劳动效率，不久 B 厂实施了一项改革，改革后又进行了一次调查。被调查工人的产量（单位：件）见下表（B 厂同一序号的产量是同一个工人改革前后的产量）。

序号	A厂	B厂	改革后B厂	序号	A厂	B厂	改革后B厂
1	34	15	14	11	25	15	15
2	14	31	34	12	9	6	9
3	35	26	23	13	33	27	35
4	11	5	9	14	24	15	20
5	30	19	24	15	14	29	36
6	19	33	29	16	11	12	17
7	21	24	28	17	21	28	25
8	13	9	15	18	31	22	21
9	36	12	20	19	18	10	14
10	17	19	24	20	19	23	31

分析要求与提示：

对这两个工厂及全公司的工人劳动效率进行分析。要求分析内容至少应该包括：

(1) 对样本数据进行描述性分析；

(2) 利用置信区间对有关总体的情况进行推断；

(3) 对 B 厂实行改革的效果做出评价。

假设检验与方差分析

8.1 本章学习目的要求

本章着重介绍假设检验与方差分析的基本思想、一般程序以及总体均值、方差、成数等参数的常用检验方法。通过本章的学习，要求：

1. 理解假设检验的基本思想，理解假设检验中的基本概念，掌握假设检验的一般步骤，理解两类错误的含义及其概率之间的关系。
2. 掌握单个正态总体均值和方差的假设检验方法及其应用，掌握大样本条件下单个总体成数的检验方法及其应用。
3. 了解两个正态总体均值差以及方差相等性的假设检验方法及其应用，了解两个总体成数之差的 Z 检验法的应用。
4. 理解单因素方差分析的基本概念和基本思想，理解方差分析表中各项数据的含义及其相互关系。
5. 能够利用 Excel 或其他软件实现假设检验与方差分析的计算，正确解读 Excel 的输出结果。

8.2 基本知识梳理

基本知识点	含义或公式
假设检验	事先提出关于总体某种数量特征的命题，然后通过样本信息来判断该命题是否成立的统计推断方法
原假设 H_0 与备择假设 H_1	原假设或称零假设（记为 H_0）是有待根据样本信息来验证的、关于总体特征的某种说法或论断；与之对立的假设称为备择假设（记为 H_1），意为预备在拒绝原假设时所选择的假设，也称为对立假设
检验统计量	用于检验原假设是否成立的统计量，它反映样本的信息，不含未知总体参数（但要包含待检验的参数假设值）。要判断在原假设成立的前提下样本的出现是否属于小概率事件，就要以检验统计量的概率分布为依据
检验法	假设检验的具体方法通常以检验统计量服从的分布来命名。例如，Z 检验（正态检验）就是指检验统计量是服从标准正态分布的 Z 变量。常用的检验法还有 t 检验、F 检验、χ^2 检验等
显著性水平 α	进行假设检验时事先对"小概率"所规定的一个标准，常用 α 表示。它由研究者根据具体情况确定，最常见的情况是取 0.05，也可以取 0.005，0.01，0.10 等
第一类错误（弃真）	原假设 H_0 为真时误认为原假设不真，即拒绝了真实的原假设。犯第一类错误的概率为 α（即显著性水平）
第二类错误（取伪）	原假设 H_0 不真时误认为原假设为真，即未拒绝错误的原假设。犯第二类错误的概率常用 β 表示
P 值（P-value）	在原假设成立的前提下，检验统计量等于检验统计值或更极端情况的概率（即样本观察结果以及更加背离原假设的观察结果出现的概率）
拒绝域	当检验统计量的观察值落在某个区间范围时，按检验规则应拒绝原假设 H_0，这个区域就称为原假设的拒绝域。若检验统计量的值落在拒绝域之外，就不能拒绝原假设
临界值	原假设的拒绝区域和不能拒绝区域的分界点
双侧（双尾）检验	原假设的拒绝域在检验统计量分布曲线的双侧（双尾）。若以 θ 表示待检验的总体参数，θ_0 表示假设值，双侧检验的假设形式为 $H_0:\theta=\theta_0$；$H_1:\theta\neq\theta_0$
单侧（单尾）检验	拒绝域在检验统计量分布的单侧（单尾），又分左侧检验和右侧检验。 左侧检验的拒绝域在左侧，其假设形式为：$H_0:\theta=\theta_0$（或 $\theta\geqslant\theta_0$）；$H_1:\theta<\theta_0$。 右侧检验的拒绝域在右侧，其假设形式为：$H_0:\theta=\theta_0$（或 $\theta\leqslant\theta_0$）；$H_1:\theta>\theta_0$
方差分析	检验多个总体均值是否存在显著性差异（以鉴别所考查因素对试验结果是否存在显著影响或效应）的统计推断方法
单因素试验	只考虑一个因素影响（只有一个因素在改变）而其余所有因素均保持不变的随机试验
水平（处理）	所考查因素在试验中的各种不同状态、不同类别或不同取值
总离差平方和（SST）	$SST = \sum_{i=1}^{k}\sum_{j=1}^{n_i}(x_{ij}-\overline{x})^2$，反映样本全部观测值的差异 总离差平方和（SST）＝组内平方和（SSE）＋组间平方和（SSA）
组内平方和（SSE）与组内方差（MSE）	$SSE = \sum_{i=1}^{k}\sum_{j=1}^{n_i}(x_{ij}-\overline{x}_i)^2$，反映相同水平下样本观测值之间由于随机波动而引起的差异，也称误差平方和 $SSE/(n-k)=MSE$，称为组内方差

(续)

基本知识点	含义或公式
组间平方和（SSA）与组间方差（MSA）	$SSA = \sum_{i=1}^{k} n_i (\overline{x}_i - \overline{x})^2$，反映不同水平下样本均值之间的差异，它既包含随机误差，也可能包含系统误差 $SSA/(n-k)=MSA$，称为组间方差

表 8-1 检验方法一览表

待检验的总体参数		原假设 H_0	前提条件	检验统计量	H_0 成立时检验统计量的分布
单个总体	均值	$\mu=\mu_0$	正态总体，方差已知	$Z=\dfrac{\overline{X}-\mu_0}{\sigma/\sqrt{n}}$	$N(0,1)$
			正态总体，方差未知	$t=\dfrac{\overline{X}-\mu_0}{S/\sqrt{n}}$	$t(n-1)$
	方差	$\sigma^2=\sigma_0^2$	正态总体	$\chi^2=\dfrac{(n-1)S^2}{\sigma_0^2}$	$\chi^2(n-1)$
	成数	$P=P_0$	大样本	$Z=\dfrac{p-P_0}{\sqrt{P_0(1-P_0)/n}}$ 或 $Z=\dfrac{p-P_0}{\sqrt{p(1-p)/n}}$	趋近于 $N(0,1)$
两个总体	均值	$\mu_1-\mu_2=D_0$	正态总体，方差已知	$Z=\dfrac{(\overline{X}_1-\overline{X}_2)-D_0}{\sqrt{\dfrac{\sigma_1^2}{n_1}+\dfrac{\sigma_2^2}{n_2}}}$	$N(0,1)$
			正态总体，方差未知但相等	$t=\dfrac{(\overline{X}_1-\overline{X}_2)-D_0}{\sqrt{S_W^2\left(\dfrac{1}{n_1}+\dfrac{1}{n_2}\right)}}$	$t(n_1+n_2-2)$
			正态总体，成对样本	$t=\dfrac{\overline{d}-D_0}{S_d/\sqrt{n}}$	$t(n-1)$
	方差	$\sigma_1^2=\sigma_2^2$	正态总体	$F=\dfrac{S_1^2}{S_2^2}$	$F(n_1-1,n_2-1)$
	成数	$P_1-P_2=D_0$	两个都是大样本	$Z=\dfrac{p_1-p_2-D_0}{\sqrt{\dfrac{p_1(1-p_1)}{n_1}+\dfrac{p_2(1-p_2)}{n_2}}}$	趋近于 $N(0,1)$
多总体	均值	μ_i 全相等	随机项 ε_{ij} 独立 $\varepsilon_{ij} \sim N(0,\sigma^2)$	$F=\dfrac{SSA/(k-1)}{SSE/(n-k)}=\dfrac{MSA}{MSE}$	$F(k-1,n-k)$

注：(1) $S_W^2=\dfrac{(n_1-1)S_1^2+(n_2-1)S_2^2}{n_1+n_2-2}$；(2) d 是两个成对样本 $\{X_1\}$、$\{X_2\}$ 对应观测值之差，即 $d_i=X_{1i}-X_{2i}(i=1,2,\cdots,n)$，$\overline{d}$、$S_d$ 分别是 d 的均值和标准差。

8.3 重点难点点拨

8.3.1 假设检验的基本思想和一般步骤

假设检验的逻辑是带有概率性质的反证法。简单地说，假设检验的原理是：先承认待检验的假设成立，然后观察在此假设前提下样本的出现是否属于小概率事件，如果是小概率事件，则有充分的理由怀疑或否定原假设，反之则不能否定原假设。因为根据小概率原理，小概率事件在很多次试验中才有可能发生一次，实际决策时通常认为它在一次试验中是不会发生的；反之，如果在一次试验中小概率事件居然发生了，人们宁愿相信该事件的前提条件有错误。

假设检验的实施过程一般分为五个步骤：提出原假设和备择假设；确定检验统计量及其分布；给定检验的显著性水平 α，并根据检验统计量的分布和检验形式确定该显著性水平对应的临界值与拒绝域；根据样本数据计算出检验统计量的观测值及其相应的 P 值；判断并做出检验的结论。

8.3.2 假设检验中的两类错误及其概率

假设检验是以样本信息为依据、基于小概率原理来判断的，所以检验结论不一定正确。假设检验中可能犯两类错误：弃真（第一类错误）和取伪（第二类错误）。犯第一类错误的概率为 α（即显著性水平），犯第二类错误的概率常用 β 表示。假设检验的两类错误及其概率如图 8-1 所示。

进行假设检验时我们总希望犯两类错误的可能性都很小，然而，在其他条件不变的情况下，α 和 β 是此消彼长的关系，二者不可能同时减小。若要同时减小 α 和 β，只能增大样本量 n。从图 8-1 来看，n 增大，两条分布曲线

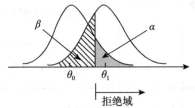

图 8-1　假设检验的两类错误及其概率（右侧检验中）

的离散程度都会缩小，尾端的面积都减少；从直观上看，增加样本信息必然有助于辨明真伪，减小判断错误的可能性。一般总是控制 α，使犯第一类错误的概率不大于 α。确定 α 时必须注意，如果犯第一类错误的代价较大，α 可取小些；反之，如果犯第二类错误的代价较大，则 α 宜取大些（以使 β 较小）。

β 是备择假设为真时检验统计量的值落在不能拒绝原假设区域的概率。如果备择假设中参数的值是一个点，则可计算出 β 的值，如图 8-1 所示（当 $H_1:\theta=\theta_1$ 时）。通常备择假设中的参数取值是一个区域，所以一般无法计算出 β 的确切数值，但可以计算出 β

随假设的参数值变化而变化的曲线。

8.3.3 怎样提出原假设和备择假设

原假设和备择假设的提出，应根据所检验问题的具体背景而定，通常与所要检验问题的性质、决策者的目的和经验等有关。

首先根据研究问题的方向性确定假设检验的类型是双侧还是单侧。如果只关心总体参数与某个数值有无差异，不关心差异的方向，就采用双侧检验。如果不仅关心有无差异，更在乎差异的方向（即关心总体参数是否比某个数值偏大或偏小），就应该采用单侧检验。

对于单侧检验，是左侧还是右侧呢？主要有以下几条参考准则。

(1) 采取"不轻易拒绝原假设"的原则，把没有充分理由不能轻易否定的命题作为原假设，相应地，把没有足够把握就不能轻易肯定的命题作为备择假设。因为拒绝原假设犯错误的概率 α 是受到控制的，而且 α 通常很小，这就意味着原假设是不能轻易拒绝的。这好比法庭以"无罪推定"原则来审案，即把"嫌疑人无罪"设为 H_0，而把"嫌疑人有罪"设为 H_1，没有足够证据就不能断定嫌疑人有罪。

(2) 把想要证明的命题或想要支持的观点作为备择假设 H_1，再将相反的说法作为原假设 H_0。例如，研究者想要证明某种新药的有效率比旧药的有效率（P_0）更高，应提出备择假设 $H_1: P > P_0$，相应地，$H_0: P \leqslant P_0$。因为一旦拒绝原假设而得到支持备择假设的结论，犯错误的概率 α 很小，因此能够强有力地证明自己想要支持的观点。若把想要证明的命题作为原假设 H_0，而接受原假设犯错误的概率 β 的具体数值并不明确，这样的结论也就不是很可靠。

(3) 把样本信息所显示的方向作为备择假设的方向，即先根据样本信息确定 H_1，再将相反的命题作为原假设 H_0（它往往代表的是以往的经验、原来的状态、看法或理论）。例如，某企业以前产品的次品率为 1%，样本次品率为 3%，显然样本信息让我们对总体次品率仍然为 1% 产生了怀疑，自然想要关注总体次品率是否会比 1% 更高。因此，提出备择假设 $H_1: P > 1\%$，相应地，$H_0: P \leqslant 1\%$（或简记为 $H_0: P = 1\%$）。事实上，许多统计软件正是按这一准则来计算检验 P 值的，因为 P 值的计算与 H_1 的方向有关。

由于原假设和备择假设是互斥的，严格地讲，单侧检验中原假设应该用"≤"或"≥"表示，且必须包括"="（相应地，备择假设中不能带等号，即它只能是"<"">"或"≠"）。但实际检验时，只取其边界值，该值能够拒绝，其他值就更有理由拒绝。所以，原假设中一般可省略大于或小于符号而只用等号表示。

8.3.4 做出检验结论的两种判断方法及其比较

1. 根据临界值来判断

根据检验统计量的分布，由给定的显著性水平 α 确定了临界值，也就确定了原假设的拒绝域，再看统计量取值是否落入拒绝域，即可做出是否拒绝原假设的结论，即当检验统计量的观测值落入拒绝域时，就应该拒绝原假设，反之则不能拒绝原假设。

临界值和拒绝域也与检验类型有关。如果是双侧检验，拒绝域分别在统计量分布的左右两个尾端，通常是分别取左右两尾概率 $\alpha/2$ 所对应的检验统计量的值为临界值（注意：只有当检验统计量的分布为对称分布时，双侧检验的两个临界值才是对称的，如 Z 检验和 t 检验）。如果是单侧检验，拒绝域在统计量分布的左尾（左侧检验）或右尾（右侧检验），只有一个临界值。例如运用 Z 检验时，双侧检验的临界值为 $-Z_{\alpha/2}$ 和 $Z_{\alpha/2}$；左侧检验、右侧检验的临界值分别为 $-Z_\alpha$、Z_α。

2. 根据 P 值来判断

假设检验的 P 值是指在原假设成立的前提下，检验统计量等于检验统计值以及更极端取值的概率（等价于这个样本观测结果以及更加背离原假设的样本观测结果出现的概率）。显然，P 值很小，就意味着在原假设成立的前提下发生了小概率事件，因此有充足的理由否定原假设。P 值越小，拒绝原假设的理由就越充足，或者说拒绝原假设的证据就越有力。

显著性水平 α 是犯弃真错误的概率的最大允许值，是研究者自己事先给定的数值，而 P 值则是根据样本数据计算的犯弃真错误的概率值，故 P 值又称为观测的显著性水平。在给定 α 后，做出检验结论的规则就是：若 P 值 $<\alpha$，则拒绝原假设。反之，若 P 值 $>\alpha$，则不能拒绝原假设。

P 值的计算与统计量的分布、检验统计值和检验类型等因素都有关。根据备择假设的方向（也就是背离原假设的方向）来确定计算 P 值的方向。如运用 Z 检验时，由样本数据计算出统计量的观测值为 z，则有：

右侧检验时，P 值 $=P(Z\geqslant z)$（统计量大于等于观测值的右尾概率）；

左侧检验时，P 值 $=P(Z\leqslant z)$（统计量小于等于观测值的左尾概率）；

双侧检验时，P 值 $=2\times$ 相应的单侧检验的 P 值。注意"相应的单侧检验的 P 值"是指左尾概率与右尾概率中较小的一个。换言之，若统计量观测值落在分布曲线较小的一方（如 $z<0$），"相应的单侧检验的 P 值"就是相应的左尾概率；若统计量观测值落在分布曲线较大的一方（如 $z>0$），"相应的单侧检验的 P 值"就是相应的右尾概率。

3. 两种判断方法的比较

在给定显著性水平 α 的情况下，"P 值 $<\alpha$"也就等价于"统计量的取值比临界值更

极端"。所以，通过两种判断方法得到的关于是否拒绝原假设的检验结论是一致的。例如，采用 Z 检验（右侧检验）时，$\alpha=0.05$，对应的临界值 $Z_{0.05}=1.645$。拒绝原假设的区域是"$Z>1.645$"，等价于"P 值<0.05"。同理，若检验统计值"$Z<1.645$"，必然有 P 值>0.05。

在没有计算机的场合，计算 P 值是很困难的，通常只能根据有关概率分布函数表查找到 α 所对应的临界值，再将统计量取值与临界值进行比较来判断。这种方法存在一定的局限性。其一，对于不同的 α，同一样本可能得出不同的检验结论（α 小，可能无法拒绝原假设；α 大，则可能拒绝原假设）。利用临界值来判断不利于满足不同决策者的需要。其二，对于相同的 α，检验统计值落在相同区域内，检验结论就相同，但事实上对于不同检验统计值得到的检验结论，其可靠度是有差别的，而 P 值就能够精确地表明这种差别。若检验统计值 z 处于更偏右尾的位置，那么检验的 P 值就更小，表示样本信息与原假设更加背离，拒绝原假设显然就更有信心；若检验统计值 z 落在更偏左侧的位置，那么检验的 P 值就更大，接受原假设就更有信心。利用 P 值进行假设检验还有一个优点：不必事先指定 α，不同决策者可以灵活地利用 P 值来做出决策。统计分析软件在涉及假设检验时一般都给出了相应的 P 值。

8.3.5 假设检验结果的正确解释

在解释和应用假设检验的结论时，必须注意两点。

其一，"不能拒绝原假设"并不等于"原假设正确"，所以不宜说"接受原假设"。这是因为假设检验运用的是概率性质的反证法，我们用于推断的依据只是一个样本。我们知道，要用一个反例去推翻一个命题，理由是充足的，因为一个命题成立时不允许有反例存在。但要用一个实例去证明某个命题成立，这在逻辑上是不充分的。不能拒绝原假设，只能说明否定原假设的理由还不充分，换言之，还没有发现对原假设不利的有力证据。但事实上，有可能原假设不正确而我们根据有限的样本信息误认为它正确，也就是说，我们的判断有可能犯第二类错误，而我们通常无法确知犯第二类错误的概率 β 的大小。

其二，拒绝原假设时我们通常说检验是显著的，即总体参数的真值与原假设值的差异在统计上是显著的。统计显著应该是指差异是可识别的，但并不说明参数的真实值与原假设值的差异很大或这种差异具有重要意义。例如对某批产品的次品率进行假设检验，H_0：次品率=5%，H_1：次品率>5%，当拒绝 H_0 时可认为总体次品率大于5%，但到底比5%大多少，假设检验的结论并不能告诉我们，所以不能说总体次品率大大超过5%。

实际上，是否得出拒绝原假设 H_0 的结论，不仅和样本信息与原假设的差异有关，

也与 $α$、n 有关。$α$ 的取值越大，就容易拒绝原假设。在 $α$ 一定的情况下，不管多么小的差异，只要 n 增加，从计算公式可知，检验统计量观测值的绝对值必然增大，从而就必然会拒绝原假设。所以，拒绝原假设并不能说明实际差异很大。换一种思路来理解，当 n 较小时，由于随机抽样而产生的误差较大，我们很难辨明样本信息与假设值之差是由于抽样的随机误差引起的，还是由于总体参数真值的确与假设值不同，这时往往容易得出"不能拒绝原假设"的结论。如果增加样本量，抽样误差范围缩小了，当统计量的值与假设值之间的差异大于抽样误差时，就可以推断参数真值与假设值确实有差异，因而比较容易得出"拒绝原假设"的结论。极端情况是，抽样误差趋近于零，样本统计量的观测值与假设值之间的任意小的差异都是统计上显著的。

8.3.6 方差分析的基本思想和一般步骤

方差分析（analysis of variance，ANOVA）要鉴别因素的影响是否显著，也就相当于检验该因素各水平的总体均值是否相等，其中心问题就是要判断试验数据（即样本观测值）的差异中有无条件误差存在。若因素的影响不显著，则组间方差与组内方差应该比较接近，二者之比值在 1 的上下波动；反之，若因素的影响是显著的，则组间方差会显著地大于组内方差，即二者之比值会明显大于 1。因此，在诸随机项 ε_{ij} 均值为零、方差存在且相等、独立同正态分布等假定条件下，可得到检验统计量 $F=\dfrac{\text{SSA}/(k-1)}{\text{SSE}/(n-k)}=\dfrac{\text{组间方差}}{\text{组内方差}}\sim F(k-1,n-k)$。

可见，方差分析形式上就是同时对多个总体均值的检验，是一种 F 检验，所以方差分析的步骤与假设检验的一般步骤是一致的。

应注意的是，当 $F\geqslant F_α(k-1,n-k)$ 时，拒绝原假设，即可认为各水平的总体均值不完全相同，所研究因素的影响是显著的。但不能说它们全部不相同，方差分析的结果也无法判断其中哪些相同、哪些不相同。此外，各水平下的样本观测值个数 n_i 可以相等，也可以不相等，但是在总的样本量 n 相同的情况下，n_i 相等时的检验效率最高，所以 n_i 最好相等。

8.3.7 利用 Excel 进行假设检验和方差分析的操作方法与输出表解读

若已给出样本统计量，计算出检验统计量后，可根据有关的函数功能得到临界值和 P 值。下面只介绍掌握的数据为样本原始观测值的情况。

1. 单总体均值的检验

对单个总体均值进行检验时，可利用 Excel 的函数 ZTEST 得到 Z 检验单尾（右侧）

的 P 值。若是左侧检验，要得到左尾 P 值，只需用 1 减去输出的 P 值。要得到双侧检验的 P 值，只需将左尾 P 值和右尾 P 值中的较小者乘以 2。在该函数对话框中，指定原始数据区域、原假设的值、总体标准差即可。若总体标准差未知，可忽略，软件会自动用样本标准差代替（显然这适用于大样本的情况）。

2. 双总体均值之差的检验

利用 Excel 对两个总体均值之差进行检验，"差"等于零时，即检验两个总体均值是否相等，"差"也可以假设为任一正数（不能设为负数，为此应将样本均值较大的变量设为变量 1）。

前提条件不同，所选择的检验方法和操作程序也不同。

（1）若样本为两个独立样本，两个总体的方差未知时，采用 t 检验法，又分两种情况。

① 在两个总体方差相等的假定前提下，可利用 Excel 中"数据分析"→"t 检验：双样本等方差假设"，得到如表 8-2 所示的输出表（表中备注栏是作者所加的对输出项目的解释）。

表 8-2 Excel 中 t 检验（双样本等方差假设）输出表

	变量 1	变量 2	备注
平均			样本均值
方差			样本方差
观测值			观测值个数
合并方差			检验统计量 t 的 S_w^2
假设平均差			原假设中两总体均值之差
df			检验统计量 t 的自由度
t Stat			检验统计量 t 的观测值
P(T<=t) 单尾			单侧检验的 P 值
t 单尾临界			单侧检验的临界值
P(T<=t) 双尾			双侧检验的 P 值
t 双尾临界			双侧检验的临界值

下面几种检验的输出表也与此类似，恕不赘述。

② 若两个总体方差不相等，则应利用 Excel 中"数据分析"→"t 检验：双样本异方差假设"。

（2）若样本为两个独立样本，两个总体方差已知时，采用 Z 检验法，利用 Excel 中"数据分析"→"Z 检验：双样本平均差假设"。

（3）若样本为两个成对样本，采用 t 检验法，利用 Excel 中"数据分析"→"t 检验：平均值的成对二样本分析"。

3. 双总体方差相等性的检验（方差比检验）

利用 Excel 的数据分析工具来完成。具体操作方法是：依次单击"数据分析"→"F 检验:双样本方差分析"，在其对话框中指定两个样本的数据所在区域、显著性水平（默认值为 0.05）和输出区域起点单元格即可。输出结果主要包括两个样本的均值和方差，以及检验统计量 F 的值、单尾的 P 值和临界值。

需注意以下两点。首先，在手工计算中，为了简化判断过程，计算检验统计量 F 时，通常将较大的样本方差作为分子，将较小的样本方差作为分母，$F>1$，这样就不必查左侧临界值，只需要查出右侧的临界值，并将检验统计量的值与右侧临界值比较，判断检验统计量的值是否落入右尾的拒绝域。但利用 Excel 就不必先区分谁大谁小，变量 1 和变量可随意指定。若 $F>1$，软件输出的是右尾的 P 值和右尾的临界值（当 $F>$ 临界值时拒绝原假设）；若 $F<1$，软件会自动输出左尾的 P 值和左尾的临界值（当 $F<$ 临界值时拒绝原假设）。其次，Excel 的 F 检验只输出单尾临界值 F_α 和单尾的 P 值。若要得到双侧检验的临界值 $F_{\alpha/2}$，应先在对话框中 α 一栏输入 $\alpha/2$ 的值。若是双侧检验，P 值应等于 2 乘以输出结果中的单尾 P 值。

此外，利用 Excel 的函数"FTEST"也可以进行两个总体方差相等性的检验，但是它的信息量有限，只能输出该检验的单尾 P 值。

4. 多总体均值相等性的检验——方差分析

利用 Excel 的数据分析中的"方差分析：单因素方差分析"来完成。其输出结果分两个部分：其一是"SUMMARY"，是对样本各个水平的描述性统计；其二是"方差分析"，其中"SS"是离差平方和，"df"是自由度，"MS"是方差，"F"是 F 检验统计量的观测值。方差分析表以及其中各项数据之间的数量关系如图 8-2 所示。

差异来源	平方和 （SS）	自由度 （df）	方差 （MS）	F
组间	SSA ÷	$k-1$ =	MSA	
	+	+	—	= F
组内	SSE ÷	$n-k$ =	MSE	
	‖	‖		
总计	SST	$n-1$		

图 8-2 方差分析表中各项数据之间的数量关系

Excel 输出的方差分析表中还包括"P-value"和"F crit"。"P-value"为"F"对应的 P 值，"F crit"为与本例中自由度和给定显著性水平 α 所对应的临界值。当 F 的值大于临界值或 P 值小于 α 时，方差分析的结论为"拒绝原假设"，即所研究因素具有显著效应；反之，则反。

8.4 范例解析

8.4.1 单项选择题解析

例： 某研究者两年前从某乡农户中随机抽取了 20 户，调查了他们的年收入，今年又对这 20 户的年收入进行了调查。根据经验，该乡农户收入的分布偏斜度较大。为了检验该乡农户收入水平的变化，若只有这两次调查的样本数据，下列说法中哪一个是错误的（　　）？

　　A. 待检验的总体参数是两个总体均值之差

　　B. 两个样本不是独立的而是成对样本

　　C. 不能运用 Z 检验

　　D. Z 检验和 t 检验都可以运用

解析： 根据题意，为了说明该乡农户收入水平的变化，待检验的问题是前后两年该乡农户平均收入是否相等（或有提高），因此 A 是正确的。两次调查的农户是相同的，所以 B 也正确。由于总体分布偏斜度较大，不满足 t 检验要求的正态总体条件，且样本量较小，也不能用 Z 检验去近似，所以 C 正确，只有 D 是错误的，所以此题答案是 D。

8.4.2 多项选择题解析

例： 某机场的塔台面临一个决策问题，如果荧幕上出现一个小的不规则点，并逐渐接近飞机时，工作人员必须做出判断，即 H_0：一切正常，那只是荧幕上受到一点干扰罢了；H_1：可能会发生碰撞意外。在这个问题中，（　　）。

　　A. 错误地发出警报属于第一类错误

　　B. 错误地发出警报属于第二类错误

　　C. 错误地发出警报的概率为 α

　　D. 错误地发出警报的概率为 β

　　E. α 不宜太小

解析： 此题考查的是对两类错误的概念及其概率关系的理解和应用。"错误地发出警报"是指 H_0 为真但判断其不真（即误认为 H_1 为真从而发出警报），根据两类错误的定义，此判断错误属于第一类错误。第一类错误的概率为 α。因此，A、C 为正确说法，相应地，B、D 则为错误说法。由于 α 与 β 是此消彼长的关系，在确定显著性水平 α 的大小时，应该考虑到犯两类错误的相对代价。此例中显然宁可犯第一类错误而必须竭力避免犯第二类错误，即 β 要尽可能小，从而 α 就不宜太小。综上所述，正确答案为 A、C、E。

8.4.3 判断分析题解析

例: 对某一总体均值进行假设检验,$H_0:\mu=100$,$H_1:\mu\neq100$。检验结论是:在 1% 的显著性水平下,应拒绝 H_0。据此可认为:

(1) 对原假设进行检验的 P 值小于 1%;

(2) 总体均值的真实值与 100 有很大差异。

解析: 做判断分析题时,不仅要指出判断题中说法或结论的对错,还要求分析说明其正确或错误的原因。对本题的两个结论,分别解答如下。

(1) 正确。利用 P 值来做出判断时,拒绝原假设的准则是:P 值 $<\alpha$。已知 $\alpha=1\%$ 且检验结论为拒绝原假设,所以可知检验的 P 值小于 1%。

(2) 错误。"拒绝原假设"只能说明统计上可判断总体均值不等于 100,但并不能说明总体均值与 100 之间的差距很大。

8.4.4 简答题解析

例: 采用某种新生产方法需要追加一定的投资。但若根据试验数据,通过假设检验判定该新生产方法能够降低产品成本,则这种新方法将正式投入使用。

(1) 如果目前生产方法的平均成本为 350 元,试建立合适的原假设和备择假设。

(2) 对你所提出的上述假设,发生第一、二类错误分别会导致怎样的后果?

解析: 这是关于总体均值 $\overline{X}$(新方法的平均成本)的假设检验问题。应该进行左侧检验,且将"$\mu<350$(元)"作为备择假设。因为新方法是不能轻易推行的,除非决策者有充分的理由相信"新方法能够降低成本"。将想要支持的这个命题放在备择假设,当拒绝原假设而接受备择假设时,支持新方法的理由是充分的。相反,如果将"$\mu\leqslant350$(元)"作为原假设,即使不能拒绝原假设,也只能说明"没有足够的理由相信新方法会增加成本,因此新方法有可能会降低成本",显然这样的结论对推行新方法的支持力度是不强的。对问题(2)的回答,应具体而不是泛泛地解释两类错误的概念,且要与问题(1)的回答相对应。所以,此题的正确答案如下。

(1) $H_0:\mu\geqslant350$;$H_1:\mu<350$。

(2) 针对上述假设,犯第一类错误时,表明新方法不能降低生产成本,但误认为其成本较低而被投入使用,所以此决策错误会增加成本。犯第二类错误时,表明新方法的确能降低生产成本,但误认为其成本不低而未被投入使用,所以此决策错误将失去降低成本的机会。

8.4.5 计算题解析

例： 设有 A 和 B 两个品牌的同类电池，它们的使用寿命都服从正态分布。现分别从这两个品牌电池中随机抽取 10 只进行检测，获得使用时间的样本数据如下表所示（单位：小时）。

两个品牌电池使用寿命的样本数据

A 品牌	59	61	63	49	55	50	63	58	57	54
B 品牌	39	43	41	40	50	45	52	48	46	38

试问在 10% 的显著性水平下，可否认为：

(1) 两个品牌电池使用寿命的差异程度相等？

(2) A 品牌电池比 B 品牌的平均使用寿命长 10 小时以上？

解析： μ_1，μ_2 分别代表 A 和 B 两个品牌的总体平均寿命，σ_1^2，σ_2^2 分别代表 A 和 B 两个品牌使用寿命的方差。根据题意，需检验下列两个假设。

(1) $H_0: \sigma_1^2 = \sigma_2^2$，$H_1: \sigma_1^2 \neq \sigma_2^2$

(2) $H_0: \mu_1 - \mu_2 \leq 10$，$H_1: \mu_1 - \mu_2 > 10$

已知 $n_1 = n_2 = 10$，根据样本观测值计算可得

样本均值分别为：$\bar{x}_1 = 56.9$，$\bar{x}_2 = 44.2$

样本方差分别为：$S_1^2 = 24.322$，$S_2^2 = 23.067$

对问题（1）的检验采用 F 检验，检验统计量 $F = \dfrac{S_1^2}{S_2^2} = \dfrac{24.322}{23.067} = 1.054$

利用 Excel 中的函数"=FDIST(1.054,9,9)"可计算出 $F=1.054$ 所对应的 P 值 $= 2 \times P\{F(9,9) \geq 1.054\} = 2 \times 0.469 = 0.978$。

$\alpha = 0.1$，由于 $F = 1.054 < F_{0.05}(10,8) = 3.179$（或由于 P 值 $> \alpha$），所以不能拒绝原假设，即可认为两个品种的总体方差相等。

以上的计算可用 Excel 中"数据分析"→"F 检验：双样本方差分析"来完成。$\alpha = 0.1$，因为是双侧检验，所以在对话框中"α"一栏应输入 $\alpha/2$ 的值 0.05，输出结果如下表所示。

F 检验：双样本方差分析

	A 品牌	B 品牌
平均	56.9	44.2
方差	24.322 22	23.066 67
观测值	10	10
df	9	9

（续）

	A 品牌	B 品牌
F Stat	1.054 432	
P(F<=f) 单尾	0.469 183	
F 单尾临界	3.178 89	

对（2）的检验采用 t 检验，属于右侧检验。

合并的样本方差：$S_w^2 = \dfrac{(10-1) \times 24.322 + (10-1) \times 23.067}{10+10-2} = 23.694$

检验统计量：$t = \dfrac{(56.9-44.2)-10}{\sqrt{23.694 \times \left(\dfrac{1}{10}+\dfrac{1}{10}\right)}} = 1.240$

P 值 $= P\{t(18) \geqslant 1.24\} = 0.115$

已知 $\alpha = 0.1$，查 t 分布表可得临界值 $t_\alpha(n_1+n_2-2) = t_{0.1}(18) = 1.33$

由于 P 值 $> \alpha = 0.1$ 或 $t = 1.24 < 1.33$，所以在 0.1 的显著性水平下不能拒绝原假设，即不能断定 A 品牌比 B 品牌的平均使用寿命长 10 小时以上。

以上计算可用 Excel 中"数据分析"→"t 检验：双样本等方差假设"来完成。输出结果如下表所示。

t 检验：双样本等方差假设

	A 品牌	B 品牌
平均	56.9	44.2
方差	24.322 22	23.066 67
观测值	10	10
合并方差	23.694 44	
假设平均差	10	
df	18	
t Stat	1.240 296	
P(T<=t) 单尾	0.115 395	
t 单尾临界	1.330 391	
P(T<=t) 双尾	0.230 791	
t 双尾临界	1.734 064	

8.5 练习与实践

8.5.1 单项选择题

1. 在假设检验的原假设与备择假设中，"="总是（　　）。

　　A. 放在原假设中

　　B. 放在备择假设中

C. 同时放在原假设和备择假设中

D. 可以放在原假设中，也可以放在备择假设中

2. 原假设通常代表（　　）。

   A. 研究者想要予以支持的假设　　B. 研究者想要予以否定的假设

   C. 很容易被拒绝的假设　　D. 不能轻易接受的假设

3. 备择假设通常代表（　　）。

   A. 不能轻易接受的假设　　B. 研究者想要予以否定的假设

   C. 不容易被拒绝的假设　　D. 研究者不想支持的假设

4. 若 H_1 不仅关心总体参数 θ 与假设值 θ_0 是否相等，还关心其偏离的方向，那么该假设检验是（　　）。

   A. 单侧检验　　B. 双侧检验

   C. 左侧检验　　D. 右侧检验

5. 有关部门对食品安全问题高度重视，采取了一系列监管措施，现欲通过抽查了解市场销售食品的不合格率是否降到了 5% 以下，建立的原假设和备择假设应该是（　　）。

   A. $H_0: P = 5\%$, $H_1: P \neq 5\%$　　B. $H_0: P > 5\%$, $H_1: P \leqslant 5\%$

   C. $H_0: P = 5\%$, $H_1: P < 5\%$　　D. $H_0: P \leqslant 5\%$, $H_1: P > 5\%$

6. 某医药公司声称其研制的新药消灭新冠病毒的有效率不低于 80%。对随机抽取的 100 个患者试用该药物进行治疗，其中 86 人有效。要检验该公司的说法是否正确，则假设形式为（　　）。

   A. $H_0: P \leqslant 0.8$, $H_1: P > 0.8$　　B. $H_0: P \leqslant 0.86$, $H_1: P > 0.86$

   C. $H_0: P \geqslant 0.8$, $H_1: P < 0.8$　　D. $H_0: P \geqslant 0.86$, $H_1: P < 0.86$

7. 以前大量数据显示，某企业员工的日人均产量为 60 件，标准差为 5 件。该企业推出新的管理政策后，管理者欲通过抽样数据检验员工日产量的差异是否显著地扩大，应该建立的原假设和备择假设是（　　）。

   A. $H_0: \mu = 60$, $H_1: \mu \neq 60$　　B. $H_0: \mu \leqslant 60$, $H_1: \mu > 60$

   C. $H_0: \sigma = 5$, $H_1: \sigma \neq 5$　　D. $H_0: \sigma^2 = 25$, $H_1: \sigma^2 > 25$

8. 假设检验中，显著性水平 α 表示（　　）。

   A. H_0 为真时拒绝 H_0 的概率　　B. 根据样本计算的拒绝真实的 H_0 的概率

   C. H_1 为真时拒绝 H_1 的概率　　D. 检验结论犯第一类错误的最小概率

9. 假设检验中的错误概率 β 表示（　　）。

   A. H_1 不真时接受 H_1 的概率

   B. H_0 不真时接受 H_0 的概率

C. 根据样本计算的拒绝真实的 H_0 的概率

D. 检验结论犯第一类错误的最小概率

10. 观测的显著性水平指的是（   ）。

   A. α
   B. β
   C. P 值
   D. 临界值

11. 若检验统计量的取值落入拒绝域，则假设检验的结论（   ）。

   A. 应该支持原假设
   B. 应该支持备择假设
   C. 错误的可能性很大
   D. 错误的可能性无法控制

12. 当检验统计量的观测值未落入拒绝域时，表示（   ）。

   A. 可以放心地接受原假设
   B. 没有充足的理由否定原假设
   C. 没有充足的理由否定备择假设
   D. 备择假设是错误的

13. 进行假设检验时，在其他条件不变的情况下，缩小 α，会使（   ）。

   A. P 值缩小
   B. P 值增大
   C. β 缩小
   D. β 增大

14. 进行假设检验时，在其他条件不变的情况下增加样本量，犯两类错误的概率会（   ）。

   A. 都减小
   B. 都增大
   C. 都不变
   D. 一个增大一个减小

15. 进行左侧检验时，利用 P 值进行判断，拒绝原假设的条件是（   ）。

   A. P 值 $<\alpha$
   B. P 值 $>\alpha$
   C. P 值 $<\beta$
   D. P 值 $>\beta$

16. 在下列几个 P 值中，拒绝原假设的证据最为充足的是（   ）。

   A. 0.965
   B. 0.512
   C. 0.035
   D. 0.013

17. 若采用 t 检验法来检验"$H_0:\mu \geq \mu_0$"，样本量为 10，t_0 是由样本资料计算的检验统计值，则检验的 P 值等于（   ）。

   A. $P\{t(9) \leq t_0\}$
   B. $P\{t(9) \geq t_0\}$
   C. $P\{t(10) \leq t_0\}$
   D. $1 - P\{t(10) \geq t_0\}$

18. 采用正态检验法对总体均值 μ 进行双侧检验，由样本数据计算的检验统计值为 1.8，由标准正态分布函数可知 $P\{Z \leq 1.8\} = 0.964$，则检验的 P 值为（   ）。

   A. 0.036
   B. 0.072
   C. 0.928
   D. 0.964

19. 如果某项假设检验的结论是：显著性水平为 0.05 时拒绝了原假设，则正确的说法是（　　）。

A. 检验的 P 值大于 0.05

B. 原假设为真的概率小于 0.05

C. 显著性水平为 0.10 时不能拒绝原假设

D. 显著性水平为 0.01 时不一定拒绝原假设

20. 下列几种情况中，适用 Z 检验的是（　　）。

A. $n=20$，正态总体，方差未知时，检验单个总体均值

B. $n=20$，正态总体，均值已知，检验单个总体方差

C. $n=20$，正态总体，方差已知时，检验单个总体均值

D. $n_1=n_2=20$，正态总体，方差未知时，检验两个总体均值差异

21. 已知总体服从正态分布，总体方差为 9，现抽取一容量为 10 的样本，拟对总体均值进行假设检验，$H_0:\mu=50$；$H_1:\mu<50$。$\alpha=0.01$，则原假设的拒绝域为（　　）。

A. $(-\infty,-3.25)$ 　　　　　　　　B. $(3.25,+\infty)$

C. $(-\infty,-2.33)$ 　　　　　　　　D. $(2.33,+\infty)$

22. 已知总体服从正态分布，现抽取一容量为 20 的样本，样本方差为 9，拟检验"$H_0:\mu=50$"，则检验统计量及其分布为（　　）。

A. $t=\dfrac{\overline{X}-\mu}{\sqrt{9/20}} \sim t(19)$ 　　　　B. $t=\dfrac{\overline{X}-50}{\sqrt{9/20}} \sim t(19)$

C. $t=\dfrac{\overline{X}-\mu}{9/\sqrt{20}} \sim t(20)$ 　　　　D. $t=\dfrac{\overline{X}-50}{9/\sqrt{20}} \sim t(20)$

23. 已知总体服从正态分布，现抽取一容量为 15 的样本对总体标准差 σ 进行假设检验，$H_0:\sigma=10$；$H_1:\sigma>10$。S 为样本标准差，则检验统计量及其分布应为（　　）。

A. $\chi^2=\dfrac{14S^2}{100} \sim \chi^2(14)$ 　　　　B. $\chi^2=\dfrac{15S^2}{100} \sim \chi^2(15)$

C. $\chi^2=\dfrac{14S}{10} \sim \chi^2(14)$ 　　　　D. $Z=\dfrac{S-10}{10/\sqrt{30}} \sim N(0,1)$

24. 已知总体服从正态分布，拟检验总体标准差是否等于 10。现抽取一容量为 15 的样本，样本标准差为 11，则 χ^2 检验统计量的值应为（　　）。

A. 15.4 　　　　　　　　　　　　　B. 16.5

C. 16.94 　　　　　　　　　　　　　D. 18.15

25. 对两个总体均值相等性进行检验：$H_0:\mu_1=\mu_2$；$H_1:\mu_1\neq\mu_2$。检验的 P 值越小说明（　　）。

A. 两样本均值差异越大 　　　　　　B. 两总体均值差异越大

C. 越有理由认为两样本均值不等 　　D. 越有理由认为两总体均值不等

26. 分别从两个正态总体中各抽取一个样本，样本量分别为 12 和 15。假定两个总体方差都未知但相等，若要对"H_0：两个总体均值相等"进行假设检验，则拒绝该原假设的规则是（　　）。

   A. $|t| > t_{\alpha/2}(11)$ B. $|t| > t_{\alpha/2}(25)$

   C. $|t| > t_{\alpha/2}(26)$ D. $|Z| > Z_{\alpha/2}$

27. 某月对甲乙两社区居民家庭电费支出进行了随机抽样调查，甲社区调查了 20 家，标准差为 21 元；乙社区调查了 10 家，标准差为 10 元。假定电费支出服从正态分布，欲检验两社区居民电费支出的方差是否相等，F 检验的统计值为（　　）。

   A. 1.05   B. 2.10

   C. 4.41   D. 4.20

28. 在方差分析中，组内平方和是指（　　）。

   A. 各水平内部的观察值与其均值的离差平方和

   B. 各水平总体均值之间的离差平方和

   C. 试验条件变化所引起的离差平方和

   D. 由各水平效应不同所引起的离差平方和

29. 在方差分析中，组间平方和是指（　　）。

   A. 各水平内部的观察值与其均值的离差平方和

   B. 各水平总体均值之间的离差平方和

   C. 各水平样本均值与全部观察值平均数之间的离差平方和

   D. 随机因素所引起的离差平方和

30. 在方差分析中，不包含系统误差的是（　　）。

   A. 总离差平方和   B. 组间方差

   C. 总方差   D. 组内方差

31. 运用方差分析法来检验某校 5 个专业学生的数学水平是否有显著差异（假定其他条件基本相同）。从这 5 个专业中随机抽取总共 30 个学生进行数学水平测试，在 10% 的显著性水平下，拒绝原假设的区域是（　　）。

   A. $(F_{0.10}(5,30), +\infty)$ B. $(F_{0.10}(4,29), +\infty)$

   C. $(F_{0.05}(4,25), +\infty)$ D. $(F_{0.10}(4,25), +\infty)$

32. 关于单因素方差分析，SSA 和 SSE 分别代表组间平方和、组内平方和，n 和 k 分别代表样本量和组数，正确的说法是（　　）。

   A. 它是对多个总体的方差是否相等进行假设检验

   B. 组内平方和（SSE）既包括随机误差，也包括系统误差

   C. 检验统计量 $F = \dfrac{\text{SSA}/(k-1)}{\text{SSE}/(n-k)}$

D. 接受原假设，即认为所研究因素的影响是显著的

8.5.2 多项选择题

1. 关于检验统计量，下列说法中正确的是（　　）。

   A. 检验统计量是样本的函数

   B. 检验统计量是随机变量

   C. 检验统计量包含未知总体参数

   D. 检验同一总体参数可以采用多个不同的检验统计量

   E. 原假设成立的前提下检验统计量的分布是明确可知的

2. 若检验统计量的取值不在拒绝域内，假设检验的结论是（　　）。

   A. 不能拒绝原假设 　　　　　　　B. 不能拒绝备择假设

   C. 错误的可能性通常很小 　　　　D. 错误的概率为 α

   E. 错误的概率通常不明确

3. 若 θ 是待检验参数，θ_0 代表参数 θ 的某个具体数值。下列假设检验形式写法错误的有（　　）。

   A. $H_0:\theta=1$，$H_1:\theta<1$ 　　　　B. $H_0:\theta_0=100$，$H_1:\theta_0<100$

   C. $H_0:\theta\geqslant 1$，$H_1:\theta>1$ 　　　　D. $H_0:\theta=100$，$H_1:\theta\leqslant 100$

   E. $H_0:\theta\neq 1$，$H_1:\theta=1$

4. 当我们做出拒绝原假设而接受备择假设的结论时，表示（　　）。

   A. 有充足的理由否定原假设 　　　B. 原假设必定是错误的

   C. 犯错误的概率不大于 α 　　　　D. 犯错误的概率不大于 β

   E. 在 H_0 为真的假设下发生了小概率事件

5. 某企业考虑从外地采购一批原料，若这批原料的质量达到标准，企业可获利 200 万元，但是如果这批原料质量不达标，企业将损失 300 万元。该企业面临判断：H_0：原料质量达标；H_1：原料质量不达标。对这个问题进行假设检验时，下列说法中正确的有（　　）。

   A. 购进不达标的原料属于犯第二类错误

   B. 拒绝购买达标的原料属于犯第一类错误

   C. α 不宜太小

   D. β 不宜太小

   E. 这个假设检验问题中只允许犯第一类错误

6. 已知总体服从正态分布，现抽取一个容量为 n 的样本，拟对总体方差进行双侧检验，$\alpha=0.05$，则原假设的拒绝域为（　　）。

A. $(-\infty, \chi^2_{0.975}(n-1))$ B. $(0, \chi^2_{0.975}(n-1))$

C. $(\chi^2_{0.025}(n-1), +\infty)$ D. $(\chi^2_{0.975}(n-1), +\infty)$

E. $(0, \chi^2_{0.025}(n-1))$

7. 对一正态总体均值作如下的假设检验：$H_0: \mu = 100$；$H_1: \mu \neq 100$，总体方差未知，$n=5$，$\alpha=0.1$，则下列说法中正确的有（　　）。

   A. 拒绝域为 $(-\infty, -1.64)$ 和 $(1.64, +\infty)$

   B. 拒绝域为 $(-\infty, -2.01)$ 和 $(2.01, +\infty)$

   C. 拒绝域为 $(-\infty, -1.53)$ 和 $(1.53, +\infty)$

   D. 拒绝域为 $(-\infty, -2.13)$ 和 $(2.13, +\infty)$

   E. 检验统计量的绝对值越大，拒绝原假设的证据越充足

8. 从某地区随机抽取 200 个家庭，调查得知有意愿购买理财产品的家庭占 22%，若要求检验该地区有意愿购买理财产品的家庭占比是否低于 25%，关于此项假设检验及其检验统计量，下列陈述中正确的有（　　）。

   A. 此检验应为双侧检验

   B. 此检验应为单侧检验

   C. 检验统计量 $Z = \dfrac{22\% - 25\%}{\sqrt{25\% \times 75\% / 200}}$

   D. 检验统计量 $Z = \dfrac{22\% - 25\%}{\sqrt{22\% \times 78\% / 200}}$

   E. 检验统计量 $Z = \dfrac{|22\% - 25\%|}{\sqrt{22\% \times 78\% / 200}}$

9. 对于下列几种情况，适用 t 检验的有（　　）。

   A. 总体方差未知时，检验正态总体均值

   B. 小样本、均值已知时，检验正态总体方差

   C. 小样本、方差已知时，检验正态总体均值

   D. 两正态总体、方差未知但相等时，检验两总体均值是否相等

   E. 两正态总体、方差未知且不等时，检验两总体均值是否相等

10. 从一批学生中随机抽取 20 人进行了一项能力测试，经过一段时间的培训后，再对这 20 名学生进行同样的测试。假定总体呈正态分布，若要根据测试结果检验该项培训有无显著效果，则此假设检验（　　）。

    A. 属于两个成对样本的均值检验

    B. 属于两个独立样本的均值检验

    C. 应采用 Z 检验

    D. 应采用 t 检验，t 的自由度为 18

    E. 应采用 t 检验，t 的自由度为 19

11. 运用单因素方差分析法，则下列表述中正确的有（　　）。

    A. 组间方差显著大于组内方差时，所考查因素影响显著

    B. 组内方差显著大于组间方差时，所考查因素影响显著

C. 拒绝原假设时，可推断各水平的效应互不相同

D. 拒绝原假设时，可推断各水平的效应不完全相同

E. 各水平下的样本量可以相等，也可以不等

12. 对成数进行假设检验时，近似采用正态检验法应满足的条件有（　　）。

A. $n \geqslant 30$　　　　　　　　　　B. $p \geqslant 0.5$

C. $np \geqslant 5$　　　　　　　　　　D. $n(1-p) \geqslant 5$

E. $(1-p) \geqslant 0.5$

8.5.3 判断分析题

1. 有人初步判断试验产品中不合格品与合格品的比例为 1:4。若要根据对总体成数 P 的假设检验理论来检验这一判断，待检验的原假设应设为"$H_0: P = 1/4$"。

2. 有一研究者对某地区农村居民收入的均值进行假设检验，$H_0: \mu \leqslant 2\,000$；$H_1: \mu > 2\,000$。根据随机抽取的一个样本（样本量 1 000）计算的结果，检验的 P 值为 0.001，于是该研究者得出结论：该地区居民收入的均值远远高于 2 000 元。

3. 判断下列关于检验的 P 值的说法是否正确并解释。

（1）P 值是拒绝原假设的最小显著性水平。

（2）P 值表示原假设为真的概率。

（3）P 值可表示样本信息对原假设的支持程度。

4. 显著性水平 α 越小，表示检验结论正确的可能性越大。

5. 在假设检验中，犯第二类错误的概率 β 通常是不明确的。

6. 假设检验犯两类错误的概率 α 和 β 永远不会同时缩小。

7. P 值的大小取决于研究者选择的风险标准大小。

8. 假设检验与区间估计的主要区别之一是：在假设检验中，人们更关注小概率事件是否发生，而区间估计立足于以大概率进行推断。

9. 分别随机地从甲、乙两班各抽 10 人进行一项能力测试，样本方差分别为 S_1^2，S_2^2。假定测试成绩服从正态分布，若显著性水平为 0.1，可认为两班成绩的方差无显著差异的依据是 $F_{0.95}(9,9) < \dfrac{S_1^2}{S_2^2} < F_{0.05}(9,9)$。

10. 单因素方差分析是对多个总体的方差是否相等进行假设检验。

11. 在方差分析中，样本观测值的组间平方和既包括随机误差，也包括系统误差。

12. 单因素方差分析的备择假设是 $\mu_1 \neq \mu_2 \neq \cdots \neq \mu_k$。

13. 方差分析中的 F 检验是双侧检验。

14. 单因素方差分析中，n 为样本量，k 为组数，则有：组间方差＝组间平方和/$(n-k)$。

15. 方差分析中，总离差平方和＝组间平方和＋组内平方和，总方差＝组间方差＋组内方差。

8.5.4 简答题

1. 在确定显著性水平时，主要应考虑哪些因素？
2. 买卖双方约定，产品的次品率高于5%时，买方就可以退货。如果你代表买方对产品质量进行检验，如果销售方产品的信誉一向很好，怎样建立原假设？如果销售方产品的信誉不是很好，又应该怎样建立原假设？简述你的理由。
3. 对单个正态总体的方差及两个正态总体方差之比进行检验时，应如何分别构建检验统计量？
4. 选择检验统计量与哪些因素有关？
5. 对单个总体的均值进行假设检验时，总体方差已知和未知的条件下，所构建检验统计量有何不同？
6. 某研究报告指出，用于治疗慢性萎缩性胃炎的传统药物的有效率只有85%，而通过假设检验证明，最新研制的一种药物的有效率显著提高。对于这个结论，人们至少还希望了解哪些相关信息？
7. 简述总离差平方和、组间平方和、组间平方和的含义以及三者之间的关系。

8.5.5 计算题

1. 过去大量资料表明，某厂电子产品的使用寿命 $X \sim N(1\,600, 120^2)$。现从该厂最近生产的一批产品中随机抽取16件为样本，测得平均使用寿命为1 672小时。试在0.05的显著性水平下判断这批产品的使用寿命是否比以前有显著提高？
2. 近几年某校某项考试成绩的均值为73分，方差为220.5。今年随机抽查了200名学生组成的一个样本，样本均值为71.15分，当显著性水平为5%时，试问：
   (1) 今年学生的考试成绩与往年是否处于同一水平？
   (2) 今年学生的考试成绩是否比往年有显著下降？注意所得结论与上述结论有无不同？由此说明了什么问题？
   (3) 利用置信区间对问题(1)进行检验。
3. 按产品质量要求，某厂生产的无缝钢管的内径服从均值为54毫米、标准差不超过1毫米的正态分布。从某日生产的钢管中随机抽取10根，测得其内径分别为（单位：毫米）：
   53.8、54.0、55.1、54.2、52.1、54.2、55.0、55.8、55.4、55.5
   试在0.05的显著性水平下，检验该日生产的钢管是否符合质量要求？

4. 根据长期正常生产的资料可知，某厂所产维尼纶的纤度服从正态分布，其方差为 0.002 5。现从某日产品中随机抽出 20 根，测得样本方差为 0.004 2。试判断该日纤度的波动与平时有无显著差异（取 $\alpha=0.10$）？

5. 某种疾病传统治疗方法的治愈率为 70%。最近研究出一种新疗法，对 200 名患者试用这种新疗法后，治愈了 152 人。试问这一试验数据能否说明新疗法确实比传统方法更加有效？以 0.10 的显著性水平进行检验。

6. 某公司准备采购的一种产品有 A 和 B 两家供货商，供货商 A 的产品价格较高，但他们宣称其产品质量也较高。该公司决策者决定对两家供货商的产品次品率进行比较，如果没有充足理由相信供货商 A 的产品质量较高，就会选择供货商 B 作为合作伙伴。从供货商 A 的产品中随机抽取 200 件，发现有 20 件次品；从供货商 B 的产品中随机抽取 250 件，发现有 30 件次品。试在 0.10 的显著性水平下对此问题进行检验，说明该公司决策者应选择哪家供货商为合作伙伴？

7. 为了考查在针织品漂白过程中温度对抗断强度的影响，分别在 70℃ 和 80℃ 时进行了 8 次试验，样品的抗断强度如下表所示。

70℃时抗断强度	20.5	18.8	19.8	20.9	21.5	19.5	21	21.2
80℃时抗断强度	17.7	20.3	20.0	18.8	19.0	21.1	20	19.1

假定抗断强度服从正态分布，试问在 0.05 的显著性水平下：

(1) 温度对抗断强度的波动有没有影响？

(2) 80℃ 时的抗断强度是否比 70℃ 时有所下降？

8. 某机构为了对生产同类产品的 A、B 两家企业的产品质量评分进行比较，进行了随机抽样调查。根据样本数据利用 Excel 中"数据分析"→"t 检验：双样本异方差假设"，得到了如下的输出表。

	A 企业	B 企业
平均	79.3	73
方差	36.011 11	50
观测值	10	8
假设平均差	0	
df	14	
t Stat	2.007 234	
P(T<=t) 单尾	0.032 216	
P(T<=t) 双尾	0.064 432	

试根据上述输出结果回答：

(1) 写出检验统计量的计算公式并将有关数据代入公式中。

(2) 显著性水平 5%，可否认为两家企业的产品质量有显著差异？

(3) 显著性水平 5%，可否断定 A 企业产品质量评分高于 B 企业？

9. 设有 A、B、C、D 四个企业生产同类产品，某机构为了研究这四个企业的日均销售量是否相同，进行了随机的抽样调查。根据样本数据，利用 Excel 的单因素方差分析工具所得到的输出结果如下（$\alpha=0.05$）。

SUMMARY

组	观测数	求和	平均	方差
A	7	357	51	23.7
B	6	336	56	21.2
C	5	250	50	10.0
D	5	330	66	18.5

方差分析

差异源	SS	df	MS	F	P-value	F crit
组间					3.31E-05	3.127
组内						
总计	1 207.22					

要求：

(1) 对这四个企业销售量的样本信息做简要的分析说明。

(2) 填入空格栏的数值。

(3) 给出检验结论并说明其依据是什么。

10. 制片商为了了解不同文化程度的人群对即将上映的某部影片的评价有无显著差异，随机抽取了 23 人进行调查，其中大专及以上文化程度、高中文化程度的被调查者各 8 人，初中及以下文化程度的被调查者 7 人。他们对影片的评分如下表所示。

大专及以上/人	8	8	7	9	6	7	5	9
高中/人	7	8	7	5	4	5	6	6
初中及以下/人	6	7	5	4	5	4	7	

试问：在 0.05 的显著性水平下，检验结论是什么？

8.5.6 案例思考

案例 1： 去年某乡对居民家庭用于文化娱乐方面的消费支出进行一次普查，得知在调查时段内的平均支出是 82 元，支出超过 100 元的家庭仅为 11.2%。今年以来，该乡大力倡导健康文明的文化娱乐活动。为了分析其效应，专门对该乡居民家庭今年同期的文化娱乐支出进行了一次抽样调查。随机抽取了 50 个家庭，调查数据如下表所示（单位：元）。

94	95	120	80	91	92	85	88	83	80
86	96	110	82	70	88	80	95	140	71
82	89	89	102	67	78	66	135	123	94
83	71	114	42	74	87	92	95	64	90
76	83	98	79	84	105	88	71	87	86

根据这一调查的结果对下列问题进行思考与分析。

(1) 在 0.05 的显著性水平下，能否认为全乡居民用于文化娱乐消费的平均支出有了显著的增加？

(2) 以 0.95 的置信水平对全乡居民用于文化娱乐消费的平均支出进行区间估计。

(3) 以上两个问题的结果存在什么样的联系？

(4) 与去年同期相比，全乡居民家庭中文化娱乐支出超过 100 元的家庭所占比重有无显著变化？试以 0.05 的显著性水平进行推断。

案例 2：重庆啤酒股份有限公司（以下简称重庆啤酒）于 20 世纪 90 年代初斥巨资开始乙肝新疫苗的研发，其股票被视作"生物医药"概念股并受到市场热捧。尤其是 2010—2011 年，在上证指数大跌 1/3 的背景下，重庆啤酒股价却从 23 元左右飙升最高至 83.12 元，但公司所研制新疫苗的主要疗效指标的初步统计结果于 2011 年 12 月 8 日披露后，股价连续跌停，12 月 22 日以 28.45 元报收后停牌。2012 年 1 月 10 日，重庆啤酒发布公告详细披露了有关研究结论，复牌后股价又遭遇连续数日下跌，1 月 19 日跌至 20.16 元。此公告明确告知："主要疗效指标方面，意向性治疗人群的安慰剂组与 εPA-44 600μg 组及安慰剂组与 εPA-44 900μg 组之间，HBeAg/抗 HBe 血清转换在统计意义上均无差异"。通俗地说，用疫苗与不用疫苗（安慰剂组）以及用疫苗多与少（900μg 组与 600μg 组），都没有明显差异（用疫苗组的应答率也都很低），这意味着该公司研制的乙肝新疫苗无效。有关数据如下表所示。

项目	统计人数/人	应答人数/人	应答率/%
安慰剂组	117	33	28.2
εPA-44 600μg 组	120	36	30.0
εPA-44 900μg 组	117	34	29.1

注：εPA-44 为治疗用（合成肽）乙型肝炎疫苗简称。

这里的应答率越高越好。上表显示，两个用药组的应答率都高于安慰剂组的应答率，但为什么说"在统计意义上均无差异"？为什么说这个结论表示乙肝新疫苗无效？试根据上表的有关数据，在 0.05 的显著性水平下检验：

(1) 试验组 1 的总体应答率是否高于安慰剂组的总体应答率？

(2) 试验组 1 与试验组 2 的总体应答率有无显著差异？

第 9 章 相关与回归分析

9.1 本章学习目的要求

相关与回归分析是研究变量之间相关关系的重要统计方法。通过本章学习，应正确理解和掌握相关分析、回归分析的基本原理与方法；能够应用这些知识揭示具有相关关系的现象之间的数量关系和数量变化规律。具体要求：

1. 理解相关关系的概念和种类，正确绘制和理解相关图；理解回归分析与相关分析之间的联系和区别。
2. 理解相关系数的含义、性质，熟练运用简单线性相关系数，了解等级相关系数的原理和计算方法。
3. 理解总体回归方程与样本回归方程的含义及其关系，掌握一元线性回归方程参数估计的基本原理，正确理解参数估计值的意义，理解判定系数和回归估计标准差的含义、作用及其与相关系数之间的关系。
4. 理解对简单线性相关系数、一元线性回归方程和回归系数进行显著性检验的基本原理与具体方法，了解这几种检验的关系。
5. 掌握利用一元线性回归方程进行点预测的原理和方法，了解区间预测的基本原理和方法，理解回归预测应注意的问题。
6. 了解多元线性回归方程的参数估计与检验方法，了解多重判定系数和复相关系数的含义及其关系。
7. 能够利用 Excel 或其他软件实现相关系数的计算、回归方程的建立和检验，正确解释输出结果的实际意义。

9.2 基本知识梳理

基本知识点	含义或公式
相关关系	相关关系是指变量之间不确定性的数量依存关系 可按涉及变量多少分为单相关、复相关；按相关方向分为正相关、负相关；按相关形态分为线性相关、非线性相关等
相关系数（简单线性相关系数）(r）	度量两个定量变量之间线性相关的密切程度的指标 $r = \dfrac{S_{xy}}{S_x S_y} = \dfrac{\sum(x_i-\overline{x})(y_i-\overline{y})}{\sqrt{\sum(x_i-\overline{x})^2}\sqrt{\sum(y_i-\overline{y})^2}}$ 值域为 $[-1,+1]$。$r>0$，正相关；$r<0$，负相关；$r=0$，不存在线性相关。$\lvert r \rvert$ 越接近于 1，相关程度越高
相关系数的显著性检验——t 检验	$H_0:\rho=0$，$H_1:\rho\neq 0$。检验统计量：$t=\dfrac{r\sqrt{n-2}}{\sqrt{1-r^2}}\sim t(n-2)$。 若 $\lvert t \rvert \geqslant t_{\alpha/2}(n-2)$，拒绝 H_0，表示两个变量总体的线性相关性显著
等级相关系数（r_S）	两个变量的等级（秩）的线性相关系数，主要适用于定序变量，也适用于总体分布偏态较严重或存在极端值的定量变量 $r_S = 1 - \dfrac{6\sum d_i^2}{n(n^2-1)}$，其中 $d_i=$每个样本单位对应的位次差
总体线性回归方程及其参数	一元：$E(Y_i)=\beta_0+\beta_1 X_i$。其中参数 β_0 是总体回归直线的截距，表示除 X 外的其他因素对 Y 的平均影响量；β_1 是总体回归直线的斜率，表示 X 每增加一个单位 Y 的平均增加量 多元：$E(Y_i)=\beta_0+\beta_1 X_{1i}+\beta_2 X_{2i}+\cdots+\beta_k X_{ki}$，回归系数 β_j 表示在其他自变量保持不变的情况下，自变量 X_j 变动一个单位所引起的因变量 Y 平均变动的数量
样本线性回归方程与参数估计量	一元：$\hat{Y}_i=\hat{\beta}_0+\hat{\beta}_1 X_i$。$\hat{\beta}_0$，$\hat{\beta}_1$ 分别为总体回归方程参数 β_0 和 β_1 的估计量。用最小平方法导出的 $\hat{\beta}_0$，$\hat{\beta}_1$ 的公式为：$\hat{\beta}_1=\dfrac{\sum(x_i-\overline{x})(y_i-\overline{y})}{\sum(x_i-\overline{x})^2}$，$\hat{\beta}_0=\dfrac{\sum y_i}{n}-\hat{\beta}_1\times\dfrac{\sum x_i}{n}$ 多元：$\hat{Y}_i=\hat{\beta}_0+\hat{\beta}_1 X_{1i}+\hat{\beta}_2 X_{2i}+\cdots+\hat{\beta}_k X_{ki}$。$\hat{\beta}_j$ 为 β_j 的估计量
最小平方法（最小二乘法）	以全部观测值与对应的回归估计值的离差平方总和最小（即 $Q=\sum\limits_{i=1}^{n}(y_i-\hat{y}_i)^2=$ 最小）为准则来估计回归方程参数的方法
离差平方和分解	$\sum(y_i-\overline{y})^2=\sum(\hat{y}_i-\overline{y})^2+\sum(y_i-\hat{y}_i)^2$ 总离差平方和(SST)＝回归平方和(SSR)＋残差平方和(SSE)

(续)

基本知识点	含义或公式
判定系数（可决系数）R^2 或 r^2	回归平方和在总离差平方和中所占比重，即 $R^2 = \dfrac{SSR}{SST} = \dfrac{\sum(\hat{y}-\overline{y})^2}{\sum(y-\overline{y})^2}$，它度量样本回归方程对观察值的拟合程度。其值越接近 1，表示拟合程度越高；越接近 0，表示拟合程度越低 一元线性回归中，判定系数等于相关系数 r 的平方，用 r^2 表示 多元线性回归中，宜采用修正的判定系数 $\overline{R}^2 = 1-(1-R^2)\dfrac{n-1}{n-k-1}$
均方误差（MSE）	随机扰动项 ε 的总体方差 σ^2 的无偏估计量 $MSE = \dfrac{\sum\limits_{i=1}^{n}(y_i - \hat{y}_i)^2}{n-k-1}$（$k$ 为自变量个数）
回归估计标准误差（S_e）	均方误差的平方根。$S_e = \sqrt{\dfrac{\sum\limits_{i=1}^{n}(y_i-\hat{y}_i)^2}{n-k-1}}$，反映因变量实际值与其估计值之间的平均差异程度，度量样本回归方程的拟合效果
一元线性相关关系分析中，r 与 $\hat{\beta}_1$ 及 S_e 之间的关系	相关系数 r 与回归系数 $\hat{\beta}_1$ 正负号一致，且可互相推算：$r = \hat{\beta}_1 \dfrac{S_x}{S_y}$ 或 $\hat{\beta}_1 = r\dfrac{S_y}{S_x}$。大样本条件下，$\lvert r \rvert \approx \sqrt{1-S_e^2/S_y^2}$ 或 $S_e \approx S_y\sqrt{1-r^2}$
线性回归方程的显著性检验——F 检验	一元，$H_0:\beta=0$，$H_1:\beta\neq 0$。检验统计量：$F = \dfrac{SSR}{SSE/(n-2)} \sim F(1,n-2)$ 多元，$H_0:\beta_1=\beta_2=\cdots=\beta_k=0$，$H_1:\beta_1,\beta_2,\cdots,\beta_k$ 不全为 0 检验统计量：$F = \dfrac{SSR/k}{SSE/(n-k-1)} \sim F(k,n-k-1)$ 若 $F \geqslant F_\alpha$ 或 P 值（Significance F）$\leqslant \alpha$，拒绝 H_0
回归系数的显著性检验——t 检验	一元，$H_0:\beta=0$，$H_1:\beta\neq 0$。检验统计量：$t = \dfrac{\hat{\beta}_1}{S_e/\sqrt{\sum(x_i-\overline{x})^2}} \sim t(n-2)$ 若 $\lvert t \rvert \geqslant t_{\alpha/2}(n-2)$ 或 P 值 $\leqslant \alpha$，则拒绝 H_0 多元，$H_0:\beta_j=0$，$H_1:\beta_j\neq 0$（$j=1,2,\cdots,k$）。检验统计量：$t = \dfrac{\hat{\beta}_j}{S_{\hat{\beta}_j}} \sim t(n-k-1)$。若 $\lvert t \rvert \geqslant t_{\alpha/2}(n-k-1)$ 或 P 值 $\leqslant \alpha$，则拒绝 H_0，自变量 X_j 对因变量 Y 的线性影响是显著的

9.3 重点难点点拨

9.3.1 正确理解相关关系的概念及其与假相关、函数关系、因果关系的区别

首先，相关关系是现象之间"确实存在的"、具有内在联系的真实关系，而不是主观臆造的或者是形式上偶然巧合的关系。这就要区别于假相关。假相关或称伪相关是指由于某种偶然的巧合或受其他潜在变量的影响而使其数据呈现出表面上的联系。例如，

有人计算出某年上海证券综合指数（以下简称上证指数）与当地气温的相关系数高达 0.89，这是否说明上证指数与当地气温之间存在着高度的线性正相关呢？答案显然是否定的。因为经济理论告诉我们，二者之间本质上是没有联系的。又如，有人计算某市 1～14 岁儿童的身高与识字数量的正相关程度很高，实质上儿童的身高与识字数量的这种同向变化关系是由于二者同时受到年龄的影响，二者之间原本没有内在的必然联系。对假相关进行统计分析往往会得出错误、荒谬的结论，这是我们必须要避免的。要判断现象之间是否具有真实相关，必须进行定性分析，以实质性学科理论为指导，并结合常识和实践经验来确定。

其次，相关关系表现为"数量上存在不确定性"，对于某一变量的每一个数值，另一个变量不是唯一只有一个数值与之对应，而是可能有若干个数值与之对应，这些数值表现出一定的随机波动性，但又总是以一定的规律围绕其均值上下波动。这就要区别于函数关系。例如，从理论上我们知道，居民收入与储蓄存款之间存在一定关系，当居民收入增加时，储蓄存款一般会随之而增加。但居民收入每增加 1 个单位，储蓄存款并非肯定增加固定的数额甚至有可能会下降。因为储蓄存款的变动，还会受到其他很多因素（如居民消费倾向、价格水平、存款利率等）的影响，因此，二者之间的关系属于相关关系。函数关系是指变量之间确定性的数量依存关系，即一个变量 X（或几个变量）取一定数值时，另一个变量 Y 总有确定的值与之相对应。例如，在存款期限和利率一定的情况下，利息（Y）与存款额（X）的关系就是函数关系。

最后，要注意相关关系与因果关系的区别。相关关系包括了因果关系，但相关关系不一定都是因果关系，即在判定两个变量之间是否具有因果关系时，相关关系只是一个必要条件而不是充分条件。例如，对某授课教师调查后发现，学生习惯选择的座位距离讲台的远近与其考试成绩之间存在高度负相关，能否简单地认为座位的远近就是影响其考试成绩的一个原因呢？显然不能。有可能选择座位靠前的学生原本就是对课程很感兴趣、课堂学习比较认真的学生。要确认因果关系，必须以实质性学科理论为指导，往往还需要科学的实验数据来支撑或更深入分析。

9.3.2 总体回归方程与样本回归方程的关系

总体回归方程描述的是 Y 和 X 两个变量之间平均的数量变化关系，总体的一元线性回归方程（或称总体回归直线）的一般形式为 $E(Y_i)=\beta_0+\beta_1 X_i$。样本回归方程是将总体回归方程中的未知参数用样本信息去估计和代替后得到的方程，一元线性的样本回归方程（也称为样本回归直线）的一般形式为：$\hat{Y}_i=\hat{\beta}_0+\hat{\beta}_1 X_i$。

回归分析的目的是要用样本回归方程去估计总体回归方程，总体回归方程与样本回归方程的形式是一致的。但须注意：总体回归方程的参数 β_0，β_1 是未知、确定的参数，从而总体回归方程也是未知、确定的方程；样本回归方程中的 $\hat{\beta}_0$，$\hat{\beta}_1$ 分别为总体回归方程参数 β_0 和 β_1 的估计量，是随抽样而变化的随机变量，因而样本回归线也是随抽样而变化的，对于每个可能样本，都可以拟合一条样本回归线，抽取的样本不同所估计的样本回归线就不相同。实际中我们根据所获取的某个样本拟合出来的回归线只是众多可能的样本回归线之一，它并不等于总体回归线，而只是总体回归线的一个代表。

自变量 X 取一定的值 X_i 时，受随机扰动项 ε 的影响，变量 Y 对应的取值 Y_i 不是唯一确定的，而是随机的。总体回归方程描述的是因变量 Y 取值 Y_i 的均值 $E(Y_i)$ 如何随自变量 X 取值 X_i 的变化而变化。由于总体回归方程的参数 β_0 和 β_1 是未知的、确定的数，所以与自变量取值 X_i 相对应的 $E(Y_i)$ 也是未知但确定的数。样本回归方程的 $\hat{Y}_i$ 正是对因变量均值 $E(Y_i)$ 的估计。所以无论总体还是样本的回归方程，所反映的都是一种平均意义上的数量变化规律，是指当自变量发生一定量的变化时，平均说来因变量会发生多大量的变化。这里必须强调因变量的变化是一种"平均"变化。否则，若没有"平均"的含义，所研究的关系就不是相关关系而是函数关系了。

9.3.3 相关分析与回归分析中的几个重要指标及其相互联系

1. 相关系数 r 和回归系数 $\hat{\beta}_1$ 的联系

由二者的计算公式不难证明，相关系数 r 和回归系数 $\hat{\beta}_1$ 的正负号相同，且可互相推算：$r = \hat{\beta}_1 \dfrac{S_x}{S_y}$ 或 $\hat{\beta}_1 = r \dfrac{S_y}{S_x}$。其中 S_y，S_x 分别为 Y 和 X 的样本标准差。相关系数 $r>0$，表示 X 与 Y 两个变量同方向变化，此时必然有回归系数 $\hat{\beta}_1>0$，即 X 每增加一个单位，Y 平均增加一个正数（$\hat{\beta}_1$ 个单位）；反之亦然。必须注意，只凭回归系数 $\hat{\beta}_1$ 的数值大小不能表明相关程度的高低，因为相关系数 r 是一个无量纲的数值，而回归系数 $\hat{\beta}_1$ 的数值大小要受两个变量的计量单位及它们的标准差数值大小的影响。

2. 相关系数和判定系数的联系

相关系数是相关分析中的关键指标，可度量两个变量之间线性相关的密切程度，$-1 \leqslant r \leqslant 1$。而判定系数是回归分析中反映回归方程的拟合优度的指标，$0 \leqslant r^2 \leqslant 1$。从判定系数的定义公式 $r^2 = \dfrac{\sum(\hat{y}_i - \overline{y})^2}{\sum(y_i - \overline{y})^2} = \dfrac{\text{SSR}}{\text{SST}}$ 可知，它表示因变量观察值的总离差平方和中可以用回归直线来解释的部分所占比重。这个比重越大，则 X 对 Y 的解释能力越强，回归方程拟合效果也就越好，当然也意味着观察值（点）距离回归直线的距离越近，Y 与 X 的线性关系越密切。因此，判定系数也可以间接反映变量间的相关程度。可见相关系数和判定系数既具有不同的作用，又有密切的联系。事实上，对一元线性相关关系而言，判定系数 r^2 等于相关系数的平方，相关系数也可以通过判定系数的平方根而得。

这一关系也说明，相关分析与回归分析是密切联系的。只有当相关程度较高时，线性回归方程的拟合效果才比较好，估计的线性回归方程才有意义。

我们知道，$|r|$越接近于1，表示线性相关程度越高。但是$|r|$要达到什么水平才算高度相关呢？通常对此无绝对统一的标准，但习惯上只有$|r|\geqslant 0.7$才能算得上高度相关，这点不难由判定系数来解释。因为，$|r|\geqslant 0.7$即$r^2\geqslant 0.49$，表示因变量变化中可以通过X对Y的线性影响来解释的部分高达49%以上，所以Y与X之间呈高度线性相关。有人误以为$|r|=0.5$就可以说是高度相关了，其对应的$r^2=0.25$。不难理解，此时，表示因变量变化中可以通过X对Y的线性影响来解释的部分只占1/4，而其他因素的影响占3/4，显然这样的相关程度不能算高。

应注意两点：其一，对一元线性相关关系而言，由判定系数r^2的平方根来求相关系数r时，不能确定计算结果该取正数还是负数，因此所计算的相关系数只能说明两个变量间线性相关的紧密程度，不能确定二者是正相关还是负相关，其相关方向还须根据回归系数的正负号来判断；其二，判定系数的概念可以拓展到多元回归或非线性回归，对于多元相关或非线性相关，要测度其相关程度不能采用像Pearson相关系数那样的公式直接计算，通常只能采用相应的判定系数r^2的平方根，称之为复相关系数或非线性相关系数（记为R）。

3. 判定系数与回归估计标准误差的联系

判定系数r^2与回归估计标准误差S_e都是回归分析中衡量回归方程拟合效果的重要指标，都可以反映回归估计的精度高低。由它们的定义公式

$$r^2=\frac{\sum(\hat{y}_i-\overline{y})^2}{\sum(y_i-\overline{y})^2}=\frac{\text{SSR}}{\text{SST}}=\sqrt{1-\frac{\text{SSE}}{\text{SST}}}$$

$$S_e=\sqrt{\frac{\sum_{i=1}^{n}(y_i-\hat{y}_i)^2}{n-2}}=\sqrt{\frac{\text{SSE}}{n-2}}$$

不难发现，$r^2=1-\frac{S_e^2}{S_y^2}\times\frac{n-2}{n-1}$。

大样本情况下，二者的关系可表示为$r^2\approx 1-\frac{S_e^2}{S_y^2}$或$S_e\approx S_y\sqrt{1-r^2}$。

显然，回归估计值$\hat{y}_i$与实际观测值y_i之间的残差平方和SSE越小，说明回归估计的精度越高，回归方程拟合效果越好。可见，判定系数r^2越大越好，而回归估计标准误差S_e则是越小越好。

还需注意，判定系数r^2是一个无量纲的指标，而回归估计标准误差S_e则与因变量有相同的计量单位，$0\leqslant r^2\leqslant 1$，而$0\leqslant S_e\leqslant S_y$。

9.3.4 线性相关与回归分析中几种显著性检验的关系

样本相关系数 r 不等于 0，并不意味着总体相关系数 ρ 肯定就不等于 0。这是因为，r 是根据样本数据计算的，即使 $\rho=0$，由于抽样的偶然性也有可能使我们所获得的样本数据呈现出一定程度上的关联，从而使样本相关系数 r 不等于 0。因此必须对相关系数进行显著性检验，原假设和备择假设分别为：$H_0:\rho=0$，$H_1:\rho\neq 0$，检验统计量为 $t=\dfrac{r\sqrt{n-2}}{\sqrt{1-r^2}}\sim t(n-2)$。

同理，样本回归系数不等于 0，并不意味着总体回归系数肯定就不等于 0，因此必须对总体回归系数进行显著性检验。

在一元线性回归分析中，原假设和备择假设分别为：$H_0:\beta_1=0$，$H_1:\beta_1\neq 0$。对这一假设问题，可采用 F 检验法，相应的检验统计量为 $F=\dfrac{(\text{SSR}/\sigma^2)/1}{(\text{SSE}/\sigma^2)/(n-2)}=\dfrac{\text{SSR}}{\text{SSE}/(n-2)}\sim F(1,n-2)$；也可选择 t 检验法，相应的检验统计量为 $t=\dfrac{\hat{\beta}_1}{S_{\hat{\beta}_1}}=\dfrac{\hat{\beta}_1}{S_e/\sqrt{\sum(x_i-\overline{x})^2}}\sim t(n-2)$。这里的 t 检验和 F 检验是完全等价的，因为不难证明，$t^2=\dfrac{\hat{\beta}_1^2\sum(x_i-\overline{x})^2}{S_e^2}=\dfrac{r^2}{(1-r^2)/(n-2)}=F$。

实质上，对于一元线性相关关系而言，"$\rho=0$" 必然有 "$\beta_1=0$"。所以对总体相关系数 ρ 的检验与总体回归系数 β_1 的检验是完全等价的。可证明，$t^2=\left(\dfrac{r\sqrt{n-2}}{\sqrt{1-r^2}}\right)^2=\dfrac{r^2}{(1-r^2)/(n-2)}=\dfrac{\text{SSR}}{\text{SSE}/(n-2)}=F$，也就是说，在一元线性相关分析与回归分析中，以上三种检验法（两种 t 检验和一种 F 检验）都是完全等价的，都可检验两个变量总体的线性相关性是否显著。正因为如此，对于同一资料，三种检验的 P 值（即观测到的显著性水平）都完全相等。实际应用中任选一种检验方法均可。

在多元线性回归分析中，F 检验与 t 检验就有明显不同的作用，F 检验是对整个回归方程是否显著的检验，即关于所有自变量与因变量之间线性关系是否显著的检验，$H_0:\beta_1=\beta_2=\cdots=\beta_r=0$，拒绝原假设表示 $\beta_1,\beta_2,\cdots,\beta_k$ 不全为 0，即其中至少有一个自变量与因变量的线性关系是显著的。而 t 检验是分别就回归方程中每一个自变量与因变量的线性关系是否显著进行检验，$H_0:\beta_j=0(j=1,2,\cdots,k)$。拒绝原假设表示相应的自变量 X_i 与因变量的线性关系是显著的。若 F 检验未拒绝原假设，就没有必要考虑各个回归系数的 t 检验了。若 F 检验拒绝了原假设，就需要进一步考虑各个回归系数的 t 检验。

理解检验结论要注意的是，拒绝原假设，只能表明在我们收集的观察数据范围内，变量间的线性关系在统计上是显著的，但是并不能说明总体的线性相关程度很高；也不能简单地得出变量之间存在因果关系的结论，是否存在因果关系还需依赖定性分析；甚至也不能说变量之间肯定就是线性关系，是否存在非线性关系，需观察散点图或收集更大范围的数据。

9.3.5 相关与回归分析中 Excel 的运用和输出结果解读

Excel 中有两个途径可以计算出相关系数：一是利用 Excel 中的函数功能，函数名为"CORREL"，可输出两个定量变量之间的简单相关系数；二是利用 Excel 中分析工具库中的"相关系数"。相比之下，工具库的"相关系数"使用起来更加方便、直观，而且可同时输出多个变量之间两两的相关系数，其输出结果是一个相关系数矩阵（对角线上的数值都是 1，因为 $r_{xy}=r_{yx}$，输出结果省略了对角线以上的数值）。涉及多个变量的相关分析时，这一计算功能的优越性更加突出。

对一元线性回归方程参数的估计，Excel 中也有两个途径：一是利用 Excel 中的函数"INTERCEPT"和"SLOPE"可分别计算出截距 $\hat{\beta}_0$ 和斜率 $\hat{\beta}_1$；二是利用 Excel 中分析工具库中的"回归"。由"回归"工具不仅能够得到线性回归方程参数的估计值，还完整地给出了回归分析所需的其他信息。"回归"的输出结果包括"回归统计""方差分析"和"回归系数估计"三部分。

第一部分的"回归统计"依次给出了"Multiple R"（复相关系数或 $|r|$），"R Square"（判定系数），"Adjusted R Square"（修正的判定系数），"标准误差"（回归估计标准误差 S_e），"观测值"（观测值点数即样本量 n）。需特别注意的是，这里的"Multiple R"是由判定系数的平方根求得的，只显示正数。在多元线性回归中它指复相关系数（复相关系数不考虑相关方向，都取正数），而在一元线性回归中它就是简单相关系数 r 的绝对值，其相关方向还须根据回归系数的正负号来判断。例如，若 $\hat{\beta}_1<0$，而"Multiple R"一栏显示结果为 0.85，那么表明变量之间呈负相关，简单相关系数 $r=-0.85$。

第二部分的"方差分析"也就是线性回归的方差分析表。此表输出用于检验回归方程显著性的 F 检验的统计值及其观测的显著性水平（Significance F）等。

第三部分是线性回归方程参数的各个估计值及其对应的"标准误差"（$S_{\hat{\beta}_0}$、$S_{\hat{\beta}_1}$）、t 统计量的值、P 值，还包括一定置信水平下回归方程参数的置信区间下限和上限。若是一元线性回归，第三部分中第一行数据是关于回归方程的截距项（常数项）的，第二行数据是关于自变量前的系数即回归系数的。若是多元线性回归，因为有多个自变量，第三部分中有多行关于回归系数的估计和检验信息，每一行对应一个回归系数的信息。

9.4 范例解析

9.4.1 单项选择题解析

例： 判定系数 r^2 的值越大，回归估计标准差 S_e 的值越小，则回归直线（　　）。

A. 拟合程度越高

B. 拟合程度越低

C. 拟合程度不能确定

D. 预测精度越低

解析： 此题所涉及的知识点是判定系数 r^2 与回归估计标准误差 S_e 两个指标的意义。判定系数 r^2 与回归估计标准误差 S_e 都是回归分析中衡量回归方程拟合效果的重要指标，都可以反映回归估计的精度高低。判定系数 r^2 越大越好，而回归估计标准误差 S_e 则是越小越好。因此，正确答案是 A。

9.4.2 多项选择题解析

例： 下列关系中属于相关关系的有（　　）。

A. 手机销售量与汽油销售量

B. 单位产品成本与劳动生产率

C. 降雨量与农作物产量

D. 物价水平与市场利率

E. 存款的利息收入与利率

解析： 这道题要求正确区分真假相关，并将一般的相关关系与函数关系相区别。手机销售量与汽油销售量之间应该不存在内在的联系，所以即使它们的数据有某种关系也属于假相关，而不能真实相关。存款的利息收入与利率之间的数量依存关系是一种确定性的关系及函数关系，不是相关关系。经济学理论告诉我们，单位产品成本与劳动生产率之间存在一定的负相关关系，因为劳动生产率提高，单位产品的劳动力成本往往会下降，从而单位产品成本相应下降，但是影响产品成本的因素有很多，所以二者之间的数量变动关系不是固定的。同理，也可以分析出降雨量与农作物产量的关系、物价水平与市场利率的关系也是相关关系。因此，该题的正确答案是 B、C、D。

9.4.3 判断分析题解析

例： 有人通过有关数据的计算发现，世界各国人均电视机拥有数量与居民预期寿命之间有很强的正相关，因此可认为各国人均电视机拥有数量的多少是影响其居民预期寿命长短的一个因素。

解析：错误。从有关理论和常识上我们可以判断，一个国家的人均电视机拥有数量与居民预期寿命之间没有内在的因果联系。它们之间之所以有很强的正相关，是因为它们同时都受到经济发展水平的影响，所以经济发展水平高的国家，电视机拥有数量多，居民预期寿命也比较长。所以不能认为各国人均电视机拥有数量的多少是影响其居民预期寿命长短的一个因素。

9.4.4 简答题解析

例：简述回归估计标准误差 S_e 与样本标准差 S_y 的异同。

解析：回归估计标准误差 $S_e=\sqrt{\dfrac{\sum(y_i-\hat{y}_i)^2}{n-2}}$，因变量的样本标准差 $S_y=\sqrt{\dfrac{\sum(y_i-\bar{y})^2}{n-1}}$。由定义公式不难看出，二者的相同点主要在于：都是离差平方的平均数（除以对应的自由度）再开平方根的结果，都是相应总体标准差的估计，都可以反映平均差异程度，揭示代表性强弱。

二者的不同点主要在于：所计算的离差不同，所反映的差异和揭示的代表性又有不同含义。回归估计标准误差 S_e 是对随机扰动项 ε 的总体标准差 σ 的估计，反映的是实际值 y 与其回归估计值 $\hat{y}$ 之间的平均差异程度，揭示的是回归估计值 $\hat{y}$ 对于实际值 y 的代表性强弱（或者说揭示回归方程对变量间线性相关关系的代表性强弱）。因变量的样本标准差 S_y 是对因变量的总体标准差 σ_y 的估计，反映的是实际值 y 与其样本均值 $\bar{y}$ 之间的平均差异程度，揭示平均值 $\bar{y}$ 对于实际值 y 的代表性强弱。

9.4.5 计算题解析

例：下表是 19 个发达国家一年的葡萄酒消耗量（平均每人喝葡萄酒摄取酒精的升数）以及一年中因心脏病死亡的人数（每十万人死亡人数）资料○。

葡萄酒消耗量与心脏病死亡人数数据

国　　家	从葡萄酒中摄取的酒精/升	心脏病死亡率（每十万人死亡数）	国　　家	从葡萄酒中摄取的酒精/升	心脏病死亡率（每十万人死亡数）
澳大利亚	2.5	211	荷兰	1.8	167
奥地利	3.9	167	新西兰	1.9	266
比利时/卢森堡	2.9	131	挪威	0.8	227
加拿大	2.4	191	西班牙	6.5	86

○ 数据引自穆尔，诺茨. 统计学的世界 [M]. 郑磊，译. 北京：中信出版集团，2017.

(续)

国家	从葡萄酒中摄取的酒精/升	心脏病死亡率（每十万人死亡数）	国家	从葡萄酒中摄取的酒精/升	心脏病死亡率（每十万人死亡数）
丹麦	2.9	220	瑞典	1.6	207
芬兰	0.8	297	瑞士	5.8	115
法国	9.1	71	英国	1.3	285
冰岛	0.8	211	美国	1.2	199
爱尔兰	0.7	300	德国	2.7	172
意大利	7.9	107			

要求：

（1）通过绘制相关图（散点图）来观察变量间有何关系。

（2）计算葡萄酒消耗量及一年中因心脏病死亡的人数之间的相关系数，分析其相关程度，以 0.05 的显著性水平检验相关系数的显著性。

（3）建立回归方程，解释回归系数的意义，并检验回归方程的显著性。

（4）若一个国家的成人每年平均从葡萄酒中摄取酒精 8 升，试预测（点预测）该国的心脏病死亡率。

解析：（1）相关图表明两变量之间有较高的负线性相关关系，随着葡萄酒消耗量的上升，一年中因心脏病死亡的人数呈现下降态势（图中的直线为拟合的回归线）。

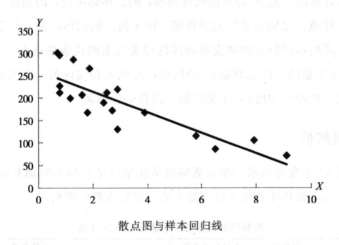

散点图与样本回归线

（2）由 Excel "相关系数" 可得样本相关系数为：$r = -0.8428$。表明两变量之间存在高度线性负相关。对相关系数的显著性检验如下。

$$H_0: \rho = 0 \quad H_1: \rho \neq 0$$

$$t = \frac{r\sqrt{n-2}}{\sqrt{1-r^2}} = \frac{-0.8428 \times \sqrt{17}}{\sqrt{1-0.7103}} = \frac{-3.475}{0.538} = -6.456$$

显著性水平 $\alpha = 0.05$，临界值为 $t_{0.025}(17) = 2.1098$。由于 $|t| = 6.456 > t_{0.025}(17)$，拒绝 H_0，表明葡萄酒消耗量与因心脏病死亡的人数之间存在显著的线性相关。

(3) 由 Excel "回归" 可得样本回归方程为：$\hat{Y} = 260.56 - 22.97X$。

回归系数 $\hat{\beta}_1 = -22.97$，表示葡萄酒消耗量每上升 1 升，一年中因心脏病死亡的人数平均每十万人中会减少 22.97 人。

对回归方程的显著性检验如下。

$$H_0: \beta_1 = 0 \quad H_1: \beta_1 \neq 0$$

由 Excel "回归" 输出结果可知，$F = 41.688 > F_{0.05}(1,17) = 4.45$，或 Significance$F = 5.91E$-$06$，接近 0，所以应拒绝 H_0，认为总体两变量间的线性相关关系是显著的（对回归系数的 t 检验也可以得到相同结论，此略）。

(4) 当 $X = 8$ 时，$\hat{Y} = 260.56 - 22.97 \times 8 = 76.8$。

附：Excel "回归" 输出结果如下所示。

回归统计	
Multiple R	0.842 8
R Square	0.710 3
Adjusted R Square	0.693 3
标准误差	37.878 6
观测值	19

方差分析					
	df	SS	MS	F	Significance F
回归分析	1	59 813.57	59 813.57	41.688 12	5.91E-06
残差	17	24 391.38	1 434.787		
总计	18	84 204.95			

	Coefficients	标准误差	t Stat	P-value	Lower 95%	Upper 95%
Intercept	260.563 4	13.835	18.833	7.97E-13	231.373	289.753
X	-22.968 8	3.557	-6.457	5.91E-06	-30.474	-15.463

9.5　练习与实践

9.5.1　单项选择题

1. 下列几对现象中，属于狭义相关关系的是（　　）。
   A. 储蓄存款与居民收入　　　　　　B. 储蓄存款利率与存款期限
   C. 电视机产量与啤酒销售量　　　　D. 某商品销售额与销售量、价格

2. 下列几对现象中，呈负相关关系的是（　　）。
   A. 工资水平与劳动生产率　　　　　B. 居民收入与精神文化消费支出
   C. 总成本与原材料消耗量　　　　　D. 总产量与单位产品成本

3. $r < 0$，表示（　　）。

A. 一个变量增加，另一个变量必然随之而增加

B. 一个变量增加，另一个变量必然随之而减少

C. 两个变量都呈不断减少的变动趋势

D. 两个变量大致呈反方向变动

4. 若 $\sum(x_i-\bar{x})(y_i-\bar{y})>0$，则两变量之间的相关关系是（　　）。

　　A. 正相关　　　　　　　　　　　　B. 负相关

　　C. 高度相关　　　　　　　　　　　D. 低度相关

5. 若 $r=0$，则两变量之间的关系是（　　）。

　　A. 低度相关　　　　　　　　　　　B. 负相关

　　C. 完全没有关系　　　　　　　　　D. 不存在线性相关

6. 当相关系数 $r=-0.8$ 时，下列说法中正确的是（　　）。

　　A. 两变量为高度线性负相关

　　B. 80%的样本点正好落在一条直线上

　　C. 80%的样本点高度相关

　　D. 80%的样本点都密集分布在一条直线的周围

7. 下列叙述中可能正确的是（　　）。

　　A. 学生专业和成绩之间的相关系数 r 为 0.65

　　B. 职工收入与年龄之间的相关系数是 0.84 百元/岁

　　C. 企业商品销售总额与流通费用率的相关系数为 -0.66

　　D. 职工劳动生产率与企业总产值的相关系数是 -0.78

8. Pearson 相关系数（　　）。

　　A. 只适用于定序数据　　　　　　　B. 只适用于定量数据

　　C. 适用于定类数据和定序数据　　　D. 适用于定序数据和定量数据

9. Spearman 相关系数（　　）。

　　A. 只适用于定序数据　　　　　　　B. 只适用于定量数据

　　C. 适用于定类数据和定序数据　　　D. 适用于定序数据和定量数据

10. Spearman 相关系数 $r_s=-1$，表示（　　）。

　　A. 回归系数也等于 -1　　　　　　B. 两变量等级顺序完全相反

　　C. 两变量不存在相关关系　　　　　D. 两变量数值是函数关系

11. 对两个变量间的相关系数进行显著性检验，样本量为 n，通常采用的检验方法是（　　）。

　　A. t 检验，自由度为 $n-2$　　　　B. t 检验，自由度为 $n-1$

　　C. χ^2 检验，自由度为 $n-2$　　　D. χ^2 检验，自由度为 $n-1$

12. 由同一资料计算的相关系数 r 与一元线性回归系数 $\hat{\beta}_1$ 之间的关系是（　　）。
    A. 一个大，另一个也必然大　　　　　　B. 两者没有数量关系
    C. 两者都是无量纲的数值　　　　　　　D. 两者正负号相同

13. 若一元线性回归方程中的回归系数 $\hat{\beta}_1=-1$，则（　　）。
    A. $r<0$　　　B. $r=0$　　　C. $r=-1$　　　D. $r=1$

14. 对具有因果关系的现象进行回归分析时（　　）。
    A. 只能将原因作为自变量　　　　　　　B. 只能将结果作为自变量
    C. 二者均可作为自变量　　　　　　　　D. 没有必要区分自变量和因变量

15. 总体回归方程的参数都是（　　）。
    A. 未知的随机变量　　　　　　　　　　B. 未知的常数
    C. 可直接观测的变量　　　　　　　　　D. 不能直接观测的变量

16. 样本回归方程 $\hat{Y}_i=\hat{\beta}_0+\hat{\beta}_1 X_i$ 中的 $\hat{\beta}_0$，$\hat{\beta}_1$ 都是（　　）。
    A. 确定的且数值唯一的量　　　　　　　B. 确定的但可取多个数值的量
    C. 随抽样而变化的随机变量　　　　　　D. 不能直接观测的变量

17. 以 y_i 表示实际观测值，$\hat{y}_i$ 表示回归估计值，则采用最小平方法估计回归方程参数的原则为（　　）。
    A. $\sum |y_i-\hat{y}_i|=\min$　　　　　　　B. $\sum (y_i-\hat{y}_i)^2=0$
    C. $\sum (y_i-\hat{y}_i)^2=\min$　　　　　　D. $\sum (y_i-\hat{y}_i)=0$

18. 用最小平方法估计回归方程参数，（　　）。
    A. 只适用于一元回归　　　　　　　　　B. 只适用于多元回归
    C. 只适用于线性回归　　　　　　　　　D. 以上三者都不正确

19. 一元线性回归方程 $\hat{Y}=100-0.85X$ 中，-0.85 表示（　　）。
    A. Y 与 X 呈高度负相关
    B. $X=0$ 时 Y 的均值减少 0.85
    C. X 每增加一个单位，Y 总是减少 0.85 个单位
    D. X 每减少一个单位，Y 平均增加 0.85 个单位

20. 一元线性回归方程 $\hat{Y}=100-0.85X$ 中，100 表示（　　）。
    A. Y 的最大取值
    B. 当 $X=0$ 时 Y 的平均值
    C. X 不变时 Y 的平均值
    D. X 变动一个单位时 Y 的平均变动量

21. 假设一企业生产的某种产品与其生产成本有线性相关关系，当产量为 2 000 件时，总成本大约为 500 万元，固定成本平均为 100 万元，由此可确定总成本对产量的回

归方程为（　　）。

A. $\hat{Y}=100+0.2X$ B. $\hat{Y}=400+0.05X$

C. $\hat{Y}=500-0.2X$ D. $\hat{Y}=100+3.8X$

22. 假设两个变量之间存在一定的线性相关关系，若判定系数为 0.65，则两变量之间的相关关系肯定是（　　）。

A. 负相关 B. 正相关

C. 高度相关 D. 低度相关

23. 回归分析的残差平方和是指（　　）。

A. $\sum(y_i-\bar{y})^2$ B. $\sum(x_i-\bar{x})^2$

C. $\sum(y_i-\hat{y}_i)^2$ D. $\sum(\hat{y}_i-\bar{y})^2$

24. 在总离差平方和中，残差平方和所占比重小，则（　　）。

A. 两变量间的相关程度高 B. 两变量间的相关程度低

C. 自变量对因变量影响作用小 D. 因变量对自变量影响作用小

25. 一元线性回归分析中，回归平方和越大，（　　）。

A. X 对 $\hat{Y}$ 的解释能力越强 B. X 对 Y 的解释能力越强

C. X 对 $\hat{Y}$ 的解释能力越弱 D. X 对 Y 的解释能力越弱

26. 回归估计标准误差的值越大，则回归直线（　　）。

A. 拟合程度越高 B. 拟合程度越低

C. 偏离原始数据点越近 D. 回归预测的区间越窄

27. 一般来说，通货膨胀率较高时，市场名义利率也较高。若通货膨胀率能够解释名义利率 53% 的变异，则有（　　）。

A. 通货膨胀率与名义利率的回归直线的截距是 0.53

B. 通货膨胀率与名义利率的回归直线的斜率是 0.53

C. 通货膨胀率与名义利率之间的相关系数是 0.53

D. 通货膨胀率与名义利率之间的判定系数是 0.53

28. $Y_i=\beta_0+\beta_1 X_i+\varepsilon_i$ 中的 ε_i 反映的是（　　）。

A. 由于 X 变化引起的 Y 的线性变化

B. 由于 X 变化引起的 Y 的非线性变化

C. 除了 X 与 Y 的线性关系之外的其他因素对因变量的综合影响

D. Y 的固定水平

29. 多元线性回归分析中，多重共线性是指（　　）。

A. 因变量与多个自变量具有高度线性相关

B. 因变量与多个自变量具有相同的线性相关

C. 两个或两个以上自变量之间彼此相关

D. 两个或两个以上自变量之间彼此独立

30. 对多元线性回归方程进行 F 检验,若 $F \geqslant F_a(1, n-k-1)$,表示( )。

A. 所有总体回归系数与 0 无显著差异

B. 所有总体回归系数显著不为 0

C. 有一个或多个总体回归系数显著不为 0

D. 诸自变量与因变量间的线性相关性不显著

31. 复相关系数 R ( )。

A. 只能为正数   B. 可以是负数

C. 可以大于 1   D. 可以等于 -1

32. 若相关系数 r 接近 0,则( )。

A. 判定系数接近 1   B. 回归估计标准误差接近 S_y

C. 回归系数接近 1   D. 回归估计标准误差接近 0

9.5.2 多项选择题

1. 线性回归分析中,对随机扰动项 ε_i 的基本假定有( )。

A. ε_i 具有零均值   B. ε_i 具有同方差

C. ε_i 无自相关   D. ε_i 与自变量 X 不相关

E. ε_i 服从正态分布

2. 如果两个变量之间的关系表现为线性函数关系,则有( )。

A. 相关系数等于 1   B. 回归系数等于 1

C. 判定系数等于 1   D. 回归估计标准差等于 0

E. 检验统计量 $F = \infty$

3. 下述几种结果中,肯定不正确的是( )。

A. $\hat{Y} = 1.5 - 0.7X$, $r = -0.6$ B. $\hat{Y} = -50 + 0.8X$, $r = -0.8$

C. $\hat{Y} = 100 - 0.55X$, $r = 0.7$ D. $\hat{Y} = 100 - 1.5X$, $r = -1.5$

E. $\hat{Y} = -100 + 75X$, $r = 0.8$

4. 用最小平方法求得的经典线性回归模型参数的估计量( )。

A. 是因变量 Y_i 的线性函数

B. 是总体参数的无偏估计量

C. 在所有估计量中具有最小方差

D. 在所有线性无偏估计量中具有最小方差

E. 不存在随机误差

5. 对相关系数进行显著性检验，$H_0:\rho=0$，若拒绝原假设，错误的说法是（　　）。

  A. 两变量间线性相关显著   B. 两变量间的相关性具有重要意义

  C. 两变量间正相关   D. 两变量间高度线性相关

  E. 回归方程的拟合效果很好

6. 对一元线性相关关系的显著性进行检验，可采用的检验统计量有（　　）。

  A. $t=\dfrac{r\sqrt{n-2}}{\sqrt{1-r^2}}\sim t(n-2)$ B. $F=\dfrac{SSR}{SSE/(n-2)}\sim F(1,n-2)$

  C. $t=\dfrac{b}{S_e/\sqrt{\sum(x_i-\bar{x})^2}}\sim t(n-2)$ D. $F=\dfrac{SSE/(n-2)}{SSR}\sim F(n-2,1)$

  E. $t=\dfrac{b}{S_e/\sqrt{\sum(x_i-\bar{x})^2}}\sim t(n-1)$

7. 回归分析中（　　）。

  A. t 检验是双侧检验   B. t 检验是检验回归系数的显著性

  C. F 检验是双侧检验   D. F 检验是检验回归方程的显著性

  E. 进行一元线性回归分析时，F 检验与 t 检验是等价的

8. 小样本条件下，一元线性回归预测的区间上下限（　　）。

  A. 在 $X_f=\bar{x}$ 处的区间范围最窄

  B. 在 $X_f=0$ 处的区间范围最窄

  C. 是区间越来越宽的两条直线

  D. 是对称地落在回归直线两侧的两条喇叭形曲线

  E. 是对称地落在回归直线两侧的两条平行线

9. 下列因素中，影响回归预测的误差范围大小的因素有（　　）。

  A. 置信水平   B. 回归估计标准差

  C. 样本量   D. 自变量取值与其样本均值的距离

  E. 因变量的样本均值

10. 对于判定系数 R^2 和修正的判定系数 $\bar{R}^2$ 的关系，正确的有（　　）。

  A. $R^2<\bar{R}^2$ B. $R^2>\bar{R}^2$

  C. 样本量越大，两者差异越小 D. 样本量越大，两者差异越大

  E. 自变量数量越多，两者差异越大

9.5.3　判断分析题

1. 变量 X 和 Y 之间的相关系数为 0.92，可认为变量 X 是变量 Y 的一个重要影响因素。

2. 对某地小麦亩产量与合理施肥量的样本做相关分析，相关系数为 -1.08。

3. 根据航班正点率（%）与旅客投诉率（次/万名）建立的回归方程为 $\hat{Y}=6.02-0.07X$，其中回归系数为 -0.07，表示旅客投诉率与航班正点率之间是低度相关。
4. 根据 19 个国家的数据建立的回归方程表明，就整个国家而言，一国葡萄酒消耗量的上升，有助于减少因心脏病死亡的人数。据此可认为，就每个人而言，只要多喝一点葡萄酒，就会降低患心脏病的风险。
5. 因变量的总离差平方和中，回归平方和越大，则回归方程拟合效果越好。
6. 一元线性回归分析中的 F 检验、t 检验及相关系数的 t 检验是完全等价的。
7. 对回归方程进行显著性检验，拒绝原假设，表示回归方程具有很好的拟合效果。
8. Spearman 等级相关系数是简单线性相关系数 r 的特例。
9. 利用回归方程进行预测时，自变量取值不宜超出样本范围太远。
10. 多元线性回归分析中的 F 检验与 t 检验的结论是一致的。

9.5.4 简答题

1. 简单线性相关系数与 Spearman 等级相关系数有何异同？它们分别适用于什么场合？
2. 一元线性回归分析中，相关系数与回归系数、判定系数之间有何联系？
3. 试对回归估计标准差 S_e 与因变量 Y 的样本标准差 S_y 的异同做比较。
4. 解释因变量的离差平方和、回归平方和及残差平方和的含义，分析这三者有何意义。
5. 相关回归分析中，为什么样本量不宜太小？

9.5.5 计算题

1. 某班学生课外用于商务统计课程的学习时间与其考试成绩抽查的样本数据如下表所示。

学习时间/小时	20	16	35	23	27	30	18	22
成绩/分	68	61	90	70	88	98	68	77

要求：
(1) 计算学习时间与考试成绩的相关系数，并检验这一相关的显著性（显著性水平为 0.05）。
(2) 估计样本回归方程，解释回归方程参数估计值所表示的具体意义，并以 0.05 的显著性水平检验回归系数的显著性。
(3) 若某人的学习时间是 25 小时，估计其考试成绩最有可能是多少？
(4) 计算回归估计的标准误差。
2. 根据第 1 题的数据，计算学习时间与其考试成绩之间的等级相关系数，并且比较它与简单线性相关系数的差别。

3. 某公司收集了10个销售网点某日接待的顾客人数与销售额的数据，如下表所示。

顾客人数/人	17	20	26	30	36	46	47	50	50	55
销售额/千元	35	37	41	65	78	80	95	87	114	100

要求：

(1) 计算顾客人数与销售额之间的相关系数，并检验这一相关的显著性（显著性水平为 0.01）。

(2) 估计样本回归方程，并以 0.01 的显著性水平检验回归方程的显著性，解释回归方程参数估计值所表示的具体意义。

(3) 若一销售点一周内接待的顾客人数达 60 人，试以 95% 的置信水平估计其销售额的区间范围。

4. 某学院对大量学生的数学成绩调查后发现，学生升学时的成绩与其第一学年末的考试成绩之间存在一定的相关关系，二者的相关系数为 0.7。升学时的平均成绩为 125 分，标准差为 14 分；第一学年末的平均成绩为 78.5 分，标准差为 10 分。

要求：

(1) 根据以上信息建立一个回归方程。

(2) 计算出回归估计标准差。

(3) 若已知一学生升学时的成绩为 135 分，试预测该生第一学年末考试成绩最可能的分数。

(4) 在 (3) 的基础上近似计算出相应的预测区间（置信水平为 90%）。

5. 对 X 与 Y 两个变量进行线性回归分析，由 Excel 得到如下输出结果。

回归统计					
Multiple R	0.644 3				
R Square	0.415 2				
Adjusted R Square	0.362 0				
标准误差	1.597 5				
观测值	13				
	df	SS	MS	F	Significance F
回归分析	1	19.928 3	19.928 3	7.808 9	0.017 45
残差	11	28.071 7	2.551 98		
总计	12	48			
	Coefficients	标准误差	t Stat	P-value	
Intercept	53.804 1	1.431 6	37.584 5	5.71E-13	
X	−0.246 9	0.088 1	−2.794 5	0.017 45	

要求：

(1) 根据以上输出结果将下列指标的数值或式子填写在其下对应的空格中。

样本量	相关系数	判定系数	样本回归方程	回归估计标准误差

（2）指出 X 与 Y 的相关方向，并说明显著性水平多大时就可认为两个变量总体的线性相关是显著的。

6. 根据 Y 和 X 的数据，利用 Excel 的"回归"得到的输出结果（部分）如下表所示。

回归统计	
Multiple R	
R Square	0.501 2
标准误差	0.562 8
观测值	16

方差分析	df	SS	MS	F	Significance F
回归分析		4.455 2			0.002 2
残差					
总计		8.889 2			

	Coefficients	标准误差	t Stat	P-value
Intercept	0.479 8	0.347 4	1.380 9	0.189 0
X	0.072 9	0.019 4		

试根据上表资料：

（1）填出表中加粗框的空格栏的数值。

（2）写出估计的回归方程，检验回归方程的显著性。

（3）若 X 为 25，估计 Y 可能为多少？

7. 对 Y 和 X_1，X_2 的数量关系进行线性回归分析，用 Excel 中的数据分析工具"回归"得到的输出结果如下。

SUMMARY OUTPUT					
回归统计					
Multiple R	0.9578				
R Square	0.9174				
Adjusted R Square	0.8991				
标准误差	131.216				
观测值	12				

方差分析	df	SS	MS	F	Significance F
回归分析	2	1721890	860945	50.00358	1.33519E-05
残差	9	154959	17217.67		
总计	11	1876849			

	Coefficients	标准误差	t Stat	P-value	Lower 95%	Upper 95%
Intercept	2021.383	853.758	2.368	0.0421	90.049	3952.717
X1	38.951	7.951	4.899	0.0008	20.964	56.938
X2	-2.801	0.934	-2.999	0.0150	-4.914	-0.688

要求:

(1) 写出样本回归方程,并检验该回归方程的显著性。

(2) 复相关系数、修正的判定系数、回归估计标准误差分别是多少?

(3) 分别解释样本回归系数的含义,并说明各自变量与因变量的线性关系是否显著。

(4) 当 $X_1=40$,$X_2=550$ 时,试估计因变量的值。

9.5.6 案例思考

案例1: 下表是2021年中国分地区(不含港澳台地区)城镇居民家庭的人均可支配收入、人均消费支出、人均食品烟酒消费支出和人均居住消费支出的实际数据,数据来自《中国统计年鉴2022》。

2021年中国分地区(不含港澳台地区)城镇居民人均可支配收入和人均消费支出

地区	人均可支配收入/元	人均消费支出/元	人均食品烟酒消费支出/元	人均居住消费支出/元
北京	81 518	46 776	9 720	18 382
天津	51 486	36 067	9 708	8 315
河北	39 791	24 192	6 522	6 108
山西	37 433	21 966	5 529	4 922
内蒙古	44 377	27 194	7 326	5 643
辽宁	43 051	28 438	8 184	5 947
吉林	35 646	24 421	6 623	4 937
黑龙江	33 646	24 422	7 095	4 945
上海	82 429	51 295	12 878	17 369
江苏	57 744	36 558	9 590	10 321
浙江	68 487	42 194	11 283	11 307
安徽	43 009	26 495	8 469	5 823
福建	51 141	33 942	10 612	10 349
江西	41 684	24 587	7 723	5 470
山东	47 066	29 314	7 693	6 199
河南	37 095	23 178	6 438	5 303
湖北	40 278	28 506	8 513	6 242
湖南	44 866	28 294	8 130	5 796
广东	54 854	36 621	11 622	9 696
广西	38 530	22 555	7 089	4 704
海南	40 213	27 565	9 594	6 721

(续)

地区	人均可支配收入/元	人均消费支出/元	人均食品烟酒消费支出/元	人均居住消费支出/元
重庆	43 503	29 850	9 557	5 467
四川	41 444	26 971	9 246	5 158
贵州	39 211	25 333	7 765	4 490
云南	40 905	27 441	8 000	5 952
西藏	46 503	28 159	9 395	6 539
陕西	40 713	24 784	6 664	5 589
甘肃	36 187	25 757	7 543	5 732
青海	37 745	24 513	7 389	4 755
宁夏	38 291	25 386	6 690	4 610
新疆	37 642	25 724	7 753	4 772

案例思考与分析要求：

1. 城镇居民家庭的人均可支配收入分别与人均消费支出、人均食品烟酒消费支出、人均居住消费支出、恩格尔系数⊖等变量之间存在什么样的关系？尝试利用恰当的统计图和统计指标来说明。

2. 如果有相关关系，则具体说明它们之间分别是什么性质（方向）、形态的相关关系？其中哪个相关关系的相关性最强，哪个相关关系的相关性最弱？

3. 分别就城镇居民家庭的人均可支配收入分别与人均消费支出、人均食品烟酒消费支出、人均居住消费支出、恩格尔系数的数量关系进行一元线性回归分析，估计样本回归方程，进行显著性检验，并评价所估计回归方程的拟合效果。

4. 解释所估计回归方程中回归系数的具体意义，并关注定量分析结论是否与经济学理论相符合。

案例 2： 随着社会经济发展进程的加快，能源的消费需求也越来越多。各地区人口与经济发展的规模和结构不同，能源消费的总量和结构也不尽相同。影响能源消费的因素有很多，一个自变量往往难以很好地解释和预测能源消费需求的变化。怎样利用多元回归分析法来进行有关的分析呢？请自己收集我国最近一年各省（自治区、直辖市）的能源消费总量、地区生产总值、工业增加值占地区生产总值比重和年平均人口数等指标的数据进行回归分析。

案例思考与分析要求：

（1）能源消费总量、地区生产总值、工业增加值占地区生产总值比重及年平均人口

⊖ 恩格尔系数是指居民食品烟酒支出在消费支出中所占的比例。

数等变量之间分别存在什么样的相关关系？其中相关性最强、最弱的相关关系分别是什么？试用 Person 相关系数和 Spearman 等级相关系数分别给予说明。

（2）以能源消费总量为因变量，若要建立一元线性回归方程，最好以哪个指标为自变量？若要建立二元线性回归方程，又应该以哪两个指标为自变量？若要建立三元线性回归方程，可能存在什么问题？

（3）根据所选定的自变量和已知数据建立线性回归方程，解释所估计的回归方程中回归系数的具体意义。

（4）评价所估计回归方程的拟合效果，检验回归方程的显著性和回归系数的显著性。

综合测试题（一）

一、单项选择题

1. 将某产品质量的等级分为一级、二级、三级、四级，这样表示的数据是（　　）。
    A. 定类数据   B. 定序数据
    C. 定距数据   D. 定比数据

2. 假定不考虑登记性误差，容易产生系统性误差的是（　　）。
    A. 全面调查   B. 普查
    C. 重点调查   D. 抽样调查

3. 如果要反映某学校 2 000 名应届生毕业论文成绩的分布形态，那么下列统计图中最适合的是（　　）。
    A. 饼图   B. 条形图
    C. 茎叶图   D. 直方图

4. 企业计划今年的单位成本比上年降低5%，实际降低了8.5%，则超额完成计划百分比为（　　）。
    A. 3.5%   B. 3.33%
    C. 3.68%   D. 70%

5. 下面的统计指标中属于质量指标的是（　　）。
    A. 优质品总量   B. 利润总额
    C. 社会消费品零售总额   D. 人均销售收入

6. 关于众数的叙述中，不正确的是（　　）。
    A. 众数是唯一的
    B. 在正偏分布中，众数小于均值和中位数
    C. 对于定距、定类、定序尺度数据，一般都可以求众数
    D. 众数是出现频率最大的变量值

7. 以下是一个年龄调查数据形成的分布数列，中位数是（　　）。

年龄/周岁	20	21	22	23	24	合计
人数	30	80	60	20	10	200

  A. 21   B. 21.5

  C. 22   D. 80

8. m_4 为四阶中心矩，σ 为标准差，如果 $m_4/\sigma^4 - 3 > 0$，表明变量分布是（   ）。

  A. 扁平分布   B. 尖峰分布

  C. 左偏分布   D. 右偏分布

9. 甲、乙两地区职工的月平均收入分别为 4 000 元和 6 400 元，标准差分别为 600 元和 840 元，则职工收入差异程度是（   ）。

  A. 甲地区大   B. 乙地区大

  C. 两地区相同   D. 不能确定

10. 下列是时期指标的是（   ）。

  A. 常住人口数   B. 职工人数

  C. 出生人数   D. 从业人数

11. 平滑系数 α 越小（   ）。

  A. 对序列的平滑作用越强   B. 对序列的平滑作用越弱

  C. 对数据跟踪越快   D. 对数据变化的反映越敏感

12. 某商品销售额 1~11 月的季节指数分别是：110%，108%，92%，90%，88%，85%，96%，98%，100%，112%，106%，则一年中该商品销售最旺的是（   ）。

  A. 1 月   B. 6 月

  C. 10 月   D. 12 月

13. 某地区某年多种工业产品单位成本计划完成百分数是一种（   ）。

  A. 个体指数   B. 静态指数

  C. 动态指数   D. 数量指标指数

14. 同样多的货币，报告期只能购买基期商品量的 90%，则价格指数为（   ）。

  A. 110%   B. 111.1%

  C. 105%   D. 120%

15. 编制物量综合法指数时，（   ）。

  A. 物量起着同度量作用   B. 物量起同度量和权数作用

  C. 物价起着同度量作用   D. 物价起同度量和权数作用

16. 假定有 20 000 名在校生的高校和 10 000 名在校生的高校，分别用不重复抽样方法抽取本校 5% 的学生进行调查，若其他条件相同，则抽样误差（   ）。

  A. 前者较小   B. 后者较小

C. 两者相等 D. 不能确定

17. 下列关于假设检验的说法，正确的是（ ）。

   A. 第一类错误是指当备择假设为真时，拒绝备择假设

   B. 第二类错误是指当原假设为真时，拒绝原假设

   C. 两类错误的概率存在此消彼长的关系：$\beta=1-\alpha$

   D. P 值越小，说明拒绝原假设的证据越充足

18. 某产品销售额和广告投入有线性关系，当广告投入为 100 万元时，估计销售额约为 3 000 万元，其中不随广告变化的销售额为 1 000 万元，则销售额对广告投入的回归方程是（ ）。

   A. $\hat{Y}=1\,000+20X$ B. $\hat{Y}=10+0.24X$

   C. $\hat{Y}=3\,000+0.5X$ D. $\hat{Y}=30+5X$

19. 下面说法中正确的是（ ）。

   A. 非抽样误差只存在于非概率抽样中 B. 抽样误差不包括登记误差

   C. 代表性误差都可以根据概率论来计算 D. 在全面调查中也存在代表性误差

20. 在一定的抽样平均误差条件下（ ）。

   A. 扩大极限误差范围，可以提高推断的可靠程度

   B. 扩大极限误差范围，会降低推断的可靠程度

   C. 缩小极限误差范围，可以提高推断的可靠程度

   D. 缩小极限误差范围，不改变推断的可靠程度

21. 总体服从均值为 μ、方差为 σ^2 的正态分布。从该总体中抽取容量为 n 的简单随机样本，则样本均值 $\overline{X}$ 的分布为（ ）。

   A. $N(\mu,\sigma^2)$ B. $N(\overline{X},\sigma^2)$

   C. $N\left(\overline{X},\dfrac{\sigma^2}{n}\right)$ D. $N\left(\mu,\dfrac{\sigma^2}{n}\right)$

22. 若在显著性水平 $\alpha=0.05$ 下检验结论为接受 H_0，当显著性水平改为 $\alpha=0.01$ 时，则下列说法中正确的是（ ）。

   A. 接受 H_0 B. 拒绝 H_0

   C. 可能接受也可能拒绝 H_0 D. 犯第二类错误的概率必然减少

23. 在其他条件不变的前提下，若要求误差范围缩小 1/3，则样本容量增加（ ）。

   A. 9 倍 B. 8 倍

   C. 1.25 倍 D. 2.25 倍

24. 对某种连续生产的产品进行质量检验，要求每隔一小时抽出一件产品进行检验，这种抽查方式是（ ）。

A. 简单随机抽样   B. 类型抽样

C. 等距抽样   D. 整群抽样

25. 设 X_1，X_2 是取自总体 $X \sim N(\mu, \sigma^2)$ 的一个样本，下列估计中，总体均值 μ 的最有效估计量是（   ）。

   A. $\hat{\mu}_1 = \frac{1}{2}X_1 + \frac{1}{2}X_2$ B. $\hat{\mu}_2 = \frac{2}{3}X_1 + \frac{1}{3}X_2$

   C. $\hat{\mu}_3 = \frac{1}{4}X_1 + \frac{1}{4}X_2$ D. $\hat{\mu}_4 = \frac{1}{5}X_1 + \frac{4}{5}X_2$

26. 设随机变量 $X \sim t(n)(n>1)$，$Y = 1/X^2$，则（   ）。

   A. $Y \sim N(0,1)$ B. $Y \sim \chi^2(n-1)$

   C. $Y \sim F(n,1)$ D. $Y \sim F(1,n)$

27. 设随机变量 X 和 Y 都服从标准正态分布，则必然有（   ）。

   A. X^2 和 Y^2 都服从 χ^2 分布   B. $(X^2 + Y^2)$ 服从 χ^2 分布

   C. $(X+Y)$ 服从标准正态分布   D. X^2/Y^2 服从 F 分布

28. 原材料生成标准要求杂质含量不超过 5%。某批原材料的质量实际上是不符合生产标准的，检验部门抽取 1% 的原材料进行检验，得出的结论是该批原材料的质量符合生产标准，说明（   ）。

   A. 检验部门犯了第一类错误

   B. 检验部门犯了第二类错误

   C. 错设了原假设与备择假设

   D. 错误原因是检验部门没有遵循随机原则

29. 在回归模型 $Y = \beta_0 + \beta_1 X + \varepsilon$ 中，ε 反映的是（   ）。

   A. 由于 X 的变化引起的 Y 的线性变化部分

   B. 由于 Y 的变化引起的 X 的线性变化部分

   C. 除 X 和 Y 的线性关系之外的随机因素对 Y 的影响

   D. 由于 X 和 Y 的线性关系对 Y 的影响

30. 对于有增长趋势的时间序列，计算其季节指数时，适用的方法是（   ）。

   A. 移动平均趋势剔除法   B. 同期平均法

   C. 加权几何平均法   D. 加权调和平均法

二、多项选择题（每个小题有 2~5 个不等的正确答案，多选或少选均不得分）

1. 确定样本容量时，必须考虑的影响因素有（   ）。

   A. 样本各单位标志值的差异程度   B. 总体各单位标志值的差异程度

C. 抽样方法和抽样组织方式　　　D. 抽样推断的把握程度

E. 允许误差

2. 某校随机调查了 100 名一年级学生，得知有暑期旅游计划的学生占 17%，若要检验总体这一比例是否低于 20%，下列陈述中正确的有（　　）。

A. 此检验应为左侧检验　　　　　B. 此检验应为右侧检验

C. 检验统计量 $Z=\dfrac{17\%-20\%}{\sqrt{20\%\times 80\%/100}}$　　　D. 检验统计量 $Z=\dfrac{17\%-20\%}{\sqrt{17\%\times 83\%/100}}$

E. 检验统计量 $Z=\dfrac{|17\%-20\%|}{\sqrt{20\%\times 80\%/100}}$

3. 运用功效系数法进行综合评价必须确定的阈值有（　　）。

A. 最大值　　　　　　　　　　　B. 最小值

C. 满意值　　　　　　　　　　　D. 不允许值

E. 平均值

4. 下列关于单因素方差分析的表述，正确的有（　　）。

A. 组间方差显著大于组内方差时，该因素对所考查的指标具有显著影响

B. 组内方差显著大于组间方差时，该因素对所考查的指标具有显著影响

C. 检验统计量服从 F 分布

D. 进行双侧检验

E. 各水平下的样本单位数可以相等，也可以不相等

5. 如果两个变量之间完全线性相关，则以下结论中正确的是（　　）。

A. 相关系数＝1　　　　　　　　B. 判定系数＝1

C. 回归估计标准误差＝0　　　　D. 回归系数＞0

E. 残差平方和＝0

三、判断分析题（要求先判断正确与否，再说明理由）

1. 抽样调查的结果不一定不如普查的结果准确。

2. 某企业最近三年的利润额和资金利润率资料如下表所示。

指标	第 1 年	第 2 年	第 3 年
利润额/百万元	45	50	60
资金利润率/%	30	35	36

则这几年的平均资金利润率为 (30%＋35%＋36%)/3＝33.7%。

3. 按数量标志分组，不能认为组数越多越好。

4. 某单位在招聘员工时要进行 A、B 两项测试，A 项平均成绩是 98 分，标准差是 15

分；B 项平均成绩是 65 分，标准差 5 分。小王在 A 项测试中考了 113 分，B 项测试中考了 75 分，则小王的 A 项测试成绩更好。

5. 有专家估计某城市家庭每天的平均消费额为 90 元，从该城市中随机抽取 15 个家庭组成一个随机样本，得到样本均值为 84.50 元，标准差为 14.5 元。假定总体呈正态分布，在 $\alpha = 0.05$ 的显著性水平下对专家的估计进行检验，则：

(1) 提出的假设是 $H_0 : \mu = 90$，$H_1 : \mu \leqslant 90$；

(2) 检验统计量服从正态分布且 $z = \dfrac{84.5 - 90}{84.5/\sqrt{15}} = -0.252$；

(3) 拒绝 H_0 的概率不超过 0.05。

四、计算题（要求写出必要的计算公式、主要过程和计算结果）

1. 为了解某地区的居民消费情况，某研究机构设计了一次简单随机抽样，共计抽取样本 1 600 户，调查所得每户的平均消费为 4 800 元，标准差为 560 元，其中消费偏低（低于 2 000 元）的户数是 320 户，试以 95.45% 的置信水平估计：

(1) 该地区居民户平均消费的置信区间；

(2) 该地区消费偏低户所占比例的置信区间。

2. 某地区年末人口数和地区 GDP 数据如下表所示。

项目	2019 年	2020 年	2021 年	2022 年	2023 年
年末人数/万人	500	503	510	516	521
GDP/亿元	1 560	1 790	2 030	2 350	2 710

要求计算：

(1) 这段时间内人均 GDP 的序时平均数；

(2) 计算 GDP 的环比增长速度及平均增长速度，并回答哪一年增长最快。

3. 某农产品在两地区种植，其平均亩产量和播种面积资料如下表所示。

项目	播种面积/亩		平均亩产量/千克	
	基期	报告期	基期	报告期
甲地区	300	400	600	700
乙地区	500	450	800	1 000

试对该农产品总平均亩产量的变动及其原因进行分析。

4. 某地区社会消费品零售总额 Y（单位：亿元）与居民可支配收入 X（单位：亿元）之间呈现相关关系，为了解居民可支配收入对社会消费品零售总额的影响，现对两个变量进行回归分析，由 Excel 得到如下输出结果（部分）：

回归统计	
Multiple R	0.923
R Square	0.852
Adjusted R Square	0.825
标准误差	2.46
观测值	16

方差分析

	SS	df	MS	F
回归平方和	( )	1	( )	277.96
残差平方和	84.72	( )	6.05	
总平方和	( )	( )		

系数检验

	Coefficients	标准误差	t Stat	P-value
Intercept	−6.52	2.80	−2.32	0.035 645
居民可支配收入	0.796	0.047 8	16.67	1.25E-10

假设两个变量都服从正态分布，根据结果解答如下问题：

(1) 填写方差分析表中的空格；

(2) 说明居民可支配收入与社会消费品零售总额的相关关系；

(3) 建立回归方程，说明此方程是否具有统计显著性，并说明理由；

(4) 当居民可支配收入为 100 亿元时，预测对应的社会消费品零售总额。

综合测试题（二）

一、单项选择题

1. 当变量数列中各变量值的频数相等时，该数列（　　）。
   A. 众数等于中位数　　　　　　　　B. 众数等于均值
   C. 无众数　　　　　　　　　　　　D. 众数有多个

2. 某地区商品销售额增长了 5%，商品零售价格平均上升了 2%，则商品销售量平均增长了（　　）。
   A. 7%　　　　　　　　　　　　　　B. 10%
   C. 2.94%　　　　　　　　　　　　 D. 3%

3. 抽样调查和重点调查的主要区别是（　　）。
   A. 原始资料来源不同　　　　　　　B. 取得资料的方法不同
   C. 调查的单位数不同　　　　　　　D. 抽取调查单位的方式方法不同

4. 某连续变量数列分为五组：第一组为 500 以下，第二组为 500~600，第三组为 600~700，第四组为 700~800，第五组为 800 以上。依惯例规定（　　）。
   A. 500 在第一组，700 在第四组　　B. 600 在第二组，800 在第五组
   C. 700 在第四组，800 在第五组　　D. 800 在第四组，500 在第二组

5. 红星机械厂计划规定今年甲产品的单位产品成本比去年降低 4%，实际执行的结果是降低了 5%，则该产品单位成本的计划完成程度的算式为（　　）。
   A. $\dfrac{5\%}{4\%}$　　　　　　　　　　　　B. $\dfrac{105\%}{104\%}$
   C. $\dfrac{95\%}{96\%}$　　　　　　　　　　　D. 5%~4%

6. 为消除季节变动的影响而计算的发展速度指标为（　　）。
   A. 环比发展速度　　　　　　　　　B. 年距发展速度
   C. 定基发展速度　　　　　　　　　D. 平均发展速度

7. 某乡播种早稻 1 000 亩，其中 20% 的面积播种改良品种，亩产为 600 千克；其余播种面积的亩产为 500 千克，则该乡全部早稻平均亩产为（   ）。
   A. 520 千克 B. 530 千克
   C. 540 千克 D. 550 千克

8. 下列变量中，属于定比变量的是（   ）。
   A. 出生日期 B. 年龄
   C. 电话号码 D. 质量等级

9. 各组工人人数占总人数比重不变，而总平均劳动生产率提高 4%，这是由于（   ）。
   A. 工人总人数增长 4% B. 各组劳动生产率平均提高 4%
   C. 总产值增长 4% D. 各组工人人数增长 4%

10. 对于季度时间序列资料，季节指数必须满足的条件是（   ）。
    A. 各季节指数之和为 1 B. 各季节指数之和为 4
    C. 各季节指数之和为 12 D. 各季节指数平均为 0

11. 指数平滑法的特点是（   ）。
    A. 对近期数据给予较大权数 B. 对所有数据给予同样权数
    C. 对远期数据给予较大权数 D. 仅包含最近 k 个时期的数据信息

12. 若商品价格总水平报告期比基期上升 10%，则报告期 100 元所能购买的商品价值只能相当于基期的（   ）。
    A. 110 元 B. 90 元
    C. 109.1 元 D. 90.9 元

13. 测度季节变动的同期平均法所适用的时间序列呈（   ）。
    A. 水平趋势 B. 上升趋势
    C. 下降趋势 D. 曲线趋势

14. 某企业生产多种不同的产品，若要采用综合法计算该企业产品产量总指数，（   ）。
    A. 可将各种产品的产量直接加总、对比
    B. 一般用基期出厂价格作为同度量因素
    C. 一般用报告期出厂价格作为同度量因素
    D. 一般用基期产值作为同度量因素

15. 已知两个企业职工工资的标准差分别为：$\sigma_甲 = 5$ 元，$\sigma_乙 = 6$ 元，则两个企业职工平均工资的代表性是（   ）。
    A. 甲大于乙 B. 乙大于甲
    C. 甲乙相同 D. 无法判断

16. 在重复简单随机抽样中,其他条件不变的情况下,要使置信区间的宽度缩小一半,样本量应增加(   )。
    A. 一半　　　　　　　　　　　　B. 1倍
    C. 3倍　　　　　　　　　　　　　D. 4倍

17. 在其他条件不变的情况下,总体参数 θ 的置信区间长度 L 与置信水平 $(1-\alpha)$ 的关系是(   )。
    A. 当 $(1-\alpha)$ 缩小时,L 缩短　　　　B. 当 $(1-\alpha)$ 缩小时,L 增大
    C. 当 $(1-\alpha)$ 缩小时,L 不变　　　　D. 以上三者都不对

18. 如果总体服从正态分布,但总体均值和方差未知,样本量为 n,则用于构造总体方差置信区间的随机变量的分布是(   )。
    A. $N(0,1)$　　　　　　　　　　B. $N(\mu,\sigma^2)$
    C. $t(n-1)$　　　　　　　　　　D. $\chi^2(n-1)$

19. 设总体 $X \sim N(0,1)$,X_1, X_2, X_3 是来自 X 的简单随机样本,以下统计量中,服从自由度为1的 t 分布的是(   )。
    A. $\dfrac{X_1}{|X_2|}$　　　　　　　　　　B. $\dfrac{X_1+X_n}{\sqrt{2}X_1}$
    C. $\dfrac{X_1+X_2}{X_3}$　　　　　　　　D. $\dfrac{X_2}{\sqrt{\dfrac{X_1^2+X_3^2}{2}}}$

20. 方差分析中的原假设是(   )。
    A. 各水平总体方差相等　　　　　　B. 各水平的理论均值相等
    C. 各水平内部数量差异相等　　　　D. 各水平之间数量差异相等

21. 当所有观测值都落在回归直线上时,则这两个变量之间的相关系数为(   )。
    A. 1　　　　　　　　　　　　　　B. −1
    C. 1 或 −1　　　　　　　　　　　D. 大于 −1,小于 1

22. 在假设检验中,显著性水平 α 的含义是(   )。
    A. H_0 为真,但经检验拒绝 H_0 的概率
    B. H_0 为真,经检验接受 H_0 的概率
    C. H_0 不成立,经检验拒绝 H_0 的概率
    D. H_0 不成立,但经检验接受 H_0 的概率

23. 下列说法中正确的是(   )。
    A. 实际抽样误差是估计量的标准差
    B. 每次抽样的实际误差可以计算和控制
    C. 实际抽样误差是随样本不同而改变的随机变量

D. 实际抽样误差等于抽样平均误差

24. 某企业最近几批产品的优质品率分别为 88%、85%、91%，为了对下一批产品的优质品率进行抽样检验，确定必要的抽样数目时，P 应选（　　）。

    A. 85%　　　　　　　　　　　　　　B. 87.7%

    C. 88%　　　　　　　　　　　　　　D. 91%

25. 从均值为 μ，标准差为 σ 的任意一个总体中抽取大小为 n 的样本，则（　　）。

    A. 当 n 充分大时，样本均值 $\overline{X}$ 的分布才近似遵从正态分布

    B. 只有当 $n<30$ 时，样本均值 $\overline{X}$ 的分布才近似遵从正态分布

    C. 样本均值 $\overline{X}$ 的分布与 n 无关

    D. 无论 n 有多大，样本均值 $\overline{X}$ 的分布都为非正态分布

26. 下列关于统计量的说法中，不正确的是（　　）。

    A. 统计量是样本的函数

    B. 估计同一总体参数只有一个统计量

    C. 统计量是随机变量

    D. 统计量不能含有任何未知的总体参数

27. $Y_i = \beta_0 + \beta_1 X_i + \varepsilon_i$ 中的 ε_i 反映的是（　　）。

    A. 由于 X 变化引起的 Y 的线性变化

    B. 由于 X 变化引起的 Y 的非线性变化

    C. Y 的固定水平

    D. 除 X 与 Y 的线性关系之外的其他因素对因变量的综合影响

28. 假设检验中，用 α 和 β 分别表示犯第一类错误和第二类错误的概率，则当样本容量一定时，下列说法中正确的是（　　）。

    A. α 减少，β 也减少　　　　　　B. α 增大，β 也增大

    C. α 与 β 不可能同时减少　　　　D. A 和 B 同时成立

29. 在同等条件下，重复抽样误差和不重复抽样误差相比（　　）。

    A. 两者相等　　　　　　　　　　　　B. 前者大于后者

    C. 前者小于后者　　　　　　　　　　D. 无法判断

30. 设 $\overline{X}$ 和 S^2 是来自正态分布 $N(\mu, \sigma^2)$ 的样本均值和样本方差，样本容量为 n，则 $\dfrac{|\overline{X}-\mu_0|}{S/\sqrt{n}} > t_{\alpha/2}(n-1)$ 表示的是（　　）。

    A. "$H_0: \mu = \mu_0$" 的拒绝域　　　　B. "$H_0: \mu = \mu_0$" 的接受域

    C. μ 的一个置信区间　　　　　　　D. σ^2 的一个置信区间

二、多项选择题（每个小题有 2～5 个不等的正确答案，多选或少选均不得分）

1. 分子和分母可以互换的相对指标有（　　）。
   A. 结构相对数　　　　　　　　　　B. 比较相对数
   C. 计划完成相对数　　　　　　　　D. 强度相对数
   E. 比例相对数

2. 一家风险投资机构对某些高新技术企业进行前期的投资调查，对于参考的各项变量，下列说法中正确的是（　　）。
   A. 企业的经营领域是定序变量
   B. 企业拥有的专利权数量是离散变量
   C. 企业的信用等级是定距变量
   D. 企业的利润额是定比变量
   E. 企业的公众评价满意度档次是定类变量

3. 下列属于时点指标的有（　　）。
   A. 城镇人口总数　　　　　　　　　B. 企业的利息支出
   C. 学校的毕业人数　　　　　　　　D. 保险公司待处理的理赔案件总数
   E. 银行贷款余额

4. 在中国家庭金融问卷调查中，由于以下原因引起的误差中，不属于抽样误差的有（　　）。
   A. 被调查者隐瞒了自己的负债情况，将自己的负债金额填报为 2 000 元
   B. 调查员误将被调查者的税后工资收入 13 200 元填报为 12 300 元
   C. 被调查者不在家，调查员根据自己的估计将户主的收入填报为 5 000 元
   D. 随机抽取的居民家庭的平均每户金融资产高于全部居民家庭的平均水平
   E. 调查员在某小区进行问卷调查时，为了节约时间成本，全部选择了一楼的住户进行问卷调查。

5. $(X_1, X_2, \cdots, X_n)$ 是来自总体的简单随机样本，在下列样本统计量中，总体均值的无偏估计量有（　　）。
   A. $\frac{1}{2}X_1 + \frac{1}{2}X_2$
   B. $\frac{1}{3}X_1 + \frac{2}{3}X_2$
   C. $\frac{X_1 + X_2 + \cdots + X_n}{n}$
   D. $\frac{\sum_{i=1}^{n}(X_i - \overline{X})^2}{n-1}$
   E. $\frac{\sum_{i=1}^{n}(X_i - \overline{X})^2}{n}$

三、判断分析题（要求先判断正确与否，再说明理由）

1. 直方图只能用于表示定量变量的次数分布，不能用于表示定性变量的次数分布。
2. 在大量观察的情况下，数据汇总后，随机误差可以在一定程度上相互抵消，但系统性误差不能相互抵消。
3. 根据大量数据资料计算出的工人中睡眠不足所占的比重（%）与每千个工人中发生安全事故次数之间建立的回归方程为：$\hat{y}=-1.684+0.276x$，这表明工人中睡眠不足所占的比重（%）与每千个工人中发生安全事故次数之间存在一定的正相关关系，但相关程度很低。
4. 结构影响指数的数值越大，表示结构变动对总平均数的影响程度越大；反之，结构影响指数的数值越小，表示结构变动对总平均数的影响程度越小。

四、简答题

1. 影响抽样平均误差大小的因素有哪些？它们与抽样平均误差是何关系？
2. 简述判定系数与回归估计标准误差的含义以及二者的关系。

五、计算题（要求写出必要的计算公式、主要过程和计算结果）

1. 某企业近四年营业收入资料如下表（注：固定基期为2019年）所示。

项目	2020年	2021年	2022年	2023年
营业收入/百万元	220			
累计增长量/百万元	20			
环比增长速度/%			9.3	
定基增长速度/%		18.0		40.0

要求：

（1）填出表中空格栏的数值；

（2）计算最近四年该企业营业收入的年平均水平、年平均增长量和年平均增长速度。

2. 已知三种商品的销售额及价格指数资料如下表所示。

商品种类	计量单位	基期销售额/亿元	报告期销售额/亿元	价格涨跌/%
甲	万套	40	45	2.0
乙	万件	30	28	−5.0
丙	万台	200	220	10.0
合计	—	270	293	—

根据上表资料从相对数和绝对数两方面分析三种商品销售总额的变动及其原因，并说明引起销售总额变动的主要原因是什么。

3. 某种疾病采用传统治疗方法的治愈率为 70%。最近研究出一种新疗法，对 100 名患者试用这种新疗法后，治愈了 76 人。试问这一试验数据能否说明新疗法确实比传统方法更加有效？以 0.10 的显著性水平进行检验。（注：$Z_{0.1}=1.28$，$Z_{0.05}=1.645$）

4. 有甲、乙两个同类企业，为了了解工人的日产量（单位：件），分别对两个企业工人进行了随机抽查。根据样本数据，利用 Excel 的描述统计分析工具得到如下的输出结果（部分）：

	甲企业	乙企业
平均	22.5	27.5
标准误差	1.843	2.138
中位数	22	26.1
标准差	8.24	9.56
观测数	20	20
置信水平（95.0%）	3.856	4.474

要求根据上述输出结果：

（1）对两个样本的主要特征进行简要的比较分析；

（2）对乙企业总体均值进行估计，写出其抽样平均误差的具体算式和计算结果；

（3）写出乙企业总体均值的置信区间，并指出该区间估计的置信水平。

部分参考答案

第1章 总论

1.5.1 单项选择题

1. C   2. B   3. B   4. D   5. A   6. A   7. B   8. C
9. D   10. C   11. A   12. D   13. C   14. C   15. B   16. A
17. B   18. C   19. A   20. D

部分选择题详解

1.5.2 多项选择题

1. ABCDE   2. BCE   3. AC   4. AB   5. BCE   6. BCD

1.5.3 判断分析题

1. 正确。总体是由许多总体单位构成的有机整体。如果每一个总体单位的情况都一样，只要了解一个总体单位就知道总体的情况，就不需要总体了。

2. 正确。理论统计学把研究对象一般化、抽象化，形成可通用于各种领域数据分析的一般统计理论和方法。

3. 错误。运用大量观察法的目的是消除个别事物的差异，显现现象总体的数量特征。且部分单位对总体具有代表性，且对足够多的总体单位进行观察，就能达到这个目的。

4. 错误。研究生招收的各个专业是平行分组，没有优劣之分，属于定类数据。020203、020204、020205、020208只是各个专业的代码，没有数量上的差异。

1.5.4 简答题

1. 了解全校学生的学习情况：

全校所有的学生是总体；每一个学生是总体单位；从全校所有的学生中随机抽取 400 名进行调查，这 400 名学生就构成样本。

总体由总体单位构成，总体单位是所要研究具体问题的承担者。一个样本单位必定是一个总体单位。

2. 变量：满意程度。总体：美国所有的成年人。总体单位：美国每一个成年人。样本：电话访问的 1 210 位成年人。

3. 统计虽然是研究现象总体的数量特征的，但是必须在质的规定下才能得到正确的数量特征，每一项统计数据都是一定时间、地点、条件的数量表现。

4. 略。

5.

定类变量	定序变量	定距变量		定比变量	
		离散变量	连续变量	离散变量	连续变量
性别、生源所在地、对手机颜色的偏好	满意度、奖学金等级	鞋码	温度	职工人数、机器台数	收入、销售额、考试成绩

6. 略。

第 2 章 统计数据的收集、整理与显示

2.5.1 单项选择题

1. C 2. B 3. D 4. D 5. B 6. C 7. C 8. D
9. B 10. B 11. C 12. B 13. D 14. B 15. A 16. B
17. C 18. C 19. D 20. C 21. D 22. C 23. C 24. B
25. A 26. B 27. C 28. B 29. A

部分选择题详解

2.5.2 多项选择题

1. AB 2. ABCDE 3. ACD 4. BCE 5. BC
6. BC 7. BC 8. ABCE 9. BCDE 10. ABC

2.5.3 判断分析题

1. 错误。虽然普查中只有登记性误差，而抽样调查中既有登记性误差，又有抽样误差；但普查中由于调查单位多，容易发生登记性误差，抽样调查由于调查单位较少，可以避免登记性误差的发生，而抽样误差可以计算和控制。因此，抽样调查的结果往往比普查的结果更准确。

2. 错误。在组距数列中,由于编制变量数列时没有计算组平均数,故假定组内变量值是均匀变动或对称分布。用组中值代表这一组的一般水平,组中值和组平均数是不完全相等的。
3. 正确。统计分组要保持组内的同质性和组与组之间的差异性。进行统计分组时,如果组数过多,分组过细,会将性质相同的单位分在不同的组里,这是不科学的,所以组数并不是越多越好。
4. 错误。直方图是用于展示定量数据分布特征的一种图形,而条形图用于表示定性数据的分布。
5. 错误。直方图和茎叶图均是用于反映定量数据分布特征的图形,不同的是直方图用于展示组距数列分布特征,而茎叶图根据原始数据绘制。
6. 正确。异距数列中各组次数多少不能直接比较,不能直接反映数据分布特征,在绘制直方图时,矩形高度不能直接取各组次数,应确定标准组距,计算各组的频数密度或标准组距频数。
7. 错误。调查的标准时间就是指调查数据所属的时间,对于时期现象,就是指所要收集数据所属时期的起止时间;对于时点现象,就是指所要收集数据所属时点。
8. 正确。列联表是按照两个以上变量交叉分组形成的频数分布表,通过列联表可以揭示变量之间是否存在一定的关系。

2.5.4 简答题

1. 进行产品质量调查和市场占有率调查,最适宜采用抽样调查。
2. 应用直方图。因为这是一个组距数列,要表明数据的分布特征,将总体单位在各组的分布状况反映出来,只能用直方图。
3. (1) 这是定序数据。

   (2)

项目	人数/人	比重/%
很满意	18	20.00
比较满意	21	23.33
一般	26	28.89
不满意	13	14.44
很不满意	12	13.33
合计	90	100.00

(3)

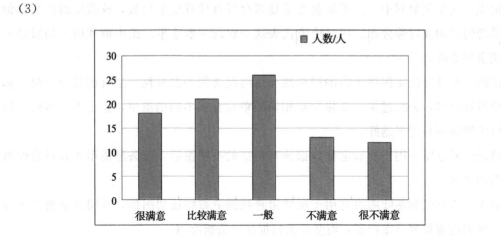

4.（1）灯泡使用寿命的频数分布。

耐用时间/小时	数量/只
720 以下	3
720～740	3
740～760	6
760～780	9
780～800	13
800～820	15
820～840	21
840～860	17
860～880	8
880 以上	5
合计	100

（2）灯泡耐用时间的直方图。

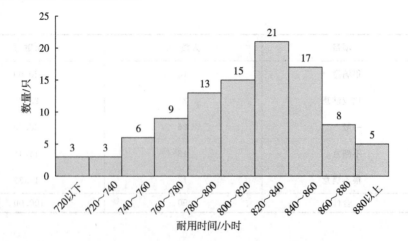

5. （1）条形图和环形图。

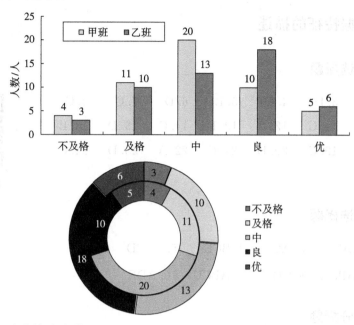

（2）甲班考试成绩在中等及以下的人数较多，而乙班考试成绩优良的人数较多。

6. 销售额的频数分布如下。

销售额/万元	天数/天	比重/%
20～30	3	10.00
30～40	3	10.00
40～50	5	16.67
50～60	7	23.33
60～70	5	16.67
70～80	4	13.33
80～90	3	10.00
合计	30	100.00

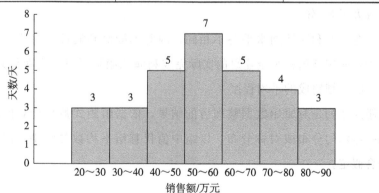

该商场4月份销售额是钟形分布，销售额为50万～60万元的天数最多。

2.5.5 案例思考

（略）

第3章 数据特征的描述

3.5.1 单项选择题

1. A 2. A 3. D 4. C 5. B 6. D 7. C 8. C
9. D 10. A 11. C 12. A 13. D 14. C 15. D 16. B
17. B 18. B 19. C 20. D 21. C 22. A 23. D 24. C
25. B

部分选择题详解

3.5.2 多项选择题

1. ACE 2. DE 3. AC 4. BCE 5. ABCD
6. AD 7. ABDE 8. CD 9. ABCD 10. ADE

3.5.3 判断分析题

1. 正确。任意一个变量数列都可以计算算术平均数和中位数，但众数的计算和应用是有条件的，对于均匀分布、U 形分布或 J 形分布，众数不存在或没有意义。此外，在总体单位数不多的情况下，众数也缺乏代表性。

2. 错误。应为：$\dfrac{150\times 0.3+180\times 0.32+200\times 0.35+210\times 0.36}{150+180+200+210}=\dfrac{248.2}{740}=33.54\%$

3. 错误。成本降低计划完成程度为：$\dfrac{100\%-4\%}{100\%-8\%}=\dfrac{96\%}{92\%}=104.35\%$

4. 错误。算术平均数会受到极端值的影响，只有中位数为 80 时才意味着有一半同学的成绩等于或大于 80 分。

5. 错误。三个企业的利润计划水平各不相同，因此不能对利润计划完成百分数进行简单算数平均，而应该用三个企业总的实际完成利润总额除以三个企业计划利润总额，才能得到利润计划完成的平均程度。

6. 正确。组距式数列是对原始数据整理后的结果，依据组距式数列计算的均值是假定数据在每一组均匀分布或对称分布、以组中值代替组平均数的结果，而实际情况并不一定符合假定。

3.5.4 简答题

1. 统计数据的分布特征包括集中趋势、离中趋势和分布形态。集中趋势是指一组数据向某一个中心值靠拢的倾向。其测度值有两类：一是数值平均数，包括算术平均数和几何平均数；二是位置平均数，包括众数和中位数。统计数据的离中趋势是指一组数据远离其中心值的趋势，其测度值主要有极差、四分位差、平均差、方差和标准差，以及测度相对离散程度的变异系数。数据的分布形态是指分布曲线的偏态和峰态，偏态是变量值围绕其均值的非对称方向和程度，通过计算偏度系数来测度；峰态是数据分布曲线的凸起或平坦程度，通过计算峰度系数来测定。

2. 算术平均数适用于标志总量等于各标志值的加总的情况，几何平均数适用于标志总量等于各标志值的乘积的情况。

3. 超额完成计划3%（"3%"应为"3个百分点"）；差2%完成计划（"2%"应为"2个百分点"，或者"2.1%"）；劳动生产率计划超额完成25%（"25%"应为"1.9%"）。

4. （1）相同。
   （2）相同。

5. 选择C产品。因为C产品不仅年化收益率最高且风险最小（标准差系数最小）。

$$V_A = \frac{\sigma_A}{R_A} = \frac{1.8\%}{5\%} = 0.3600$$

$$V_B = \frac{\sigma_B}{R_B} = \frac{2\%}{6\%} = 0.3333$$

$$V_C = \frac{\sigma_C}{R_C} = \frac{2.3\%}{7\%} = 0.3286$$

3.5.5 计算题

1. 计划数=450×0.95=427.5（元），实际完成数=450×0.93=420（元）。

$$\text{计划完成百分数} = \frac{420}{427.5} = \frac{0.93}{0.95} = 97.89\%$$

2. （1）计划完成百分数 $= \frac{250+260+265+275}{1\,000} = \frac{1\,050}{1\,000} = 105\%$

   （2）提前了两个季度完成。根据考察按中长期计划完成情况的水平法，从第四年第3季度到第五年第2季度的连续一年时间内，该企业的产量（245+250+250+260=1 005万吨）已经达到了5年生产计划的年产量1 000万吨的目标。

3. （1）

项目	甲地				乙地			
	播种面积		总产量/吨	单产/吨	播种面积		总产量/吨	单产/吨
	公顷	比重/%			公顷	比重/%		
山地	1 000	30.0	3 000	3.000 0	1 700	50.0	5 400	3.176 5
丘陵	1 333	40.0	6 000	4.501 1	1 190	35.0	5 600	4.705 8
平原	1 000	30.0	5 250	5.250 0	510	15.0	2 850	5.588 2
合计	3 333	100.0	14 250	4.275 4	3 400	100.0	13 850	4.073 5

（2）略。

4. $\bar{x} = \dfrac{(3.8+4.5+4.8)\times 4 + 20\times 3}{4\times 3 + \left(\dfrac{20}{3.8}+\dfrac{20}{4.5}+\dfrac{20}{4.8}\right)} \approx \dfrac{112.4}{25.87} \approx 4.3$（元）

5. $\bar{x} = \dfrac{82\times 35 + 86\times 45}{80} = 84.25$（分）

   $\sigma^2 = \dfrac{8^2\times 35 + 10^2\times 45}{80} + \dfrac{(82-84.25)^2\times 35 + (86-84.25)^2\times 45}{80}$

   $= 88.1875$

   $\sigma = 9.3908$

6. 甲公司股票：$\sigma = 0.0824$（元），$\bar{x} = 7.574$（元），$V_\sigma = 0.0109$

   乙公司股票：$\sigma = 0.1646$（元），$\bar{x} = 11.648$（元），$V_\sigma = 0.0141$

   丙公司股票：$\sigma = 0.1228$（元），$\bar{x} = 23.2$（元），$V_\sigma = 0.0053$

   丙公司股票风险最小，甲公司次之，乙公司股票风险最大。

7. （1）$\bar{x}_{原品种} = 294$（元）；$\bar{x}_{改良} = 272$（元）

   原品种牛的利润总额为 $294\times 600 = 176\,400$ 元；改良品种牛的利润总额为 $272\times 750 = 204\,000$ 元，因此应选择改良品种牛。

   （2）若改良品种牛的平均利润少于 235.2 元，牧场主会选择原品种牛。

8. 平均年利率 $= \sqrt[10]{1.04\times 1.06^2\times 1.08^3\times 1.05^4}\times 100\% - 100\% = 5.991\%$。

9. 根据实验数据可知，这 50 只灯泡使用寿命的分组数据如下表所示：

使用寿命/小时	灯泡数量/个
0~100	4
100~200	12
200~300	17
300~400	10
400~500	7
合　计	50

由上表可得：

$\bar{x} = 258$ 小时；$M_e = 252.94$ 小时；$M_0 = 241.67$ 小时。呈右偏态。

10. 68%；84 400 公里。

3.5.6 案例思考

（略）

第 4 章 时间序列分析

4.5.1 单项选择题

1. C 2. D 3. A 4. C 5. C 6. B 7. C 8. B
9. B 10. D 11. D 12. C 13. B 14. A 15. A 16. B
17. C 18. B 19. B 20. C

部分选择题详解

4.5.2 多项选择题

1. BDE 2. BD 3. ACE 4. BCE 5. AC
6. BDE 7. BE 8. BD 9. ACE 10. AE

4.5.3 判断分析题

1. 正确。季度数据可能包含季节因素的影响，为了正确反映该地区经济发展的长期趋势，必须消除季节因素影响；而采用 4 项移动平均，其平均项数和季节周期长度一致，故可以消除季节因素，揭示现象的长期趋势。

2. 错误。移动平均消除周期变动的条件是平均项数与周期长度一致，但循环波动的周期长度远不如季节周期长度那么有规律，固定平均项数的移动平均很难将序列中的循环波动消除。

3. 正确。季节比率实质是相对于趋势值的一种变化程度，当没有季节因素影响时，季节比率为 1（或 100%）；若其值大于 1（或 100%），实际值必然会高于趋势值。

4. 错误。各月计划任务数不一样，计划任务数大的月份计划完成程度对第一季度计划完成程度影响也大，不能简单平均，应该加权平均，即

$$\frac{(500+612+832)/3}{(500+612/1.02+832/1.04)/3}=102.3\%$$

5. 错误。10 月份销售量 $=187.84\times 116\%=217.8944$（万件）

   9 月份销售量 $=217.8944\times 122\%=265.8312$（万件）

   9 月份季节比率 $=265.8312/187.84=141.52\%$

6. 错误。应该为 $\sqrt[4]{\dfrac{1.35}{1.08}}-1=5.74\%$

4.5.4 简答题

1. 如果 t 时期趋势估计值与实际值完全一致，二者之间没有误差，则可以 t 时期趋势估

计值直接作为 $t+1$ 时期的趋势估计值（预测值）；如果 t 期实际观测值与 t 期趋势估计值之间有误差，则这种误差既可能是随机误差，也可能是现象发展的实质性变化。平滑系数 α 表示误差中属于现象实质性变化的比例。

2. 季节变动是指一年内一定时期为一周期的较有规律的变动，循环变动是指若干年为一周期的涨落相间的变动。季节变动一般遵循固定规律，较易识别；而循环变动一般为自由规律，不易识别。

3. 移动平均方法更合适，因为数据中有季节因素时，用移动平均的方法（平均项数和季节周期一致）可以消除季节和不规则因素，移动平均值中仅包含趋势变动，也容易判断出趋势的类型。

4. 可以对时间序列资料进行趋势、季节等因素的分析，建立相应的模型并做出预测，以对公司的生产经营决策提供参考。

5. 略。

4.5.5 计算题

1.
$$\bar{x} = \left(\frac{500+510}{2}\times 4 + \frac{510+512}{2}\times 2 + \frac{512+520}{2}\times 4 + \frac{520+530}{2}\times 2\right)/12$$

$$= 513(人)$$

$$\bar{y} = \left(\frac{700+708}{2}\times 4 + \frac{708+710}{2}\times 2 + \frac{710+750}{2}\times 4 + \frac{750+760}{2}\times 2\right)/12$$

$$= 722(人)$$

$$\bar{z} = \frac{\bar{x}}{\bar{y}} = \frac{513}{722} = 71.05\%$$

2.
$$\bar{x} = \left(\frac{1\,200}{2} + 1\,196 + 1\,205 + \frac{1\,203}{2}\right)/3 = 1\,200.83(人)$$

$$\bar{y} = \left(8\,895 \times \frac{1\,200+1\,196}{2} + 8\,970 \times \frac{1\,196+1\,205}{2} + 9\,030 \times \frac{1\,205+1\,203}{2}\right)/3$$

$$= 10\,765\,605(元)$$

$$\bar{z} = \frac{\bar{y}}{\bar{x}} = \frac{10\,765\,605}{1\,200.83} = 8\,965.14(元/人)$$

3. $\bar{x} - 1 = \sqrt[5]{1.35\,049} - 1 = 6.19\%$

超过平均增长速度的年份是第 4 年和第 5 年。

4. (1) ～ (3) 如下表：

项目	第1年	第2年	第3年	第4年	第5年	第6年	第7年
产量/万吨	18.94	19.32	18.35	22.73	25.00	30.00	37.00
环比发展速度/%	—	102.00	95.00	123.84	110.00	120.00	123.33
定基发展速度/%	100.00	102.00	96.88	120.00	132.00	158.39	195.35

(4) 111.81%。

5.

年份	产值/百万元	与上年比较			
		增长量/百万元	发展速度/%	增长速度/%	增长1%的绝对值/百万元
第1年	95.2	—	—	—	—
第2年	100.0	4.8	105.0	5.0	0.952
第3年	104.0	4.0	104.0	4.0	1.00
第4年	110.0	6.0	105.8	5.8	1.04
第5年	115.0	5.0	104.5	4.5	1.10
第6年	122.0	7.0	106.1	6.1	1.15

107.7 百万元；5.36 百万元；105.086%。

6. $y_0 = 4\,587.6$ $y_n = 4\,587.6 \times 2^2$ $n = 20$

$$\bar{x} = \sqrt[n]{\frac{y_n}{y_0}} = \sqrt[20]{\frac{4\,545.6 \times 2^2}{4\,545.6}} = 1.072$$

$$\bar{x} - 1 = 7.2\%$$

$$R = 2 \quad n = 10$$

$$\bar{x} = \sqrt[n]{R} = \sqrt[10]{2} = 1.072$$

$$\bar{x} - 1 = 7.2\%$$

7. (1) $y_0 = 10.007\,2$ $\bar{x} = 1.014\,55$ $n = 20$

$$y_n = y_0 \bar{x}^n = 10.007\,2 \times 1.014\,55^{20} = 13.359\,2 \text{(亿人)}$$

(2) $y_0 = 10.007\,2$ $y_n = 12$ $n = 20$

$$\bar{x} = \sqrt[n]{\frac{y_n}{y_0}} = \sqrt[20]{\frac{12}{10.007\,2}} = 1.009\,12$$

$$\bar{x} - 1 = 9.12‰$$

(3) $y_0 = 10.007\,2$ $y_n = 12.674\,3$ $n = 20$

$$\bar{x} = \sqrt[n]{\frac{y_n}{y_0}} = \sqrt[20]{\frac{12.674\,3}{10.007\,2}} = 1.011\,88$$

$$\bar{x} - 1 = 11.88‰$$

8. $R = 0.8$ $n = 10$

$$\bar{x} = \sqrt[n]{R} = \sqrt[10]{0.8} = 0.977\,9$$

$$\bar{x} - 1 = -2.21\%$$

即事故率年均下降 2.21‰。

9. (1) $\bar{x}_1 = \sqrt[5]{1.00695 \times 1.00645 \times 1.00601 \times 1.00587 \times 1.00589}$
   $= 1.00623$

   $\bar{x}_1 - 1 = 6.23‰$

   $\bar{x}_2 - 1 = 5.04‰$

   $\bar{x}_3 - 1 = 4.97‰$

   (2) $\bar{x} = \sqrt[15]{1.00623^5 \times 1.00504^5 \times 1.00497^5} = 1.00541$

   $\bar{x} - 1 = 5.41‰$

10.

t	销售量/万台	中心化的移动平均值	剔除趋势	季节比率
1	4.8	—	—	0.93
2	4.1	—	—	0.84
3	6.0	5.475	1.096	1.09
4	6.5	5.738	1.133	1.14
5	5.8	5.975	0.971	0.93
6	5.2	6.188	0.840	0.84
7	6.8	6.325	1.075	1.09
8	7.4	6.400	1.156	1.14
9	6.0	6.538	0.918	0.93
10	5.6	6.675	0.839	0.84
11	7.5	6.763	1.109	1.09
12	7.8	6.838	1.141	1.14
13	6.3	6.938	0.908	0.93
14	5.9	7.075	0.834	0.84
15	8.0	—	—	1.09
16	8.4	—	—	1.14

$T_t = 5.101 + 0.148t$

$\hat{y}_{17} = T_{17} \times S_1 = (5.101 + 0.148 \times 17) \times 0.93 = 7.0838$（万台）

$\hat{y}_{18} = T_{18} \times S_2 = (5.101 + 0.148 \times 18) \times 0.84 = 6.5226$（万台）

$\hat{y}_{19} = T_{19} \times S_3 = (5.101 + 0.148 \times 19) \times 1.09 = 8.6252$（万台）

$\hat{y}_{20} = T_{20} \times S_4 = (5.101 + 0.148 \times 20) \times 1.14 = 9.1895$（万台）

4.5.6 案例思考

（略）

第 5 章 统计指数与综合评价

5.5.1 单项选择题

1. B 2. C 3. B 4. D 5. A 6. B 7. B 8. A
9. D 10. D 11. A 12. B 13. C 14. A 15. D 16. C
17. B 18. C 19. B 20. A 21. D 22. B 23. C 24. D
25. B

部分选择题详解

5.5.2 多项选择题

1. ABCDE 2. BDE 3. BCDE 4. CD 5. ACE 6. CD
7. BE 8. AE 9. CE 10. CD 11. BCD 12. AC
13. ACD 14. BD 15. DE

5.5.3 判断分析题

1. 正确。报告期和基期工业总产值对比的结果，是以某一时期的不变价格作为同度量因素，仅反映产品数量的综合变动，故不能反映产品价值水平的总变动。

2. 错误。总指数的编制有综合法和平均法两种形式。

3. 正确。如果时间间隔太远，期间的波动可能较大，但动态指数不一定能完全反映出来。

4. 错误。平均法指数是将个体指数平均来求得总指数，它不一定是综合法指数的变形。如权数为 $q_0 p_0$ 时，算术平均法指数才是拉氏综合法指数的变形。

5. 错误。我国的居民消费价格指数的计算采用的是固定权数的平均法指数。

6. 错误。只要对不同向指标进行同向化处理后，就可以采用加权指数法进行评价。

7. 错误。还可以采用几何平均法。

8. 正确。用指数法进行综合评价时，单项评价值没有统一的取值范围，若存在极大的指标数值，容易夸大该指标对综合评价的影响，而掩盖其他指标的影响。

5.5.4 简答题

1. 计算综合指数时，选取同度量因素及固定其所属时间的主要依据是指标之间的内在联系和分析目的。编制数量指标指数应以相应质量指标为同度量因素，且通常将其固定在基期；编制质量指标指数应以相应数量指标为同度量因素，且通常将其固定在报告期。

2. 会由于职工结构的变化引起总平均工资的如下变化：
   (1) 熟练工比重上升，学徒工比重下降，总平均工资上升。
   (2) 熟练工比重下降，学徒工比重上升，总平均工资下降。
   (3) 熟练工比重不变，学徒工比重不变，总平均工资不变。
3. (1) 用以度量居民消费的商品及服务项目的价格变动。
   (2) 可用来作为反映通货膨胀（通货紧缩）程度的指标。
   (3) 可用来缩减经济名义值为实际值。
4. 因为狭义指数不是反映一种事物的变动，而是综合反映多个个体构成的复杂现象总体的变动，同时，这种变动是一种平均意义上的变动，即表示各个个体变动的一般（平均）程度。
5. (1) 明确综合评价的目的。
   (2) 选择评价指标体系。
   (3) 确定评价指标的同向化和同度量化方法。
   (4) 确定各评价指标的权重。
   (5) 计算综合评价值。

5.5.5　计算题

1. $I_{qp} = \dfrac{\sum q_1 p_1}{\sum q_0 p_0} = \dfrac{68\ 400}{57\ 800} = 118.34\%$

   $\sum q_1 p_1 - \sum q_0 p_0 = 68\ 400 - 57\ 800 = 10\ 600$（万元）

   $\bar{I}_p = \dfrac{\sum q_1 p_1}{\sum q_1 p_0} = \dfrac{68\ 400}{70\ 375} = 97.19\%$

   $\sum q_1 p_1 - \sum q_1 p_0 = 68\ 400 - 70\ 375 = -1\ 975$（万元）

   $\bar{I}_q = \dfrac{\sum q_1 p_0}{\sum q_0 p_0} = \dfrac{70\ 375}{57\ 800} = 121.76\%$

   $\sum q_1 p_0 - \sum q_0 p_0 = 70\ 375 - 57\ 800 = 12\ 575$（万元）

   三者关系：$118.34\% = 97.19\% \times 121.76\%$

   $10\ 600$（万元）$= -1\ 975$（万元）$+ 12\ 575$（万元）

2. $I_{qp} = \dfrac{\sum q_1 p_1}{\sum q_0 p_0} = \dfrac{10\ 480}{9\ 300} = 112.69\%$

   $\sum q_1 p_1 - \sum q_0 p_0 = 10\ 480 - 9\ 300 = 1\ 180$（万元）

   $\bar{I}_q = \dfrac{\sum \dfrac{q_1}{q_0} q_0 p_0}{\sum q_0 p_0} = \dfrac{9\ 455}{9\ 300} = 101.67\%$

$$\sum \frac{q_1}{q_0} q_0 p_0 - \sum q_0 p_0 = 9\ 455 - 9\ 300 = 1\ 025\ (万元)$$

$$\bar{I}_p = \frac{\sum q_1 p_1}{\sum q_1 p_0} = \frac{10\ 480}{9\ 455} = 110.84\%$$

$$\sum q_1 p_1 - \sum q_1 p_0 = 10\ 480 - 9\ 455 = 155\ (万元)$$

三者关系：$112.69\% = 110.84\% \times 101.67\%$

$1\ 180\ (万元) = 1\ 025\ (万元) + 155\ (万元)$

引起生产费用变动的主要原因是产量的增长。

3. 销售额总指数及绝对增减额为

$$I_{qp} = \frac{\sum q_1 p_1}{\sum q_0 p_0} = \frac{150 + 45 + 510}{100 + 50 + 500} = \frac{705}{650} = 108.46\%$$

$$\sum q_1 p_1 - \sum q_0 p_0 = 705 - 650 = 55\ (万元)$$

销售量总指数及由于销售量变动引起的销售额绝对增减额为

$$\bar{I}_q = \frac{\sum \frac{1}{p_1/p_0} q_1 p_1}{\sum q_0 p_0} = \frac{\frac{150}{100\% + 1\%} + \frac{45}{100\% + 5\%} + \frac{510}{100\% - 2\%}}{100 + 50 + 500}$$

$$= \frac{711.78}{650} = 109.50\%$$

$$\sum q_1 p_0 - \sum q_0 p_0 = 711.78 - 650 = 61.78\ (万元)$$

价格总指数及由于价格变动引起的销售额绝对增减额为

$$\bar{I}_p = \frac{\sum q_1 p_1}{\sum \frac{1}{p_1/p_0} q_1 p_1} = \frac{705}{711.78} = 99.05\%$$

$$\sum q_1 p_1 - \sum q_0 p_0 = 705 - 711.78 = -6.78\ (万元)$$

计算结果表明，销售总额增长了 8.46%，增加了 55 万元。由于销售量增长了 9.50%，使销售额增长了 9.50%，增加了 61.78 万元；由于价格降低了 0.95%，使销售额降低了 0.95%，减少了 6.78 万元，两者共同影响了结果。

4. (1) $\bar{I}_q = \sum q_1 p_0 / \sum q_0 p_0 = \sum q_1 p_0 / 2\ 780 = 110\%$，故 $\sum q_1 p_0 = 3\ 058\ (亿元)$，报告期因零售数量变化使社会商品零售总额增加：$\sum q_1 p_0 - \sum q_0 p_0 = 3\ 058 - 2\ 780 = 278\ (亿元)$。

(2) $\bar{I}_p = \sum q_1 p_1 / \sum q_1 p_0 = 2\ 825 / 3\ 058 = 92.38\%$，$\sum q_1 p_1 - \sum q_1 p_0 = 2\ 825 - 3\ 058 = -233\ (亿元)$，故由于报告期零售价格下降 7.62%，消费者将少支出 233 亿元。

5.

$$\frac{\frac{\sum x_1 f_1}{\sum f_1}}{\frac{\sum x_0 f_0}{\sum f_0}} = \frac{500}{508} = 98.43\%, \quad \frac{\sum x_1 f_1}{\sum f_1} - \frac{\sum x_0 f_0}{\sum f_0} = 500 - 508 = -8$$

$$\frac{\frac{\sum x_1 f_1}{\sum f_1}}{\frac{\sum x_0 f_1}{\sum f_1}} = \frac{500}{513.33} = 97.40\%, \quad \frac{\sum x_1 f_1}{\sum f_1} - \frac{\sum x_0 f_1}{\sum f_1} = 500 - 513.33$$

$$= -13.33$$

$$\frac{\frac{\sum x_0 f_1}{\sum f_1}}{\frac{\sum x_0 f_0}{\sum f_0}} = \frac{513.33}{508} = 101.05\%, \quad \frac{\sum x_0 f_1}{\sum f_1} - \frac{\sum x_0 f_0}{\sum f_0} = 513.33 - 508$$

$$= 5.33$$

三者关系：$98.43\% = 97.4\% \times 101.05\%$，$-8$（元）$= -13.33$（元）$+ 5.33$（元）

6. （1）工人劳动生产率指数 $= 18\ 650/18\ 000 = 103.61\%$。

   （2）产品价格指数 $= 1.05/0.99 = 106.06$。

   （3）工人人数指数 $= 1.05/1.036\ 1 = 101.34\%$。

   （4）组平均劳动生产率指数 $= 1.036\ 1/1.02 = 101.58\%$，可见，工人劳动生产率提高的主要原因是熟练工人比重上升。

7. （1）该公司投资回报率总水平变动。

   $$\text{总投资回报率指数} = \frac{\overline{x}_1}{\overline{x}_0} = \frac{\sum x_1 w_1}{\sum x_0 w_0}$$

   $$= \frac{0.12 \times 0.4 + 0.08 \times 0.55 - 0.06 \times 0.05}{0.15 \times 0.25 + 0.10 \times 0.7 - 0.11 \times 0.05} = \frac{0.089}{0.102}$$

   $$= 87.25\%$$

   总投资回报率变化绝对量 $= 0.089 - 0.102 = -0.013 = -1.3\%$

   （2）各类投资回报率变动。

   $$\text{各类投资回报率指数} = \frac{\sum x_1 w_1}{\sum x_0 w_1}$$

   $$= \frac{0.12 \times 0.4 + 0.08 \times 0.55 - 0.06 \times 0.05}{0.15 \times 0.4 + 0.10 \times 0.55 - 0.11 \times 0.05}$$

   $$= \frac{0.089}{0.109\ 5} = 81.28\%$$

   各类投资回报率绝对额变动 $= 0.089 - 0.109\ 5 = -0.020\ 5 = -2.05\%$

   （3）投资结构变动。

   $$\text{投资额的结构影响指数} = \frac{\sum x_0 w_1}{\sum x_0 w_0}$$

   $$= \frac{0.15 \times 0.4 + 0.10 \times 0.55 - 0.11 \times 0.05}{0.15 \times 0.25 + 0.10 \times 0.7 - 0.11 \times 0.05}$$

   $$= \frac{0.109\ 5}{0.102} = 107.4\%$$

投资额结构变动影响的绝对额＝0.109 5－0.102＝0.007 5＝0.75％

（4）三者之间的关系如下。

87.25％＝81.28％×107.4％

－1.3％＝－2.05％＋0.75％

5.5.6　案例思考

（略）

第6章　统计量与抽样分布

6.5.1　单项选择题

1. A	2. D	3. C	4. C	5. B	6. A	7. D	8. C
9. C	10. A	11. C	12. D	13. D	14. D	15. C	16. B
17. C	18. B	19. B	20. D	21. B	22. B	23. B	24. C
25. B	26. B	27. B	28. A	29. B	30. D		

部分选择题详解

6.5.2　多项选择题

1. ABCDE　　2. ABD　　3. ABD　　4. ABC　　5. ACD
6. ADE　　　7. ABDE　　8. ABCE　　9. ABCE　　10. ADE

6.5.3　判断分析题

1. 正确。因为统计推断中将实物总体进行了抽象，只考虑总体在某个特征上的所有取值及每个取值的概率，这就可以用一个分布概括，而一个分布又对应一个随机变量，因而总体可以用随机变量表示。

2. 正确。样本具有二重性。样本是从总体中随机抽取的，在抽出样本之前，总体中每个个体都有被抽中的可能，因此样本是一组随机变量。但是当抽样完成后，抽中的若干个体已经确定，它们的取值是确定的，所以样本观测值是一组确定的数值，不具有随机性。

3. 正确。在统计推断中，假设总体是无限总体，因而无论采用何种抽样方式，样本都是相互独立的，样本与总体的同分布性是由样本抽样时的随机原则决定的。

4. 正确。统计量可以含有已知的总体参数，但不能含有未知的总体参数。

5. 错误。统计量的抽样分布可能和总体相同，但大多数情况下分布都不相同。例如总体是标准正态分布，根据统计量构造的不同，统计量的分布可以是标准正态分布、一般正态分布、χ^2 分布等。

6. 错误。标准正态随机变量如果不独立，其平方和就不服从 χ^2 分布。例如，$X_1^2+X_1^2$ 就不服从 χ^2 分布。

7. 正确。因为样本都是相互独立的，且与总体同分布，因此 $X_1,\cdots,X_n$ 服从标准正态分布且相互独立，从而其平方和服从 χ^2 分布。

8. 错误。第一，如果两个随机变量不独立，则不服从 t 分布；第二，t 分布的构造不仅是商，分母还必须除以其自由度。

9. 错误。t 分布不具有可加性。

10. 正确。两个 F 的自由度交换。

11. 错误。t 分布是对称分布，χ^2 分布和 F 分布都是右偏分布。

12. 正确。样本均值的方差为总体方差的 $1/n$，所以在本题中，样本均值的标准差为 $16/\sqrt{64}=2$。

6.5.4 简答题

1. 样本是根据随机原则从总体中抽取的，样本和总体具有相同的分布，且样本之间是相互独立的。

2. 第一，统计量是样本的函数，当然既可以是整个样本的函数，也可以是部分样本的函数；第二，统计量必须不含有未知的参数。

3. (1) 抽样分布的功能是根据总体的分布，给出各种不同构造的统计量的分布。
   (2) 研究抽样分布是为了利用统计量对总体的性质（包含参数和分布）进行推断。

4. (1) 独立标准正态随机变量的平方和服从 χ^2 分布。
   (2) 若随机变量 $X\sim N(0,1)$，随机变量 $Y\sim\chi^2(n)$，且随机变量 X 与 Y 相互独立，则随机变量 $t=\dfrac{X}{\sqrt{Y/n}}$ 服从自由度为 n 的 t 分布。
   (3) 若随机变量 X、Y 分别服从自由度为 n_1、n_2 的 χ^2 分布，且 X、Y 相互独立，则随机变量 $F=\dfrac{X/n_1}{Y/n_2}$ 服从第一自由度为 n_1，第二自由度为 n_2 的 F 分布。

   可见，标准正态分布是其他三种分布的基础，其他三种分布都是根据正态分布通过不同的构造得到的。

5. (1) 如果随机变量 $X\sim F(n_1,n_2)$，则其倒数 $1/X\sim F(n_2,n_1)$。
   (2) 对于两个分布的分位数来说，$F_{1-\alpha}(n_1,n_2)=\dfrac{1}{F_\alpha(n_2,n_1)}$。

6. 可以用于构造服从 t 分布的统计量。

6.5.5 计算题

1. 因为 $X \sim U(a,b)$，所以密度函数为 $f(x) = \begin{cases} \dfrac{1}{b-a}, & a \leqslant x \leqslant b \\ 0, & \text{其他} \end{cases}$，因为样本与总体分布相同，且样本相互独立，因此样本联合密度为

$$f(x_1, \cdots, x_n) = \begin{cases} \left(\dfrac{1}{b-a}\right)^n, & a \leqslant x_1, \cdots, x_n \leqslant b \\ 0, & \text{其他} \end{cases}。$$

2. (1) 因为总体服从泊松分布，参数为 λ，从而样本也服从参数为 λ 的泊松分布，且相互独立。由泊松分布的可加性可得 $\sum\limits_{i=1}^{n} X_i \sim P(n\lambda)$，其分布律为

$$P\left(\sum_{i=1}^{n} X_i = k\right) = \dfrac{(n\lambda)^k}{k!} e^{-n\lambda}, k = 0, 1, \cdots,$$

从而样本均值的分布律为

$$P(\overline{x} = x) = P\left(\sum_{i=1}^{n} X_i = nx\right) = \dfrac{(n\lambda)^{nx}}{(nx)!} e^{-n\lambda}, x = 0, 1/n, 2/n, \cdots$$

(2) 同理，$X \sim \chi^2(m)$ 时，$\sum\limits_{i=1}^{n} X_i \sim \chi^2(nm)$，其密度函数为

$$f_{\sum\limits_{i=1}^{n} X_i}(x, nm) = \begin{cases} \dfrac{1}{2^{\frac{nm}{2}} \Gamma\left(\dfrac{nm}{2}\right)} e^{-\frac{x}{2}} x^{\frac{nm}{2}-1}, & x > 0 \\ 0, & \text{其他} \end{cases},$$

从而样本均值的密度函数为

$$g_{\overline{x}}(t, nm) = \dfrac{1}{n} f_{\sum\limits_{i=1}^{n} X_i}(nt, nm) = \begin{cases} \dfrac{1}{n 2^{\frac{nm}{2}} \Gamma\left(\dfrac{nm}{2}\right)} e^{-\frac{nt}{2}} (nt)^{\frac{nm}{2}-1}, & t > 0 \\ 0, & \text{其他} \end{cases}。$$

3. (1) 由 t 分布的对称性可得，$t(5)_{0.99} = -t(5)_{0.01} = -3.3649$，$t(5)_{0.05} = 2.015$

(2) $\chi^2_{0.975}(10) = 3.247$，$\chi^2_{0.005}(10) = 25.188$

(3) $F_{0.975}(12, 10) = \dfrac{1}{F_{0.025}(10, 12)} = 1/3.62 = 0.2762$

4. 因为 $X \sim N(12, 4)$，样本容量为 25，根据抽样定理 6-1
$\overline{x} \sim N(12, 4/25)$

$$P(8.8 < \overline{X} < 13.2) = P\left(-13 < \dfrac{\overline{X} - 14}{0.4} < -2\right) \approx \Phi(-2) = 1 - 0.9545 = 0.0455$$

5. 因为两个总体都是独立的，总体方差分别为 20 和 35，从而可得

$$\dfrac{7S_x^2}{20} \sim \chi^2(7), \dfrac{8S_y^2}{35} \sim \chi^2(8)$$

因此 $\dfrac{\dfrac{7S_x^2}{20}/7}{\dfrac{8S_x^2}{35}/8}=1.75\dfrac{S_x^2}{S_y^2}\sim F(7,8)$，

可以据此求出 $P\left(\dfrac{S_x^2}{S_y^2}>2\right)=P\left(1.75\dfrac{S_x^2}{S_y^2}>3.5\right)=0.05$

6. (1) $\sum\limits_{i=1}^{n}X_i\sim N(0,n\sigma^2)$，$\dfrac{\sum\limits_{i=1}^{n}X_i}{\sigma\sqrt{n}}\sim N(0,1)$

$\dfrac{\sum\limits_{i=n+1}^{m+n}X_i^2}{\sigma^2}\sim\chi^2(m)$，且两者相互独立，根据 t 分布的定义，可得

$$Y=\dfrac{\sqrt{m}\sum\limits_{i=1}^{n}X_i}{\sqrt{n}\sqrt{\sum\limits_{i=n+1}^{n+m}X_i^2}}\sim t(m)$$

(2) $Y=\dfrac{m\sum\limits_{i=1}^{n}X_i^2}{n\sum\limits_{i=n+1}^{n+m}X_i^2}\sim F(n,m)$

根据 χ^2 分布定义 $\sum x_i^2\sim\chi^2(n)$，再根据 F 分布定义得到

$$Y=\dfrac{m\sum\limits_{i=1}^{n}\overline{X_i}^2}{n\sum\limits_{i=n+1}^{n+m}\overline{X_i}^2}\sim F(n,m)$$

第 7 章 参数估计

7.5.1 单项选择题

1. B   2. D   3. B   4. C   5. C   6. A   7. D   8. A
9. D   10. D   11. B   12. A   13. A   14. C   15. C   16. C
17. D   18. D   19. C   20. A

7.5.2 多项选择题

1. BCDE   2. CD   3. BC   4. ABCE   5. ADE   6. ABCDE
7. ABCE   8. ABD   9. BCDE   10. BD

部分选择题详解

7.5.3 判断分析题

1. 正确。$E(X_i^k) = \mu_k$,$E(a_k) = E\left(\frac{1}{n}\sum_{i=1}^n X_i^k\right) = \frac{1}{n}\sum_{k=1}^n E(X_i^k) = \frac{1}{n}n\mu_k = \mu_k$,故 a_k 是 μ_k 的无偏估计量。

2. 错误。两个统计量如果都是无偏的,那么方差越小者越有效。

3. 正确。其区间为 $\left[\frac{(n-1)S^2}{\chi^2_{\alpha/2}(n-1)}, \frac{(n-1)S^2}{\chi^2_{1-\alpha/2}(n-1)}\right]$,并不关于 S^2 对称。

4. 正确。没有显著差异。因为二者样本容量 n 相同,其他条件也相同,只有总体单位数 N 不同。在重复抽样条件下,抽样误差不受总体单位数的影响。在不重复抽样条件下,抽样比例(n/N)会影响抽样误差,但因为总体单位数 N 都很大而抽样比例都很小,所以二者的抽样误差不会有较大差异,从而估计精度也不会有较大差异。

5. 错误。由于总体参数未知,对每一个具体样本,其实际抽样误差的大小是无法计算的。抽样误差的计算只能针对既定的总体方案和抽样方案,从所有可能样本的角度,来衡量抽样估计平均误差程度或误差范围。

7.5.4 简答题

1. 不能。对于分布形态未知或严重偏斜的总体,不能根据正态分布来构造总体均值的置信区间,除非样本量非常大。但本例中的样本是个小样本。

2. 不可以。样本中已安装住宅电话的家庭数所占百分比为 98%,太接近 1(相反地,未安装住宅电话的家庭数所占百分比为 2%,太接近 0)。由于分布太偏,故不能由正态分布来构造总体比例的置信区间,除非样本量特别大,能够同时使 np 和 $n(1-p)$ 都大于 5。但本例不满足这些条件。$0.98 \pm 3\sqrt{\frac{0.98 \times 0.02}{200}}$ 的上限已经大于 1,也足以说明对本例这样的总体而言,样本量 200 还不够大。

3. (2)较为合理。因为(1)没有给出估计的误差范围,(3)给出的误差范围太大,与样本信息不符。由样本信息可计算估计的标准误差(抽样平均误差)为 1.95%,所以判断可能有 2~4 个百分点的误差。

4. (1)正确。(2)(3)不正确。因为总体比例和所求区间都是确定的,不存在随机性,不涉及概率。(4)正确。这是对置信区间的正确理解。

5. 从这三个总体抽样的标准误差分别为:2.5、5、10。样本均值 489、506、502 分别来自总体 C、B、A。

7.5.5 计算题

1. (1) $\sum_{i=1}^{n} a_i = 1$

   (2) $a_i = 1/n$

2. (1) 样本均值的抽样平均误差为 $\sigma_{\overline{X}} = \dfrac{\sigma}{\sqrt{n}} = \dfrac{500}{\sqrt{64}} = 62.5$

   (2) $Z_{\alpha/2} = 2$，抽样极限误差 $\Delta_{\overline{X}} = Z_{\alpha/2} \dfrac{\sigma}{\sqrt{n}} = 2 \times 62.5 = 125$

   (3) 总体均值的置信区间为 $\overline{x} \pm Z_{\alpha/2} \dfrac{\sigma}{\sqrt{n}} = 5\,000 \pm 125$

   可知，如果样本均值为 $5\,000$ 元，总体均值 95% 的置信区间为 $[4\,875, 5\,125]$ 元。

3. (1) 当总体方差已知时：

   $$\overline{X} = 3.87 \quad \sigma^2 = 1, \quad 1 - \alpha = 95\%, \quad Z_{\frac{\alpha}{2}} = 1.96, \quad \sigma_{\overline{X}} = \dfrac{\sigma}{\sqrt{n}} = 0.316\,2$$

   置信区间为：$[3.250\,2, 4.489\,8]$ 万元

   (2) 当总体方差未知时：

   $$\sigma_{\overline{X}} = \dfrac{S}{\sqrt{n}} \approx 0.294\,4, \quad 1 - \alpha = 95\%, \quad t_{\frac{\alpha}{2}}(9) = 2.262\,2$$

   置信区间为 $[3.204\,0, 4.536\,0]$ 万元

4. $n = \dfrac{Z_{\alpha/2}^2 P(1-P)}{\Delta_p^2} = \dfrac{2^2 \times 0.95 \times 0.05}{0.012^2} = 1\,319.444$

   因此至少抽取 $1\,320$ 个电子元器件。

5. (1) 样本均值 $\overline{X} = 320$ 元，样本标准差 $S = 42$ 元，因此，抽样平均误差 $\sigma_{\overline{X}} = \dfrac{S}{\sqrt{n}} \approx 1.88$ 元。本题为大样本，在置信水平为 90% 时，$Z_{\alpha/2} = 1.645$，因此抽样极限误差为 $\Delta_{\overline{X}} = Z_{\alpha/2} \sigma_{\overline{X}} = 1.645 \times 1.88 \approx 3.09$ 元。这样，在 90% 的概率保证下，平均每户文娱产品年支出额的区间为

   $[320 - 3.09, 320 + 3.09]$，即 $[316.91, 323.09]$ 元。

   (2) 已知 $p = 10\%$，$n = 500$，属于大样本总体比例的区间估计问题，当 $1 - \alpha = 0.90$ 时，$Z_{\alpha/2} = 1.645$，则有 $\sigma_p = \sqrt{\dfrac{1}{n} p(1-p)} = \sqrt{\dfrac{0.1 \times (1-0.1)}{500}} \approx 1.34\%$

   因此，$\Delta_p = Z_{\alpha/2} \sigma_p = 1.645 \times 1.34\% \approx 2.20\%$

   故在 90% 的把握程度下，文娱产品年支出额在 500 元以上的户数所占比例的区间为

$[10\%-2.20\%\leqslant P\leqslant 10\%+2.20\%]$，即 $[7.80\%,12.20\%]$。

6. 已知 $n=10$，$S^2=1.5$，$\chi^2_{1-\alpha/2}(n-1)=\chi^2_{0.95}(9)=3.325$，$\chi^2_{\alpha/2}(n-1)=\chi^2_{0.05}(9)=16.919$

因此，每瓶药重量方差的置信区间为：$\left[\dfrac{9\times 1.5}{16.919},\dfrac{9\times 1.5}{3.325}\right]\approx[0.798,4.060]$

故在90%的把握程度下，每瓶药重量方差的置信区间为 $[0.798,4.060]$。标准差的置信区间为 $[0.893,2.015]$ 克。

7. (1) 1 016.67 元；(2) 6.01 元；(3) 21.125 元。

8. 16.753。

7.5.6 案例思考

（略）

第8章 假设检验与方差分析

8.5.1 单项选择题

1. A	2. B	3. A	4. A	5. C	6. A	7. D	8. A
9. B	10. C	11. B	12. B	13. D	14. A	15. A	16. D
17. A	18. B	19. D	20. C	21. C	22. B	23. B	24. C
25. D	26. B	27. C	28. A	29. C	30. D	31. D	32. C

部分选择题详解

8.5.2 多项选择题

1. ABDE 2. AE 3. BCDE 4. ACE 5. ABC 6. BC
7. DE 8. BCD 9. ADE 10. BE 11. ADE 12. ACD

8.5.3 判断分析题

1. 错误。要检验的总体参数 P 应该是一个成数（比重），因此应该将不合格品数与合格品数的比例转换为不合格率 P（不合格品数占产品总数的比重），所以原假设应为"$H_0:P=1/5$"。或者，设 P 为合格率（合格品数占产品总数的比重），则原假设应为"$H_0:P=4/5$"。

2. 错误。P 值很小（P 值=0.001，α 的取值通常不低于0.001），应拒绝原假设而接受备择假设，即可推断该地区居民收入的均值高于2 000元，但不能说是远远高于2 000元。

3. (1) 正确。若 P 值$>\alpha$，就不能拒绝原假设，所以若要拒绝原假设，显著性水平至少不能低于 P 值。

(2) 错误。P 值表示原假设为真的前提下所抽样本以及更背离原假设的样本发生的概率。

(3) 正确。P 值越大，表示在原假设为真的前提下抽到这些样本的可能性越大，拒绝原假设犯错误的可能性就越大，样本信息越支持原假设。

4. 错误。显著性水平 α 越小，只能说明犯第一类错误的可能性越小。由于在其他条件不变的情况下，假设检验中犯两类错误的概率是此消彼长的。显著性水平 α 越小，犯第二类错误的概率 β 就会越大。

5. 正确。犯第二类错误的概率 β 的大小与参数真值有关，而真值往往不知道。

6. 错误。增大样本量可使 α 和 β 同时缩小。

7. 错误。P 值是根据样本观测值计算的，不取决于研究者的主观选择。

8. 正确。区间估计通常是以一个较大的概率值——置信水平（$1-\alpha$）来估计可能涵盖总体参数真值的区间范围，假设检验通常取较小的概率值——显著性水平 α 来进行推断，一旦观察到的显著性水平（检验的 P 值）小于这个 α，就可以做出非常肯定的结论——拒绝原假设。

9. 正确。$\alpha=0.1$，$n_1=n_2=10$。检验结论为接受原假设（即认为两班成绩的方差无显著差异）的准则是 $F_{1-\frac{\alpha}{2}}(n_1-1,n_2-1)<\frac{S_1^2}{S_2^2}<F_{\frac{\alpha}{2}}(n_1-1,n_2-1)$，只有当 $\frac{S_1^2}{S_2^2}<F_{1-\frac{\alpha}{2}}(n_1-1,n_2-1)$ 或 $\frac{S_1^2}{S_2^2}>F_{\frac{\alpha}{2}}(n_1-1,n_2-1)$ 时，才能拒绝原假设，即可认为两班成绩的方差有显著差异。

10. 错误。单因素方差分析是对多个总体的均值是否相等进行假设检验。

11. 正确。样本观测值的组间平方和 $\text{SSA}=\sum_{i=1}^{k}n_i(\overline{x}_i-\overline{x})^2$，反映不同水平下样本均值之间的差异，它既包含随机误差，也可能包含系统误差。

12. 错误。单因素方差分析的备择假设是"H_1：诸水平的总体均值 μ_i 不完全相等"。

13. 错误。方差分析中 F 检验是单侧（右侧）检验。因为只有当组间方差显著地大于组内方差时，才能判定观测值中存在系统误差，也才能认为诸水平的总体均值不全相等。

14. 错误。组间方差＝组间平方和$/(k-1)$。

15. 错误。总离差平方和＝组间平方和＋组内平方和，总方差≠组间方差＋组内方差。

8.5.4 简答题

1. 确定 α 时应主要考虑的因素是犯两类错误的损失，如果犯第一类错误的损失较大，α 宜小，反之如果犯第二类错误的损失较大，α 应稍大些；此外也取决于研究者对原假设的信心，研究者更倾向于相信原假设还是相信样本，如果事先更相信原假设，绝不轻易否定原假设，则 α 可很小，反之则 α 可大些。

2. 如果销售方产品的信誉一向很好，则不轻易怀疑其产品的质量，原假设可为"H_0：次品率 $P \leqslant 5\%$"；如果销售方产品的信誉不是很好，则不能轻易接受其产品，除非有充足证据表明其质量可信，所以原假设应为"$H_0:P \geqslant 5\%$"。

3. 检验单个正态总体的方差（$H_0:\sigma^2=\sigma_0^2$），采用 χ^2 检验，检验统计量为 $\chi^2=\dfrac{(n-1)S^2}{\sigma_0^2} \sim \chi^2(n-1)$。检验两个正态总体的方差是否相等即方差比是否等于 1（$H_0:\sigma_1^2=\sigma_2^2$），采用 F 检验，检验统计量为 $F=\dfrac{S_1^2}{S_2^2} \sim F(n_1-1, n_2-1)$。

4. 选择检验统计量时需要考虑的因素有：所检验的总体参数、总体分布形态（是否正态）、样本量、总体另一参数是否已知（例如检验总体均值时，要考虑总体方差是否已知、对于两个总体均值之差的检验，还要区分两个总体的方差是否相等）。

5. 略。

6. 样本量、检验的 P 值（或显著性水平）、样本有效率等。

7. 总离差平方和 $SST=\sum\limits_{i=1}^{k}\sum\limits_{j=1}^{n_i}(x_{ij}-\bar{x})^2$，反映样本的全部观测值的差异。组间平方和 $SSE=\sum\limits_{i=1}^{k}\sum\limits_{j=1}^{n_i}(x_{ij}-\bar{x}_i)^2$，反映相同水平下样本观测值之间由于随机波动而引起的差异，也称误差平方和。组间平方和 $SSA=\sum\limits_{i=1}^{k}n_i(\bar{x}_i-\bar{x})^2$，反映不同水平下样本均值之间的差异，它既包含随机误差，也可能包含系统误差。总离差平方和＝组间平方和＋组间平方和。

8.5.5 计算题

1. $H_0:\mu=1\,600$（或 $\mu \leqslant 1\,600$），$H_1:\mu>1\,600$，$Z=2.4$，P 值$=0.008$，拒绝 H_0，使用寿命比以前显著提高。

2. (1) $H_0:\mu=73$，$H_1:\mu \neq 73$，$Z=-1.762$，P 值$=0.078$，不能拒绝 H_0。
   (2) $H_1:\mu<73$，$Z=-1.762$，P 值$=0.039$，拒绝 H_0。
   (3) 置信区间为 (69.09, 73.21)，不能拒绝 H_0。

3. $\bar{x}=54.51$，$S^2=1.199$
   (1) $H_0:\mu=54$，$H_1:\mu \neq 54$，$t=1.473$，P 值$=0.175$，不能拒绝 H_0
   (2) $H_0:\sigma^2=1$（或 $\sigma^2 \leqslant 1$），$H_1:\sigma^2>1$，$\chi^2=10.791$，P 值$=0.29$，不能拒绝 H_0。
   所以，钢管内径的总体均值和方差都符合质量要求。

4. $H_0:\sigma^2=0.002\,5$，$H_1:\sigma^2 \neq 0.002\,5$。$\chi^2=31.92>\chi^2_{0.05}(19)=30.14$（或 P 值$=0.032<0.10$)，应拒绝原假设，即认为该日的波动与平时有显著差异。

5. $H_0: P \leqslant 70\%$, $H_1: P > 70\%$; $Z = \dfrac{p - P_0}{\sqrt{P_0(1-P_0)/n}} = \dfrac{0.76 - 0.70}{\sqrt{0.70 \times 0.30/200}} = 1.852$

   P 值 $= P\{Z \geqslant 1.852\} = 0.032$，新疗法确实比传统方法更有效。

6. 设 P_1，P_2 分别代表 A 和 B 两家供货商的产品次品率。$p_1 = 10\%$，$p_2 = 12\%$。

   $$H_0: P_1 - P_2 = 0, H_1: P_1 - P_2 < 0$$

   $$Z = \dfrac{0.1 - 0.12}{\sqrt{\dfrac{0.1 \times (1-0.1)}{200} + \dfrac{0.12 \times (1-0.12)}{250}}} = -0.677$$

   $$P \text{ 值} = P(Z < -0.667) = 0.252$$

   $\alpha = 0.1$，临界值为 $-Z_{0.1} = -1.28$，由于 $Z = -0.667 > -z_{0.1} = -1.28$，或 P 值 > 0.1，所以不能拒绝原假设，即该公司决策者应选择供货商 B 为合作伙伴。

7. 可利用 Excel 的数据分析功能来得到计算结果。

   (1) $F = 1.265$，P 值 $= 0.382 \times 2 = 0.764$，两种温度下的抗断强度的方差没有显著性差异；

   (2) $t = -1.797$，P 值 $= 0.047$，抗断强度均值下降。

8. (1) $t = \dfrac{(79.3 - 73) - 0}{\sqrt{\dfrac{36.011}{10} + \dfrac{50}{8}}} = 2.007$；

   (2) 双尾检验的 P 值 $= 0.064$，显著性水平 5%，不能认为两家企业的产品质量存在显著差异；

   (3) 单尾检验的 P 值 $= 0.032$，显著性水平 5%，可断定 A 企业产品质量评分高于 B 企业。

9. (1) 分析内容主要应该包括样本量、平均水平高低、变异程度（标准差系数）大小。

   (2) 填空

差异源	SS	df	MS	F
组间	845.22	3	281.739	14.787
组内	362.00	19	19.053	

   (3) P 值 $= 3.31\text{E} - 05$，即 P 值 $= 3.31 \times 10^{-5}$，P 值小于给定的显著性水平 0.05，$F = 14.787$（大于给定的显著性水平下的临界值 3.127），可认为四个企业的日均销售量有显著性差异。

10. $F = 4.294$，P 值 $= 0.028$，临界值为 3.493，可认为不同文化程度的人群对影片的评价有显著差异。

8.5.6 案例思考

（略）

第 9 章　相关与回归分析

9.5.1　单项选择题

1. A	2. D	3. D	4. A	5. D	6. A	7. C	8. B
9. D	10. B	11. A	12. D	13. A	14. A	15. B	16. C
17. C	18. D	19. D	20. B	21. A	22. C	23. C	24. A
25. B	26. B	27. D	28. C	29. C	30. C	31. A	32. B

部分选择题详解

9.5.2　多项选择题

1. ABCDE　　2. CDE　　3. BCD　　4. ABD　　5. BCDE　　6. ABC
7. ABDE　　8. AD　　9. ABCD　　10. BCE

9.5.3　判断分析题

1. 错误。变量 X 和 Y 之间的相关系数为 0.92，只能说明 X 和 Y 之间存在高度线性正相关关系，但不一定是因果关系，不能认为 X 就是影响 Y 的一个重要因素。

2. 错误。某地小麦亩产量与合理施肥量应该呈正相关，而且相关系数的绝对值不会大于 1。

3. 错误。回归系数 $b=-0.07$ 表明：航班正点率每提高一个百分点，旅客投诉率平均下降 0.07 次/万名；$b<0$，表明航班正点率与旅客投诉率之间是负相关关系，但回归系数本身并不反映两变量之间的相关程度。如果相关系数 $|r|\leqslant 0.4$，则表示变量之间是低度相关。

4. 错误。回归方程揭示的是一种平均意义上的数量变化规律。就整个国家而言，一年的葡萄酒消耗量上升，有助于降低心脏病的死亡率；但对于个人而言，不能肯定说多喝葡萄酒就会降低患心脏病的风险。

5. 正确。因变量的总离差平方和中，回归平方和越大，则残差平方和越小，总体来说，回归估计值与实际值之间的估计误差越小，回归方程拟合效果越好。

6. 正确。F 检验是检验整个回归方程的显著性，回归系数的 t 检验是检验每个自变量对因变量的线性关系是否显著，相关系数的 t 检验是检验两个变量之间的线性相关是否显著。由于一元线性回归分析只有一个自变量，回归方程显著就等价于因变量与自变量的线性相关显著，$F=t^2$，所以三者是完全等价的。

7. 错误。拒绝原假设，只能表示由样本所估计的回归方程并不是随机因素所致的，统计上可认为所估计的回归方程在一定程度上能够代表变量之间的数量依存关系，但并不能说明回归方程具有很好的拟合效果。

8. 正确。Spearman 等级相关系数是在变量值表示为等级或位次（记为 $1,2,\cdots,n$）时由简单线性相关系数的计算公式导出的，因此，Spearman 等级相关系数实质上是简单线性相关系数的特例。

9. 正确。由回归预测的置信区间公式可知，x_f 离 $\bar{x}$ 越远，$(x_f-\bar{x})^2$ 越大，预测误差 Δ 就越大。此外，如果自变量取值超出样本范围太远，变量之间的数量依存关系可能会改变，由样本所估计的回归方程就可能不再适用。所以利用回归方程进行预测时，自变量取值不宜超出样本范围太远。

10. 错误。多元线性回归分析中，F 检验是对整个回归方程的检验，其假设为 $H_0:\beta_1=\beta_2=\cdots=\beta_k=0$，$H_1:\beta_1,\beta_2,\cdots,\beta_k$ 不全为 0。t 检验是逐个对回归系数进行检验，其假设为 $H_0:\beta_j=0$，$H_1:\beta_j\neq 0(j=1,2,\cdots,k)$。若 F 检验的结论是"不显著"即不能拒绝原假设，则表示所有回归系数都不显著。但若 F 检验的结论是"显著"即拒绝了原假设，并不意味着每个回归系数都显著（可能其中有的显著而有的不显著）。

9.5.4 简答题

1. 简单线性相关系数与 Spearman 等级相关系数都是度量变量之间线性相关程度的指标。Spearman 等级相关系数是在变量值表示为等级或位次时由简单线性相关系数的计算公式导出的，因此，Spearman 等级相关系数实质上是简单线性相关系数的特例，与简单线性相关系数具有相同性质（如值域为 $[-1,1]$ 等）。简单线性相关系数 r 只适用于两个变量都是定量变量且呈正态分布的场合。当变量不满足正态分布要求，或所研究的变量是定序变量时，则适合计算等级相关系数。

2. 相关系数 r 和回归系数 b 的正负号相同，且可互相推算：$b=r\dfrac{S_y}{S_x}$ 或 $r=b\dfrac{S_x}{S_y}$。其中 S_y，S_x 分别为 Y 和 X 的样本标准差。相关系数是相关分析中度量两个变量之间线性相关密切程度的指标，$-1\leqslant r\leqslant 1$。而判定系数是回归分析中反映回归方程的拟合优度的指标，$0\leqslant r^2\leqslant 1$。二者具有不同的作用，又有密切的联系。事实上，对一元线性相关关系而言，判定系数 r^2 等于相关系数的平方，相关系数也可以通过判定系数的平方根而得。

3. 二者作为标准差都可以反映平均差异程度，都可以揭示代表性强弱，但回归估计标准差 S_e 反映的是因变量的实际值 y 与其回归估计值 $\hat{y}$ 之间的平均差异程度，揭示的是回归估计值对于实际值的代表性强弱；因变量的样本标准差 S_y 反映的是因变量的实际值 y 与其平均数之间的平均差异程度，揭示平均数对于实际值 y 的代表性强弱。

4. $SST = \sum(y_i - \bar{y})^2$ 称为总离差平方和，反映因变量 y 总的变异；$SSR = \sum(\hat{y_i} - \bar{y})^2$ 称为回归平方和，表示因变量 y 总的变异中可由回归直线做出解释的部分；$SSE = \sum(y_i - \hat{y_i})^2$ 称为残差平方和，是因变量 y 总的变异中样本回归直线无法解释的部分。$\sum(y_i - \bar{y})^2 = \sum(\hat{y_i} - \bar{y})^2 + \sum(y_i - \hat{y_i})^2$。如果总离差平方和中，回归平方和所占比重越大，残差平方和所占比重越小，样本回归直线对样本数据的拟合程度就越好。分析这三个离差平方和及其比重，可衡量回归方程的拟合优度，检验 Y 与 X 的线性关系是否具有显著性。

5. 相关回归分析中，只有样本量充分大，才能充分消除偶然因素的影响，使相关回归分析的结果具有较高的可靠性和估计精度。这点从有关统计量的公式中也不难看出。如一元线性相关与回归中，相关系数的检验统计量 $t = \dfrac{r\sqrt{n-2}}{\sqrt{1-r^2}}$，若 n 太小，则 t 值太小就可能无法通过显著性检验。回归估计标准误差 $S_e = \sqrt{\dfrac{SSE}{n-2}}$，若 n 小，则回归估计标准误差大。多元回归分析中，自变量越多，对样本量的要求也要更高。

9.5.5 计算题

1. （1）学习时间与考试成绩的相关系数 $r = 0.9006$

   检验统计量 $t = \dfrac{r\sqrt{n-2}}{\sqrt{1-r^2}} = \dfrac{0.9006 \times \sqrt{8-2}}{\sqrt{1-0.9006^2}} = 5.0754 > t_{\alpha/2}(6) = 2.4469$

   所以相关系数显著。

   （2）回归方程的估计结果为：$\hat{Y} = 33.599 + 1.8388X$

   截距表示当学习时间为 0 时，考试成绩的平均水平为 33.599 分；斜率表示每增加 1 小时的学习时间，考试成绩平均增长 1.8388 分。

   斜率的检验统计量 $t = \dfrac{b}{S_e/\sqrt{\sum(x_i-\bar{x})^2}} = \dfrac{1.8388}{0.3624} = 5.074 > t_{0.025}(6) = 2.447$，故斜率是显著的。

   （3）$\hat{Y} = 33.5991 + 1.8388 \times 25 = 79.57$（分）

   （4）$S_e = \sqrt{\dfrac{SSE}{n-2}} = \sqrt{\dfrac{226.0436}{8-2}} = \sqrt{37.67319} = 6.1379$（分）

2. $r_s = 0.9405$。

3. （1）$r = 0.9454$

$$t = \frac{r\sqrt{n-2}}{\sqrt{1-r^2}} = \frac{0.9454 \times \sqrt{10-2}}{\sqrt{1-0.9454^2}} = 8.2046 > t_{0.005}(8) = 3.3665$$，所以相关系数显著。

(2) 回归方程的估计结果为：$\hat{Y} = 0.8771 + 1.9184X$

斜率表示每增加一个顾客，销售额平均增长 1 918.4 元。

$$F = \frac{SSR}{SSE/(N-2)} = \frac{6249.31}{742.2874/(10-2)}$$
$$= 67.3520 > F_{0.01}(1,8) = 11.3$$

所以回归方程显著。

(3) $\hat{Y} = 0.8771 + 1.9184 \times 60 = 115.981$（千元）

$$\Delta = t_{\alpha/2}(n-2) S_e \sqrt{1 + \frac{1}{n} + \frac{(x_f - \overline{x})^2}{\sum(x - \overline{x})^2}}$$
$$= 2.306 \times 9.6325 \times \sqrt{1 + \frac{1}{10} + \frac{(60-37.7)^2}{1698.1002}}$$
$$= 26.215$$

所以销售额的置信区间为 (89.766，142.196) 千元。

4. (1) 回归方程的斜率 $\hat{\beta}_1 = r \frac{S_y}{S_x} = 0.7 \times \frac{10}{14} = 0.5$

截距 $\hat{\beta}_0 = 78.5 - 0.5 \times 125 = 16$

所以回归方程为：$\hat{Y} = 16 + 0.5X$

(2) $S_e \approx S_y \sqrt{1-r^2} = 10 \times \sqrt{1-0.7^2} = 7.1414$

(3) $\hat{Y} = 16 + 0.5 \times 135 = 83.5$（分）

(4) $\Delta = Z_{\alpha/2} S_e = 1.645 \times 7.1414 = 11.7476$

所以预测区间为 (83.5±11.75)，即 (71.75, 95.25)。

5. (1)

样本量	相关系数	判定系数	样本回归方程	回归估计标准误差
13	−0.6444	0.4152	$\hat{Y} = 53.8041 - 0.2469X$	1.5975

(2) X 与 Y 存在负相关关系，$t = \frac{r\sqrt{n-2}}{\sqrt{1-r^2}} = \frac{-0.6444 \times \sqrt{13-2}}{\sqrt{1-0.6444^2}} = -2.795$

P 值 = 0.017 45，故当显著性水平 ≥ 0.017 45 时，就可以认为两个变量总体的线性相关是显著的。

6. (1)

回归统计	
Multiple R	0.708 0
R Square	0.501 2
标准误差	0.562 8
观测值	16

方差分析

	df	SS	MS	F	Significance F
回归分析	1	4.455 2	4.455 2	14.067 6	0.002 2
残差	14	4.434 0	0.316 7		
总计	15	8.889 2			

	Coefficients	标准误差	t Stat	P-value
Intercept	0.479 8	0.347 4	1.380 9	0.189 0
X	0.072 9	0.019 4	3.757 7	0.002 2

(2) 回归方程为 $\hat{Y}=0.479\,8+0.072\,9X$，

$F=13.934\,6>F_\alpha(1,14)=8.86$，回归方程是显著的。

(3) 若 $X=25$，$\hat{Y}=0.479\,8+0.072\,9\times25=2.302\,3$

7. (1) $\hat{Y}=2\,021.383+38.951X_1-2.801X_2$

(2) $R=0.957\,8$，$\overline{R}^2=0.899\,1$，$S_e=131.216$

(3) X_1 每增加一单位，Y 平均增加 38.951 单位；X_2 每增加一单位，Y 平均减少 2.801 单位。X_1、X_2 与 Y 的线性关系都显著。

(4) $\hat{Y}=2\,038.873$

9.5.6 案例思考

（略）

综合测试题（一）

一、单项选择题

1. B 2. C 3. D 4. C 5. D 6. A 7. A 8. B
9. A 10. C 11. A 12. D 13. B 14. B 15. D 16. A
17. D 18. A 19. B 20. A 21. D 22. A 23. C 24. C
25. A 26. C 27. A 28. B 29. C 30. A

选择题详解

二、多项选择题

1. BCDE   2. ACD   3. CD   4. ACE   5. BCE

三、判断分析题

1. 正确。普查虽然不存在代表性误差，但登记性误差可能较大。抽样调查的登记性误差通常较小且代表性误差是可控的。所以抽样调查的结果也有可能比普查结果准确。

2. 错误。对相对数求平均数一般不能采用简单算术平均。这几年间平均资金利润率应该等于这几年间的年平均利润额除以平均资金占用量，或等于以各年平均资金占用量为权数对各年资金利润率求加权算术平均数，由于未给出各年平均资金占用量，故变形为调和平均数，计算式应为：$\dfrac{45+50+60}{\dfrac{45}{30\%}+\dfrac{50}{35\%}+\dfrac{60}{36\%}}$。

3. 正确。组数过多，组间差异不明显，失去分组意义，而且总体单位的分布零散，不能反映出数据分布的集中趋势。

4. 错误。两项测试的平均成绩和标准差都不相同，应该计算标准化值进行比较：$\dfrac{113-98}{15}=1$，$\dfrac{75-65}{5}=2$，所以 B 项测试的成绩更好。

5. 错误。(1) 备择假设不能带等号，而且样本均值较低，更适合左侧检验：$H_0: \mu=90$（或 $\mu \geqslant 90$），$H_1: \mu < 90$。

   (2) 检验统计量的分布不是正态分布，而是 t 分布（检验统计量不是正态变量 Z 而是 t 变量）；

   (3) $\alpha=0.05$ 的显著性水平表示在原假设为真的前提下拒绝 H_0 的概率不超过 0.05。

四、计算题

1. (1) 抽样平均误差为：$\sigma_{\bar{x}} = \dfrac{\sigma}{\sqrt{n}} = \dfrac{560}{\sqrt{1\,600}} = 14$

   抽样极限误差为：$\Delta_{\bar{x}} = Z_{\alpha/2}\sigma_{\bar{x}} = 2 \times 14 = 28$

   因此，平均消费的置信区间为 $(\bar{x}-\Delta_{\bar{x}}, \bar{x}+\Delta_{\bar{x}})$，即 (4 772, 4 828)。

   (2) 消费偏低的调查户样本成数 $p=320/1\,600=0.2=20\%$

   抽样平均误差为：$\mu_p = \sqrt{p(1-p)}/\sqrt{n} = \dfrac{\sqrt{0.2 \times 0.8}}{\sqrt{1\,600}} = 1\%$

   $$\sigma_p = \sqrt{\dfrac{p(1-p)}{n}} = \sqrt{\dfrac{0.2 \times 0.8}{1\,600}} = 1\%$$

抽样极限误差为：$\Delta_p = Z_{a/2}\sigma_p = 2 \times 1\% = 2\%$

因此，总体成数的置信区间为（$p-\Delta_p, p+\Delta_p$），即（18%，22%）。

2. 因为只有 2019 年末至 2023 年末的人口数，所以只能计算 2020—2023 年间的平均数。

（1）GDP 年平均值=（1 790+2 030+2 350+2 710）/4=2 220（亿元）

人口数的平均值=（500/2+503+510+516+521/2）/4=509.875（万人）

人均 GDP 的序时平均数为：2 220/509.875=4.354（万元）

（2）2020—2023 年 GDP 环比增长速度分别为：14.74%，13.41%，15.76%，15.32%。2022 年增长最快。平均增长速度为：$\sqrt[4]{2\,710/1\,560} - 1 = 14.81\%$

3. 总平均亩产量指数 $= \dfrac{\overline{X}_1}{\overline{X}_0} = \dfrac{858.82}{725} = 118.46\%$，

总平均亩产量变化的绝对量=858.82−725=133.82（千克）；

组平均亩产量指数 $= \dfrac{\overline{X}_1}{\overline{X}_{假定}} = \dfrac{858.82}{705.88} = 121.67\%$，

组平均亩产量变化的影响绝对量=858.82−705.88=152.94（千克）；

播种面积结构影响指数 $= \dfrac{\overline{X}_{假定}}{\overline{X}_0} = \dfrac{705.88}{725} = 97.36\%$，

播种面积结构变化的影响绝对量=705.88−725=−19.18（千克）

三者之间的关系为：118.46%=121.67%×97.36%；133.82 千克=152.94 千克−19.18 千克

总平均亩产量报告期和基期相比增加了 18.46%，即增长了 133.82 千克，其中，由于各地区亩产增加导致总平均亩产量增加了 21.67%，即增加了 152.94 千克；由于播种面积结构的变化使总平均亩产量下降了 2.64%，即减少了 19.18 千克。

4.（1）方差分析表如下。

	SS	df	MS	F
回归平方和	(1 681.67)	1	(1 681.67)	277.96
残差平方和	84.72	(14)	6.05	
总平方和	(1 766.39)	(15)		

（2）正相关，相关系数为 0.923。

（3）回归方程为：$\hat{y} = -6.52 + 0.796x$

因为回归函数截距的 P 值为 0.035 6，回归系数的 P 值 1.25×10^{-10}，都小于 0.05，该回归方程显著。

（4）当居民可支配收入为 100 亿元时，社会消费品零售总额的预测值为 73.08 亿元。

综合测试题(二)

一、单项选择题

1. C 2. C 3. D 4. C 5. C 6. B 7. A 8. B
9. B 10. B 11. A 12. D 13. A 14. B 15. D 16. C
17. A 18. D 19. A 20. B 21. C 22. D 23. C 24. A
25. A 26. B 27. D 28. C 29. B 30. A

选择题详解

二、多项选择题

1. BDE 2. BD 3. ADE 4. ABCE 5. ABC

三、判断分析题

1. 正确。直方图的横轴是由小到大的各组变量值。

2. 正确。大量个体数据汇总时,系统性误差具有倾向性,不能相互抵消;随机误差的方向不定,有正有负,所以可在一定程度上相互抵消。

3. 错误。这里的回归系数为正数,只能说明二者正相关,但不能表示相关程度高低。或者说,相关程度高低应由相关系数来测度。回归系数 0.276 表示:睡眠不足的工人比重每增加 1 个百分点,每千个工人发生安全事故次数平均增加 0.276 次。

4. 错误(或不完全正确)。结构影响指数的数值越偏离 1,表示结构变动对总平均数的影响程度越大。结构影响指数的数值越小,表示结构变动对总平均数的负向影响程度越大。

四、简答题

1. 影响抽样平均误差大小的因素有:总体方差(或总体标准差 σ)、样本量、抽样方法、抽样组织方式。其他条件相同的情况下,抽样平均误差与总体标准差成正比,与样本量的平方根成反比,重复抽样的误差略大于不重复抽样的误差。不同抽样组织方式的误差也有差异,一般来说,分层抽样和有关标志排队等距抽样的误差较小,整群抽样的误差最大。

2. 判定系数是回归平方和占总离差平方和的比例,可度量回归方程对样本观测值拟合优度。回归估计标准误差是回归估计的误差平方的平均数的平方根,反映因变量实际值与其回归估计值之间的平均误差大小。其他条件相同的情况下,二者是反方向变化的。在一元线性回归分析中，$r^2 = 1 - \dfrac{S_e^2}{S_y^2} \cdot \dfrac{n-2}{n-1}$，大样本情况下，$r^2 \approx 1 - \dfrac{S_e^2}{S_y^2}$。

五、 计算题

1. (1)

项目	2020 年	2021 年	2022 年	2023 年
营业收入/百万元	220	236	258	280
累计增长量/百万元	20	36	58	80
环比增长速度/%	10.0	7.3	9.3	8.5
定基增长速度/%	10.0	18.0	29.0	40.0

(2) 年平均水平＝248.5（百万元）　　年平均增长量＝20（百万元）

年平均增长速度＝8.78%

2. 销售额总指数 $\bar{I}_{qp} = \dfrac{\sum q_1 p_1}{\sum q_0 p_0} = \dfrac{293}{270} = 108.52\%$，

销售额变动的绝对量＝293－270＝23（亿元）；

销售量总指数 $\bar{I}_q = \dfrac{\sum q_1 p_0}{\sum q_0 p_0} = \dfrac{273.59}{270} = 101.33\%$，

销售量变动的绝对影响量＝273.59－270＝3.59（亿元）；

价格总指数 $\bar{I}_p = \dfrac{\sum q_1 p_1}{\sum q_1 p_0} = \dfrac{293}{273.59} = 107.09\%$，

价格变动的绝对影响量＝293－273.59＝19.41（亿元）；

三者关系：108.52%＝101.33%×107.09%，23＝3.59＋19.41（亿元）

引起销售总额变动的主要原因是价格总水平的上涨。

3. $H_0: P \leq 70\%$　　$H_1: P > 70\%$；

检验统计量为：$Z = \dfrac{p - P_0}{\sqrt{P_0(1-P_0)/n}} = \dfrac{0.76 - 0.70}{\sqrt{0.70 \times 0.30/100}} = 1.31$

$\alpha = 0.1$，$Z = 1.31 > Z_{0.1} = 1.28$，拒绝原假设，新疗法确实比传统方法更有效。

4. (1) 从平均数和中位数看，乙企业工人的日产量较高；从标准差系数（0.366，0.348）看，乙企业的差异较小，平均数代表性较高；两个企业都是平均数大于中位数，都是右偏分布。

(2) $\sigma_{\bar{x}} = \dfrac{S}{\sqrt{n}} = \dfrac{9.56}{\sqrt{20}} = 2.138$

(3) 置信区间为（27.5±4.474），即（23.026, 31.974），该置信区间估计的置信水平为 95%。

推荐阅读

	中文书名	原作者	中文书号	定价
1	经济学（微观）（原书第7版）	R.格·哈伯 哥伦比亚大学	978-7-111-71012-7	99.00
2	经济学（宏观）（原书第7版）	R.格·哈伯 哥伦比亚大学	978-7-111-71758-4	99.00
3	计量经济学（原书第4版）	詹姆斯·斯托克 哈佛大学	978-7-111-70760-8	109.00
4	经济计量学精要（原书第4版）	达莫达尔·古扎拉蒂 西点军校	978-7-111-30817-1	49.00
5	经济计量学精要（英文版·原书第4版）	达莫达尔·古扎拉蒂 西点军校	978-7-111-31336-6	65.00
6	经济计量学精要（第4版）习题集	达莫达尔·古扎拉蒂 西点军校	978-7-111-31370-1	29.00
7	应用计量经济学（原书第7版）	A.H.施图德蒙德	978-7-111-56546-1	65.00
8	应用计量经济学：时间序列分析（原书第4版）	沃尔特·恩德斯 哥伦比亚大学	978-7-111-57847-5	79.00
9	商务与经济统计（原书第14版）	戴维·R.安德森	978-7-111-71998-4	129.00
10	博弈论：策略分析入门（原书第3版）	罗杰·A麦凯恩	978-7-111-70091-3	89.00
11	时间序列分析：预测与控制（原书第5版）	乔治·E.P.博克斯	978-7-111-71240-4	129.00
12	管理经济学（原书第12版）	克里斯托弗R.托马斯 南佛罗里达大学	978-7-111-58696-8	89.00
13	发展经济学（原书第12版）	迈克尔·P.托达罗 纽约大学	978-7-111-66024-8	109.00
14	货币联盟经济学（原书第12版）	保罗·德·格劳威 伦敦政治经济学院	978-7-111-61472-2	79.00